ESTATALIDADES Y SOBERANÍAS DISPUTADAS

CENTRO DE ESTUDIOS SOCIOLÓGICOS

ESTATALIDADES Y SOBERANÍAS DISPUTADAS
LA REORGANIZACIÓN CONTEMPORÁNEA DE LO POLÍTICO EN AMÉRICA LATINA

Alejandro Agudo Sanchíz
Marco Estrada Saavedra
Marianne Braig

editores

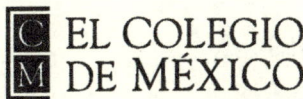

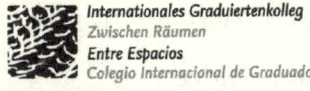

306.2098
E791

Estatalidades y soberanías disputadas : la reorganización contemporánea de lo político en América Latina / Alejandro Agudo Sanchíz, Marco Estrada Saavedra, Marianne Braig, editores – 1a ed. – Ciudad de México, México : El Colegio de México, Centro de Estudios Sociológicos, 2017.

331 p. : il., gráf., mapa, fot. ; 21 cm.

ISBN 978-607-628-212-0

1. Estado, El – Aspectos sociales – América Latina. 2. Estado, El – Aspectos sociales – México. 3. América Latina – Política y gobierno – Siglo XXI – Aspectos sociales. 4. México – Política y gobierno – Siglo XXI – Aspectos sociales. 5. Sociología política. I. Agudo Sanchíz, Alejandro, ed. II. Estrada Saavedra, Marco, 1971- , ed. III. Braig, Marianne, 1953- , ed.

Primera edición, 2017

D. R. © El Colegio de México, A. C.
Carretera Picacho-Ajusco núm. 20
Ampliación Fuentes del Pedregal
Delegación Tlalpan
C. P. 14110
Ciudad de México, México
www.colmex.mx

ISBN 978-607-628-212-0

Impreso en México

ÍNDICE

Introducción: El Estado o los efectos
de poder de la incertidumbre y la fragmentación,
Alejandro Agudo Sanchíz y Marco Estrada Saavedra   9

1. Estatalidad (de)limitada: separaciones y confluencias
entre lo público y lo privado en México,
Alejandro Agudo Sanchíz   45
2. Relaciones conflictivas entre Estado y sociedad: la lucha
por la dominación en el conflicto oaxaqueño de 2006,
Marco Estrada Saavedra   87
3. La manufactura de los mayas.
Los orígenes de una epistemología política del presente,
José Luis Escalona Victoria   117
4. El Estado y la izquierda política en Uruguay:
sobre la recuperación política de la "matriz institucional",
Carlos A. Gadea   143
5. La estructura territorial y funcional del orden político
como filtro simplificador de problemas políticos:
el caso de los agroquímicos en Argentina,
Markus Rauchecker   171
6. Política de baja intensidad: uso estratégico de los límites
estatales en un contexto de militarización.
El caso del ejido Emiliano Zapata en la selva Lacandona,
Chiapas, *Rodrigo Megchún Rivera*   205
7. La función de la pequeña corrupción.
Etnografías sobre la burocracia estatal en el Perú,
Jaris Mujica   243
8. ¿Cómo enderezar la mercancía?
La figuración social del *business*, *Johanna Parra Bautista*   269

Bibliografía general   297
Semblanzas de los autores   329

INTRODUCCIÓN:
EL ESTADO O LOS EFECTOS DE PODER DE LA INCERTIDUMBRE Y LA FRAGMENTACIÓN

Alejandro Agudo Sanchíz
Marco Estrada Saavedra

ESTATALIDAD CONSOLIDADA, ESTATALIDAD LIMITADA: SITUANDO LA DISCUSIÓN

En este primer apartado comenzamos por proporcionar una explicación de la gestación y los antecedentes del libro, incluyendo el contexto académico y político en que se desarrollan las investigaciones y discusiones recogidas en sus distintos capítulos. Este contexto contemporáneo es importante para comprender los debates y polémicas a los que, de manera directa o indirecta, aluden los trabajos incluidos aquí y, por lo tanto, para proporcionar una idea general sobre los objetivos de *Estatalidades y soberanías disputadas*. Una vez hecho esto, en los restantes apartados de este capítulo introductorio exponemos los grandes temas que es posible encontrar en el volumen, recurriendo para ello a ejemplos y discusiones conceptuales que vinculan a sus colaboradores entre sí y con otras obras relevantes.

Este libro es el último de una trilogía destinada a la comprensión del poder y de lo político mediante el examen de distintos niveles y dimensiones del Estado (Agudo Sanchíz y Estrada Saavedra, 2011; 2014); con *Estado* —conviene recordarlo— entendido no como objeto material de estudio, sino como una representación colectiva heterogénea y una malograda pretensión unificadora del funcionamiento del poder, o como máscara de las relaciones de dominación. Es decir, en lugar de restringir nuestra atención a realidades *más concretas* como las instituciones gubernamentales, nos ocupamos del examen de diversos procesos y prácticas que producen la idea de una organización estatal centralizada y autónoma y sus efectos en diferentes ámbitos de la vida social. Ello significa que en este volumen continuamos profundizando en cuestiones como la reconfiguración del poder "estatal" por medio del desarrollo de varias formas descentralizadas de poder; las relaciones y experiencias que sostienen o diluyen la inestable frontera entre Estado y sociedad civil, o la instrumentación de determinados órdenes sociales y políticos mediante diversos mecanismos que, sin confinarse dentro de los límites de lo que se conoce como "Estado", pueden ser sin embargo representados *a posteriori* como productos de una entidad omnisciente.

Los temas anteriores suponen un campo fértil para la etnografía y la antropología del Estado (Hansen y Stepputat, 2001; Das y Poole, 2004; Sharma y Gupta, 2006; Agudo Sanchíz y Estrada Saavedra, 2011), aunque muchos de ellos han surgido en realidad de las reflexiones realizadas desde otras disciplinas, como la sociología histórica (Abrams, 1988 [1977]; Joseph y Nugent, 1994), la sociología política (Rose, 2006) e incluso la ciencia y la teoría políticas (Mitchell, 1991; 2006). Ésta es una de las razones por las que hemos buscado abrir la discusión a diversos métodos y especialidades, retomando los argumentos que, en la conclusión del volumen anterior, uno de nosotros esbozó con el propósito de contribuir a una teoría sociológica de *lo político* (Estrada Saavedra, 2014b). En particular, nos gustaría buscar la opinión de algunos politólogos acerca de nuestras indagaciones sobre las condiciones de posibilidad de *la política* institucional que, a menudo, constituye su objeto de estudio privilegiado.

Lo anterior no es fácil, como se evidenció en un seminario internacional de ciencia política celebrado en 2014 en la Universidad Iberoamericana de la Ciudad de México, al que uno de nosotros asistió. Durante las tres horas de duración del encuentro, la palabra *Estado* no se mencionó ni una sola vez. Cuestionado acerca de ello, uno de los ponentes respondió que, desde hacía tiempo, ese abstracto concepto había llegado a verse como un estorbo en el seno de la disciplina: parece más fructífero hablar de elecciones en democracia, partidos políticos o relaciones entre los poderes ejecutivo y legislativo.

En efecto, desde que David Easton (1953; 1957) y otros (Almond y Coleman, 1960) ofrecieron al empirismo de la ciencia política el concepto *sistema político* como alternativa al de *Estado* y sus ambigüedades, resulta difícil llevar a muchos practicantes de esa disciplina a una cancha que no comparten.[1] Aquellos que posteriormente "trajeron de regreso al Estado" —a costa de construirlo como objeto empírico *a priori*— lo hicieron más bien desde la sociología política y los estudios internacionales (Evans, Rueschemeyer y Skocpol, 1985; Skocpol, 1981; Krasner, 1978; véanse las discusiones al respecto en Mitchell, 1991; 2006).

Marcados por el macartismo y el auge de la Guerra Fría, los politólogos representantes de la teoría de la modernización funcionalista, como David Easton o Gabriel Almond, no estaban, sin embargo, tan desencaminados en su crítica a las entelequias del metafísico concepto de Estado del derecho y a la filosofía política. A pesar de crear nuevas aporías, su polémica contribuyó al menos a revisar el objeto. Preocupados por el excesivo énfasis en los aspectos formales de las instituciones, con su incapacidad para explicar el auge y el atractivo del comunismo entre amplios sectores de opinión, tomaron prestados conceptos y métodos de investigación de disciplinas como la antropología, desplazando su interés "no sólo del Estado hacia la sociedad, sino además [abriendo] el funcionamiento del proceso político a una inspección mucho más minuciosa"; ello implicaba examinar "las actividades de los grupos políticos, el comportamiento de los actores sociales, [e] incluso las motivaciones de las psiques individuales" (Mitchell, 2006: 171). Gracias a esta revisión, que implicó más escuelas que la estructural-funcionalista, comenzó a perfilarse una idea del Estado post-metafísica, desontologizada, descentrada y abierta a diversas consideraciones históricas y culturales, pensada en los términos relacionales y empíricos de las ciencias sociales, como la que proponemos en este volumen y en los anteriores mediante denominaciones como la de "antropología del Estado".

Tal vez estos antecedentes facilitaron en parte el diálogo fructífero entre practicantes de diversas disciplinas durante el acontecimiento

[1] A pesar de implicar la existencia de "límites" o fronteras con otros sistemas, el concepto *sistema político* no resultó menos ambiguo y problemático, puesto que terminó incluyendo "cualquier forma concebible de expresión colectiva de demandas políticas", desde grupos institucionales hasta comunidades étnicas y de parentesco, así como revueltas y demostraciones espontáneas (Mitchell, 2006: 172).

que dio origen a este libro, el Coloquio Internacional Interacciones, Disputas y Conflictos entre el Estado y la Sociedad en América Latina, organizado por Marianne Braig y Marco Estrada en la Universidad Libre de Berlín, en enero de 2016. Los aportes de investigadores vinculados al Lateinamerika-Institut de esta universidad alemana resultaron significativos en el debate generado con especialistas procedentes de otras instituciones y países, al cual se incorporaron con posterioridad algunos otros que no habían estado presentes en el coloquio.

A los editores de este volumen, sin embargo, no nos habría importado contar además con la participación de algunos académicos del Instituto Otto Suhr de Ciencia Política de la misma Universidad Libre de Berlín, ya que el trabajo de estos y otros especialistas en políticas y relaciones internacionales formó parte del contexto de la discusión. Basada en su ponencia para el coloquio, por ejemplo, la contribución de Alejandro Agudo a este libro aborda las implicaciones de los esquemas propuestos por esos autores para asegurar algún grado de gobernanza en "áreas de estatalidad limitada", entendidas como espacios territoriales o funcionales en los que los estados nacionales han perdido su capacidad de gobernar (Börzel y Risse, 2010; Risse, 2011a). Estas limitaciones son vistas como sistemáticas y sostenidas en el tiempo *fuera* de los países de "estatalidad consolidada" en Norteamérica y Europa, cuyos vínculos históricos y políticos con los llamados países en desarrollo son escasamente mencionados o analizados.

Podríamos asumir por un momento las nociones implícitas en esta construcción del Estado como *variable*, aunque sólo sea por la persistente frecuencia del discurso sobre los estados "débiles" o "fallidos" en los medios de comunicación y las opiniones de ciertos analistas. Sin embargo, a pesar de la existencia de zonas urbanas excluidas en Francia y Bélgica, estigmatizadas como *banlieues* y tenidas por "nidos de extremistas y salafistas", raramente se habla de áreas de estatalidad limitada en esos países.[2] Los internacionalistas europeos señalan la

---

[2] Lo anterior sin abundar en el hecho de que el extremismo islamista en Europa es un fenómeno fundamentalmente doméstico, producto, entre otros factores, de las desigualdades sociales, la discriminación y el racismo cotidiano en estas sociedades (Neumann, 2015 y 2016; Kepel, 2016).

pérdida de soberanía y control estatales en las "regiones tribales" del noroeste de Pakistán (Börzel y Risse, 2010: 119), pero no en las *national befreite Zonen* o "zonas nacionales liberadas" de la extrema derecha alemana, con sus poblaciones "arias" sin extranjeros, izquierdistas u homosexuales, donde incluso los policías, bomberos, carteros y alcaldes recrean una comunidad *völkisch* cerrada (véase Geisler y Schultheis, 2011).

La distinción nítida entre lo público y lo privado se considera asimismo insostenible en muchos países del "mundo en desarrollo", a menudo por la operación de actores gubernamentales y privados en su propio beneficio al margen de la ley (Risse, 2011b: 14). En cambio, poco o nada se dice de los casos de empresas y bancos que, en Europa o Estados Unidos,[3] violan sistemáticamente la ley con el consentimiento y la participación de las autoridades públicas, como ilustran los diversos mecanismos de evasión de impuestos y promoción de paraísos fiscales, incluso en el corazón mismo de Europa, como el denominado *Luxembourg leaks* expuso ante la opinión pública del viejo continente.[4]

También habría que considerar cómo la frontera entre lo público y lo privado queda hecha añicos, por ejemplo, tras las revelaciones de la prensa internacional acerca del masivo espionaje informático practicado por las agencias de inteligencia estadounidenses en colaboración con otros países aliados (véase, entre otros, Gellman, 2013). El desarrollo de las tecnologías de la información y la comunicación y su uso masivo global por personas, empresas y gobiernos ha dislocado, de hecho, las bases de la división clásica entre las esferas pública y privada originada en el siglo XVIII. Con su compulsión por la comunicación y la exhibición permanente de sí mismos, los usuarios de las llamadas redes sociales han borrado incluso la diferencia entre lo privado y lo

---

[3] El caso del empresario Donald Trump es paradigmático al respecto. No menos elocuente resulta el nepotismo en la selección de los integrantes de su gabinete y consejo de asesores.

[4] Cfr. Wayne y Carr (2014). Ni qué decir que estas pérdidas para las arcas fiscales nacionales significan una concentración privada de la riqueza y un detrimento en el gasto social. En otras palabras, se trata de una redefinición muy eficaz de las fronteras entre lo privado y lo público.

íntimo. La digitalización de la vida cotidiana ha resultado en un millonario negocio para los grandes consorcios como Amazon, Apple, Microsoft o Yahoo mediante el registro de la información generada por las pautas de consumo, comportamiento, opiniones y todo tipo de preferencias de los usuarios de estas tecnologías —información que es mercantilizada en beneficio de esas firmas. Por el lado de los estados, las prácticas de espionaje legal e ilegal se han facilitado de manera enorme por el uso masivo de estas tecnologías por parte de la población, por lo que las agencias nacionales de inteligencia han escapado a toda supervisión de los órganos legislativo y judicial. El caso de la Agencia Nacional de Seguridad estadounidense (NSA) es elocuente al respecto. ¿Se puede hablar de una democracia con división de poderes funcionales, cuando el gobierno engaña sistemáticamente a su ciudadanía, a la opinión pública e, incluso, a los órganos públicos encargados de supervisar y controlar que las actividades de espionaje y contraterrorismo no violen la constitución? La distinción público-privado en estos "estados fuertes" del mundo desarrollado se difumina aún más en el marco de su campaña contra el terrorismo si consideramos la cooperación activa y entusiasta de las grandes empresas de Silicon Valley, que ponen a disposición de la NSA enormes cantidades de datos de sus clientes en Estados Unidos y todo el mundo. Esta colaboración es recompensada con contratos gubernamentales millonarios que estrechan todavía más la relación entre agencias de seguridad y gigantes de la informática (véase Greenwald, 2015).

En otros casos, las áreas de estatalidad limitada —como la suspensión del Estado de derecho— son intencional y sistemáticamente producidas por las agencias gubernamentales y exportadas fuera del territorio continental estadounidense y de su jurisdicción, como ilustran los centros clandestinos de detención y tortura de la Agencia Central de Inteligencia (CIA), así como el traslado ilegal hacia ellos de prisioneros a través de espacios aéreos y aeropuertos cedidos por países europeos.[5] El campo de detención de Guantánamo, en Cuba,

---

[5] Véase, por ejemplo, "EU endorses damning" (2007, 14 de febrero). En la misma Unión Europea operaron también esos centros clandestinos de detención y tortura, sobre todo en países del antiguo bloque comunista que en la actualidad pertenecen

constituye asimismo un claro ejemplo de *outsourcing* o tercerización de estados de excepción.

Otro caso contemporáneo es el del vergonzoso acuerdo entre la Unión Europea (UE) y Turquía, vigente desde marzo de 2016, para que esta última se encargue de proteger la frontera suroriental de la Unión y evitar el paso de refugiados de guerra procedentes de Oriente Próximo a suelo europeo: los migrantes que lleguen a Grecia serán, así, devueltos a Turquía si sus solicitudes de asilo son rechazadas. La contraprestación consiste en que los países de la UE reubicarán a miles de refugiados sirios directamente desde Turquía, la cual, además, recibirá ayuda humanitaria. Asimismo, se liberalizará el tránsito de ciudadanos turcos a Europa y se intensificarán las conversaciones para una eventual integración turca a la UE. A pesar de las dudas de juristas y organizaciones de derechos humanos sobre su constitucionalidad, el acuerdo fue promovido por la Comisión Europea y el Consejo de Ministros. Que en Turquía no reinen precisamente el Estado de derecho o la paz —considérese la guerra interna en contra de la minoría kurda, o la ambigüedad del gobierno turco respecto del combate al terrorismo del "Estado Islámico"— es algo tan conocido que los migrantes han decidido cambiar sus rutas para no caer en el infierno de los campos de refugiados en ese país y la posterior deportación a sus países de origen. En los hechos, el acuerdo parece funcionar: la mayoría de los refugiados ya no pasa por suelo turco. La UE respira aliviada al tiempo que la gran mayoría de sus países miembros se niega a reasentar en sus territorios a los sirios reconocidos como refugiados políticos. Todo ello ha provocado que la mortal ruta del Mediterráneo vuelva a ser la más utilizada por los migrantes.[6]

a la OTAN (véase https://es.wikipedia.org/wiki/Centros_clandestinos_de_detenci%-C3%B3n_de_la_CIA).

[6] Acuerdos similares al de la UE y Turquía están siendo negociados con diferentes países como Marruecos, Argelia, Túnez, Libia y Egipto —países donde los derechos humanos son violados sistemáticamente. El concepto es similar: evitar que los migrantes pisen suelo europeo y puedan solicitar asilo político o por razones humanitarias. Para ello, los gobiernos norafricanos se comprometerían a establecer campos de refugiados y a controlar más estrictamente sus fronteras a cambio de ayuda para el desarrollo. Esto implica capacitación de las policías nacionales y equipamiento moderno de sus fuerzas —con tecnología y producción de empresas privadas europeas,

Aquellos que perciben un ausente o imposible desarrollo de elementos funcionales propios de la estatalidad consolidada fuera de Occidente, por otro lado, habrían de prestar cierta atención a la configuración consciente e implacable de dichos elementos exhibida por el *Estado* Islámico. Autoproclamado en 2014 por actores no estatales, bien estructurado y financiado, el Estado Islámico administra hoy un área de cientos de kilómetros cuadrados que ha diluido la demarcación fronteriza entre Siria e Irak, impuesta por las potencias coloniales del siglo xx. Con rasgos totalitarios y derivas de ultraderecha —no tan distantes de las que caracterizan a Estados Unidos y muchos países europeos—, el Estado Islámico sostiene un sofisticado aparato burocrático para el reclutamiento de *muyahidines*.[7] Con amplios y detallados cuestionarios, a los candidatos a sumarse a sus fuerzas militares se les exige información sobre su lugar y fecha de nacimiento, estado civil, formación, habilidades técnicas y profesionales, experiencia de combate, religiosidad y disposición para autoinmolarse o participar en combates. Se solicitan incluso desde "cartas de referencia y recomendación" (de imanes o de otros combatientes y miembros de las redes *yihadistas* en Europa) hasta los nombres y direcciones de personas a las que notificar el fallecimiento del candidato. La administración del Estado Islámico incluye sueldos regulares para sus soldados (desde 100 hasta 500 euros), así como casa y otros privilegios como la disposición de esclavas sexuales. Entre sus "sistemas de gobernanza" se encuentra una estricta vigilancia de la conducta de la población en el territorio bajo su control, con todo tipo de penas corporales e incluso la muerte como formas de castigo a las violaciones de la *sharia* o ley islámica, pero también un marco financiero para los más desfavorecidos y un sistema de administración pública que incluye la provisión de servicios básicos de salud y educación.[8] En un

se sobreentiende. Cfr. "Irgendwo in Afrika" (2017), y "Die gekaufte Grenze" (2016, 29 de octubre).

[7] Véase, por ejemplo, la información proporcionada por el *Süddeutsche Zeitung*: "Im Vorgarten des Terrors" (2014, 14 de noviembre); "Wie der 'Islamische Staat' funktioniert" (2014, 14 de noviembre), y "Buchhalter des Terrors" (2016, 16 de julio).

[8] De acuerdo con un estudio del King's College de Londres, la base económica

amplio contexto de inestabilidad y conflicto, heredados en parte de los errores de Estados Unidos y sus aliados en Europa y Oriente Medio, la población acepta, entre aliviada y resignada, el establecimiento de un orden, aun si es el de un régimen brutal y militarizado para el que la guerra no es, sin embargo, la única prioridad (Martín, 2015: 16-17; véase también Reuter, 2015).

Podríamos seguir citando ejemplos de áreas geográficas y procesos políticos interconectados que, como los anteriores, hacen necesario el examen del Estado en un marco auténticamente transnacional. Después de siglos de expansión colonial europea, y en el actual contexto de globalización, los análisis comparativos que clasifican a los estados como "consolidados", "débiles" y "fallidos" —según su distancia respecto del ideal representado por un subconjunto específico de países occidentales— se antojan como meros juegos de salón de utilidad bastante limitada. Si se quiere hablar de *estatalidad*, es necesario entenderla de formas cualitativamente distintas en lugar de presuponer grados de la misma. Los que realmente existen son modos de orden, autoridad y dominación que se ofrecen, configuran, ocultan o justifican con referencia a la imagen de una organización jerárquica que ejerce diversos monopolios y está separada de la sociedad o del sector privado. Como ilustra uno de los casos discutidos por Agudo Sanchíz en su capítulo, tanto policías municipales como habitantes de diversas colonias urbanas en México sostienen de manera conjunta la seguridad como competencia exclusiva de una fuerza pública a la que se exige y presupone una función más represiva que integradora, resistiendo así los intentos de organizaciones de la llamada sociedad civil por lograr "participación ciudadana" en determinados programas preventivos. Lo que en parte nos interesa en este libro, en suma, es el Estado *construido*: los imaginarios y procesos sociales mediante los que se acredi-

---

del Estado Islámico se sostiene fundamentalmente de impuestos y cuotas cobrados a la población en los territorios bajo su poder, venta de petróleo, saqueos, confiscaciones de propiedades muebles e inmuebles y multas penales. Esta economía de depredación, muy conocida en las regiones mexicanas y latinoamericanas en donde actualmente opera el crimen organizado, recuerda las formas de acción violenta de los orígenes de los estados nacionales modernos. Cfr. Reuter (2017, febrero).

ta y se hace efectiva la separación jerárquica del Estado respecto de la sociedad (Ferguson y Gupta, 2002).

PRODUCCIÓN DE ORDEN Y REORGANIZACIÓN DE LO POLÍTICO POR DISTINTAS VÍAS

Muchas de las contribuciones a este volumen abundan en ejemplos de diversos órdenes, regularidades, jerarquías y normas compartidas, como la gestión clientelar de demandas populares en diversas colonias urbanas mexicanas (capítulo de Agudo Sanchíz; véase también Hurtado, 2014), o el empleo de la "pequeña corrupción" en la vida cotidiana de la burocracia pública peruana como mecanismo para tejer redes sociales en un entorno de marcada incertidumbre laboral e institucional (capítulo de Mujica). Asimismo, el contrabando y el comercio informal generan un orden muy institucional no exento de eficacia, como demuestra Johanna Parra en su contribución, mientras que las barricadas de la insurgente Asamblea Popular de los Pueblos de Oaxaca (APPO), en México, se convierten en un "subsistema de seguridad" donde imperan la disciplina y la confianza (capítulo de Estrada Saavedra; véase también Estrada Saavedra, 2010). A estos ejemplos podrían añadirse otros muchos, como el de los grupos de autodefensa y las guardias comunitarias que reivindican acciones autogestivas de seguridad y justicia en diversas regiones mexicanas, los cuales llegaron en algún momento a gozar de un amplio respaldo popular y una notable cohesión interna (Lara Klahr, 2013; Maldonado, 2014).

Para los internacionalistas europeos cuyo trabajo discute Agudo Sanchíz, sin embargo, las anteriores serían formas de orden y reorganización de la autoridad paradigmáticas de una soberanía restringida, antitéticas a la burocracia del tipo ideal weberiano y capaces como mucho de aportar "equivalentes funcionales" de la gobernanza estatal. No obstante, las clasificaciones y dicotomías que subyacen a estas suposiciones pueden convertirse en algo difícil de sostener. Durante su "enfrentamiento con el Estado" (gobierno oaxaqueño) en 2006, la APPO tuvo como actores centrales a los docentes de la sección local del Sindicato Nacional de Trabajadores de la Educación, integrantes centrales de la burocracia del sistema educativo estatal. Como argumenta Estrada Saavedra en su capítulo, las prácticas organizativas y de movilización de la APPO constituyeron formas de resistencia que emplearon los marcos materiales y simbólicos de la misma dominación estatal. La operación de las emisoras de radio y televisión tomadas por los appistas, así como las obras gráficas de los colectivos de artistas sumados a la protesta, "disputaron el 'privilegio' estatal de representar al pueblo y encarnar su unidad". Así, la historia nacional oficialista fue resignificada en el seno mismo de la corriente interpretativa del Estado mexicano posrevolucionario, en la que el pueblo campesino y obrero había sido representado como protagonista del levantamiento de 1910. Recuperando el pasado borrado por el "Estado neoliberal", esta exégesis situó entonces a la misma APPO como agente de la "unidad del pueblo".

El problema con la búsqueda de equivalentes funcionales de la gobernanza estatal es que implica una reificación del Estado como objeto ontológico, al tiempo que una descontextualizada concepción del mismo como mero fenómeno de toma de decisiones y política pública, cuya presencia, desarrollo o intensidad puede compararse sin más entre distintos países. Una de las posibilidades exploradas en este volumen es que esos equivalentes representan en realidad formas estatales cualitativamente distintas donde diversas dimensiones históricas, culturales o geográficas son centrales para los aspectos funcionales y estructurales del fenómeno del Estado (Sharma y Gupta, 2006: 10). Entre esas dimensiones se encuentran los "procesos sociales mundanos" de prácticas y representaciones sedimentadas mediante los que se establece, resitúa o diluye la frontera entre lo público y lo privado, creando acaso la apariencia de un mundo fundamentalmente dividido entre Estado y sociedad, o entre Estado y economía (Mitchell, 2006).

En tanto productos de esos múltiples procesos y prácticas, el "poder del Estado" y sus límites, su significado y apariencia, varían de forma notable entre distintos contextos histórico-culturales. Con estas circunstancias en mente, Agudo Sanchíz comienza su capítulo discutiendo de manera breve algunos "rostros del Estado" que pueden apreciarse tan sólo en el caso de México, aunque otras dimensiones emergen en los diversos casos y contextos locales y nacionales abordados por los autores que también contribuyen a este volumen. Tenemos, así, el Estado entendido como un *espacio de incertidumbre* donde se disputa la dominación (Escalona, 2011a) e incluso analizado en sí mismo como un competido marco material y simbólico en situaciones de resistencia y contrainsurgencia (Estrada, este volumen). Asimismo, como afirma Parra en su contribución, el del Estado es un estatuto en permanente negociación, donde las instituciones legales y el derecho se basan en las "relaciones de fuerza" que caracterizan a constantes procesos de disputa. Por ello es posible hablar de campos políticos conformados por individuos y grupos que buscan emplear y manipular en su favor normas y responsabilidades institucionales nunca completamente claras o estables (véanse también los capítulos de Rauchecker y Megchún). Así, la ambigüedad y la inconsistencia de los marcos estatales también aparecen revestidas de cierta intencionalidad o carácter estratégico. Por ejemplo, la incertidumbre y la dispersión de funciones y responsabilidades pueden resultar clave para el reconfigurado aparato global de gobierno que conocemos como neoliberalismo, como en cierta forma muestran algunos de los casos de política social descentralizada y ciudadanizada discutidos por Agudo Sanchíz. Según señala Mujica en su trabajo, la micropolítica de las prácticas cotidianas de corrupción burocrática y sus implicaciones para la reorganización de la autoridad tampoco son entendibles al margen de la inestabilidad institucional y la flexibilización —*precarización*— de derechos laborales introducidas por las reformas neoliberales acometidas en Perú desde la década de 1990.

Los casos anteriores resultan importantes para entender los procesos mediante los que se construye culturalmente el Estado, algo de lo que también se ocupan otros colaboradores de este volumen por medio de la adopción de perspectivas históricas y políticas de mayor amplitud. Por ejemplo, José Luis Escalona examina dichos procesos en la construcción de la "civilización maya" por parte de eruditos y antropólogos, la cual no puede entenderse al margen de la propia constitución de los estados-nación y su concomitante concepción de poblaciones culturalmente homogéneas y vinculadas con sus territorios. Por su parte, el sociólogo Carlos A. Gadea ofrece una interesante lectura de la historia política del Uruguay del siglo xx en la que destaca su discusión sobre la construcción del Estado nacional iniciada durante los dos periodos presidenciales de José Batlle y Ordóñez, entre 1903 y 1915. El autor se ocupa de un proceso hegemónico donde la formación estatal llega a ser constituida e imaginada como algo inextricablemente ligado a una determinada persona y su legado (*batllismo* y *neobatllismo*), dotado de una notable continuidad por encima de los intereses y conflictos que dividían a la ciudadanía y amenazaban al gobierno, pero no al *Estado*: éste se convertía así en garante de la estabilidad y la protección de la sociedad nacional. Los "mitos" de este imaginario político nacional habrían sido reforzados por la visión retrospectiva de los logros y avances de años anteriores a los de la crisis de la década de 1960, con los que en cierto sentido se buscó una continuidad tras los cambios políticos que llevaron a la reinstauración de la democracia después de la dictadura militar (1973-1985) y al triunfo del izquierdista Frente Amplio (2005).

La riqueza de todos estos trabajos no sólo reside en los materiales empíricos ofrecidos, sino además en la bibliografía citada en ellos. Sin embargo, es preciso proporcionar una cierta revisión de la literatura socioantropológica sobre lo estatal, así como de las perspectivas de la sociología histórica de lo político sobre la formación del Estado. En lo que sigue, abordaremos esta revisión mediante la discusión de las relaciones entre temas particulares que son transversales a los diferentes capítulos de este libro y a las disciplinas de las que proceden sus autores.

EL ESTADO CONSTRUIDO DESDE LA ACADEMIA

Un tema introducido en los dos volúmenes anteriores, pero abordado de forma más directa aquí, tiene que ver con los propios imaginarios teóricos del Estado. La distinción naturalizada entre Estado —o política— y sociedad, que "opera como punto ciego en el sentido común de la gran mayoría de los científicos sociales" (Estrada Saavedra, este volumen), se manifiesta asimismo en la *espacialización* estatal analizada por James Ferguson y Akhil Gupta (2002). El Estado aparece como una entidad no sólo separada o autónoma, sino "por encima" de los ciudadanos a los que además "abarca": ello da lugar a una "topografía de sentido común" en la cual distintos objetos de teorización caen "arriba" (Estado), "abajo" (comunidad) o "en medio" (sociedad civil) (Ferguson y Gupta, 2002: 983). A todo esto hay que agregar la distinción interior-exterior propia del derecho internacional, en la que se cimenta el reconocimiento de la soberanía de un Estado sobre una población y un territorio determinados —un imaginario que impide ver lo que sucede en los intersticios fronterizos.

Resulta notable la gran cantidad de analistas de políticas públicas, politólogos, sociólogos políticos e incluso antropólogos que dan por sentadas estas topografías imaginadas y emplean sus metáforas como punto de partida para sus investigaciones sobre las "relaciones Estado-sociedad". El resultado más frecuente es una perspectiva de la intermediación que se confina a las "interfaces" o la articulación entre entidades monolíticas o racionalidades opuestas y coherentes (Long y Villarreal, 1993; Arce y Long, 1993; Isunza, 2006; De Santis, 2006; Delamaza y Ochsenius, 2006). Uno de los principales problemas de este enfoque consiste en postular la transformación de una estructura de poder en una institución —por ejemplo, los partidos políticos— simplemente mediante la intervención de otra institución —asociaciones civiles, institutos electorales o de contraloría y transparencia—, lo cual constituye otro punto ciego. De manera más general, lo que se excluye en estos imaginarios es un examen del carácter procesual, cambiante y contingente de la propia espacialización del Estado (incluyendo qué es lo público y lo privado en cuáles contextos y en cuáles momentos). La idea de espacio —estático y carente de interdependencias— subyacente a la concepción del Estado como entidad separada y autónoma es, a su vez, producto de una concepción estática de lo social (sobre el tema, véase Elias, 1982 [1970], en especial capítulos 4 y 5).

Igual que Ferguson y Gupta, Agudo Sanchíz señala en su contribución que los discursos académicos del Estado son tan histórica y culturalmente específicos como los populares. Considérese, por ejemplo, el tratamiento que los expertos en relaciones internacionales de las academias norteamericanas y europeas han dado al tipo ideal elaborado por Weber para identificar los rasgos distintivos del Estado moderno, que él definió como un tipo de comunidad política poseedora de un monopolio del uso legítimo de la fuerza en un determinado territorio. Al transformar este cuidadoso tipo ideal en un *ideal normativo* (véase el capítulo de Estrada), las variaciones respecto de éste son descritas en términos de "desviación estándar", según afirma Joel Migdal (2011: 33) en un trabajo que aborda precisamente la vigencia de estas premisas en las teorías sociales y políticas contemporáneas. Muchos análisis comparativos dan por hecho al Estado (liberal, occidental) como entidad relativamente autónoma y centralizada, clasificando a otros estados como débiles o fallidos cuando no presentan el mismo conjunto de características funcionales y estructurales de acuerdo con dicho arquetipo. Lo que estas comparaciones ignoran son los procesos y prácticas mediante los que, en determinados lugares, "lo político *ha llegado a verse* como algo separado" (Gledhill, 2000: 32; énfasis en el original). El Estado como unidad de análisis resulta así desprovisto de sus anclajes culturales e históricos, ignorándose la existencia de una posible diversidad de formas estatales (Sharma y Gupta, 2006: 10-11). Según concluye Estrada, lo que existe en todo caso no es *el* Estado, sino una "pluralidad de estados" que a menudo es "el resultado contingente y disputado de múltiples conflictos históricos en torno a la dominación" (como los analizados por el autor en su contribución a este volumen).

No deja de sorprender que las descontextualizadas y ahistóricas nociones del Estado de los mencionados análisis comparativos sean compartidas por algunos antropólogos, quienes podrían más bien cuestionar sus clasificaciones señalando las dimensiones culturales del Estado construido y representado. Lejos de ello, apunta Agudo Sanchíz en su trabajo, parecen buscar los mismos equivalentes funcionales que los internacionalistas encuentran en áreas de "estatalidad limitada" o "ausente", como ejemplifica el argumento del antropólogo Akbar Ahmed (2013) sobre la "autogobernanza" lograda en las "sociedades tribales" mediante sistemas de resolución de disputas basados en códigos de honor y venganza. La búsqueda de instituciones que en las sociedades "aestatales" cumplan funciones estatales es un viejo vicio antropológico, abocado a la misma dificultad de separar la organización "política" —o "económica"— de otros aspectos de la organización social (Gledhill, 2000: 31; véase una crítica de la noción de sociedades sin Estado en Bayart, 1999). Esta dificultad se manifiesta ahora en las suposiciones de los internacionalistas sobre la "autorregulación de la sociedad civil" o la participación ciudadana como sustitutos del Estado en las funciones de gobernanza y seguridad (por ejemplo, Risse, 2011b: 9). Como argumenta Agudo Sanchíz a partir de algunos estudios de caso, estas prescripciones pasan por alto los procesos mediante los que determinadas poblaciones han sido moldeadas históricamente, los cuales impiden una distinción nítida entre actores "estatales" y actores "no estatales" —distinción que resulta asimismo problemática en los países "desarrollados" desde los que escriben los expertos en relaciones internacionales.

Aun en el siglo XXI la imaginación antropológica sigue fascinada con la búsqueda de sociedades que han *escapado* del alcance del Estado o resistido al surgimiento de la forma de poder representada por éste, con sus concomitantes desigualdades sociales y divisiones entre opresores y oprimidos (Scott, 2009; Ahmed, 2013; véase también Nader, 2015). Esta línea de pensamiento, vinculada asimismo con ciertas perspectivas anarquistas sobre el surgimiento y el desarrollo del poder coercitivo, presenta diversas facetas que es preciso no descartar de antemano. Por un lado, como lo expresa Pierre Clastres en su obra *La sociedad contra el Estado* (2010 [1974]), este razonamiento entraña una crítica al etnocentrismo de aquellos que buscan universalizar el particular modelo de poder político derivado del Estado moderno; podemos juzgar necesaria esta crítica para, precisamente, evitar las clasificaciones evolutivas que dejan poco espacio a consideraciones cualitativas sobre el desarrollo y la naturaleza del poder en diversas sociedades (véase al respecto el argumento de Gledhill, 2000: 32-33).

Por otro lado, sin embargo, la visión del orden en las "sociedades sin Estado" tiene profundas raíces históricas en la propia crítica europea de la *civilización* como artificio, engaño o forma alienante de existencia, reconstruyendo de forma rusoniana al "salvaje" como negación de todas las formas de opresión y desigualdad. Los ecos de esta persistente corriente de pensamiento pueden encontrarse en análisis como los del mencionado Ahmed, quien destaca el "amor a la libertad" y el "igualitarismo" de las sociedades tribales en diversas partes del mundo contemporáneo, pero también su "tradición marcial" y "código de honor y venganza altamente desarrollado" (2013: 5). Por mucho que Ahmed añada que el propósito de la venganza en estas sociedades sea "proporcionar una respuesta mesurada destinada a corregir una injusticia y garantizar estabilidad" (2013: 25), estas construcciones no se libran del doble problema que señala John Gledhill en relación con el trabajo de Clastres: ignoran no sólo formas de opresión o modalidades de dominación como las que, por ejemplo, manifiestan las desigualdades entre hombres y mujeres —convenientemente soslayadas en mucha de esta literatura—, sino además la posibilidad de "que las sociedades con Estado y las poblaciones 'aestatales' sean partes interrelacionadas e interdependientes de un único proceso social dinámico, de escala regional", en el que el desarrollo del poder centralizado transformó las formas "prístinas" de organización de los grupos "tribales" (Gledhill, 2000: 33-34). Éste es un argumento inspirado en el trabajo de Eric Wolf (1997 [1982]) sobre la existencia de procesos interconectados en las distintas áreas del sistema mundial, el cual retoma Agudo Sanchíz en la crítica expuesta en su capítulo.

La interconexión de áreas geográficas, así como el papel de prácticas y discursos transnacionales en la construcción cultural de los estados son abordados por Escalona en su contribución a este volumen, la cual aporta además un significativo aspecto adicional a la crítica de los esencialismos y construcciones dicotómicas de la academia. El surgimiento de la visión prístina de los pueblos indígenas, representados en oposición y resistencia radical a lo que es variadamente tenido por Occidente, capitalismo o colonialismo, obedece al mismo proceso intelectual que acompañó la consolidación del Estado en el continente americano y en parte de Europa. Como demuestra Escalona, las descripciones e imágenes que contribuyeron a la "manufactura de los mayas" —como patrimonio histórico propio o como herencia de civilizaciones exóticas— fueron forjadas por exploradores y diplomáticos extranjeros, agentes de empresas transnacionales e intelectuales locales, preocupados por los procesos de reorganización política y territorial acaecidos en especial desde la primera mitad del siglo XIX. Relacionadas con el surgimiento de la concepción de un mundo conformado esencialmente por estados-nación, estas transformaciones implicaban asimismo la existencia de "pueblos" o poblaciones culturalmente homogéneas y ligadas a territorios "históricos".

Producto de esa actividad intelectual, lo que Escalona llama también la "gran narrativa de los mayas" se expresó entonces en formatos literarios, museográficos y cartográficos, así como en carreras y especialidades universitarias y en fundaciones como la Peabody, la Carnegie, la Ford o la Rockefeller, vinculadas con otras empresas que han dejado su huella en las historias de poblaciones locales incorporadas a las grandes plantaciones agroexportadoras, a otros mercados globales y, más recientemente, a la industria turística y sus "artesanías", "sitios arqueológicos" y "reservas naturales". Que la *idea de una civilización maya* sea el resultado de la historia del mundo contemporáneo, según propone Escalona, hace difícil seguir pensando esa historia en términos dualistas. Esta propuesta sirve finalmente al autor para cuestionar la persistente búsqueda de "ontologías" indígenas o alternas (Viveiros de Castro, 2010), de "epistemologías del sur" (Santos, 2009) o "subalternas" (Guha, 1988; Guha y Spivak, 1988), e incluso de formas de lucha y organización "muy otras" (Baronnet, Mora Bayo y Stahler-Sholk, 2011). Esta vasta producción de alteridades, nos dice Escalona, no deja de ser producto de la misma actividad intelectual incrustada en la lógica de las tecnologías que actúan en conjunto con la formación de los estados, las naciones y sus fronteras.

El trabajo de Escalona puede servir para introducir un último argumento adicional en este apartado de nuestra discusión. No es posible encontrar realidades o entidades autónomas como las que designan las dicotomías de los expertos, pero el mantenimiento a toda costa de estas últimas es importante por una variedad de razones e intereses. Si el Estado no existe como objeto material, su *distinción* de la sociedad, en la que se basan no pocas construcciones teóricas y académicas, es una característica definitoria de diversos órdenes políticos contemporáneos (Mitchell, 2006: 174-175). La crítica de Timothy Mitchell recuerda el argumento del antropólogo John Gledhill, citado arriba, sobre la percepción de la autonomía de lo "político" como "una de las dimensiones *ideológicas* clave de la modernidad occidental: no algo que debamos tomar como un hecho objetivo, sino un modo de *representar* las relaciones de poder que oscurece sus fundamentos sociales y su manera de funcionar en la práctica" (Gledhill, 2000: 32; énfasis en el original).[9] La división Estado-sociedad, como la bifurcación del mundo moderno en ideas y *sus* objetos, oculta las prácticas situadas, los intereses particulares, las violencias y exclusiones que dan lugar a los modelos racionales "universales". Como argumenta Mitchell al respecto, la abstracción de la política —su separación de los órdenes sociales en los que es producida— resulta imprescindible para preservarla como un sistema de representaciones coherentes del mundo real y, de paso, mantener el "dominio de los expertos" (Mitchell, 2002).

INTERVENCIÓN (NO) PLANIFICADA Y USOS ESTRATÉGICOS DE LA INCERTIDUMBRE Y LOS LÍMITES ESTATALES

Las anteriores perspectivas no esencialistas del Estado emergen en este volumen no sólo de la antropología (Agudo, Escalona) o de una sociología caracterizada por una cuidadosa mirada etnográfica (Estrada). En un trabajo basado en conceptos de política territorial y *policy analysis*, el politólogo Markus Rauchecker da cuenta de la *discontinuidad* que es necesario introducir con respecto a las prácticas y los estilos de razonamiento del ordenamiento político. El autor retoma el argumento de Michel Foucault (2010 [1966]) sobre el orden creado por la ciencia mediante la interrelación arbitraria de las categorías en que se segmentan los fenómenos continuos del mundo para entenderlos mejor, así como la crítica de James C. Scott (1998) al papel desempeñado por esas categorías arbitrarias en el aparato intelectual destinado a hacer realidades complejas "legibles" en términos de intervención planificada (cfr. Rose, 2006: 147-148). Opuesto de este modo a la continuidad, el orden político que podemos identificar con el "Estado" presenta diversas relaciones de interdependencia con otros

---

[9] Como ilustra aquí Agudo Sanchíz con respecto a ciertos programas públicos de seguridad y prevención de la violencia en México, la distinción entre Estado y sociedad civil, sostenida o reconfigurada al interior de ciertos dominios de práctica social, resulta clave para enmascarar, legitimar o reforzar determinados intereses, responsabilidades y formas de autoridad.

órdenes como el natural, el económico o el social. Para Rauchecker lo político es sólo una forma de ordenamiento entre varias que, además, dista de ser coherente o monolítica, puesto que existen grupos y estructuras de poder locales que pueden exhibir un grado relativamente alto de autonomía para negociar y definir el problema de política pública en cuestión. Este argumento coincide aquí con los de otros autores como Estrada, para quien "el Estado no es el único agente que intenta ordenar a la población en su conjunto (o segmentos dentro de esta última) de acuerdo con visiones propias sobre la sociedad, las conductas legítimas, las identidades sociales o la asignación de bienes valiosos". Así, afirma este autor, la dominación no es producto de un acto único de imposición, sino más bien de un ejercicio continuo, descentrado y no del todo planeado y coordinado, llevado a cabo por múltiples agentes ubicados en diferentes niveles institucionales —y territoriales, como demuestra Rauchecker.

Otra cuestión distinta es que se emplee la representación unificadora del "Estado" para enmascarar las incoherencias y ambigüedades que de hecho caracterizan al funcionamiento del poder político y las prácticas gubernamentales. En el caso analizado por Rauchecker emerge de manera particularmente clara el carácter de la ley como campo político: en su rechazo o defensa del uso de agroquímicos en una provincia de Argentina, diversas configuraciones de actores "estatales" y "no estatales" buscan explotar en su favor las contradicciones regulatorias y las competencias contrastantes de diversos niveles de gobierno. Aquellos que se oponen a los agroquímicos definen su empleo como un riesgo para el medio ambiente y la salud pública, ámbitos donde el gobierno municipal tiene potestad decisoria. Los defensores de los agroquímicos, en cambio, destacan su papel en términos de productividad, apelando así a las áreas de economía y agricultura que son competencia del gobierno regional o provincial, pero no del ayuntamiento; según afirman estos últimos, los presupuestos mínimos sobre el uso de agroquímicos de la ley municipal no pueden rebasar los previstos en la ley provincial, la cual tiene prioridad como norma de un nivel estatal superior. Uno de los problemas de fondo en esta controversia, como apunta Rauchecker, es que los presupuestos sobre los límites a la aplicación de agroquímicos sólo están previstos en la relación entre la nación y las provincias o municipios, pero no entre provincias y municipios.[10]

Si entendemos entonces el orden estatal en relación con la discontinuidad y la fragmentación, cabe preguntarse qué implicaciones políticas podrían tener las áreas de ambigüedad regulatoria o *ilegibilidad* que se ponen de manifiesto en este y otros casos. ¿Son fallas o lagunas o, por el contrario, suponen una institucionalización de la ambivalencia y la incertidumbre que toma sentido precisamente por la flexibilidad que ofrece al gobierno central en sus relaciones con problemas y conflictos locales y regionales? La ilegibilidad sería la contracara del aparato conceptual destinado a hacer transparente la relación del Estado con las regiones, poblaciones y problemas atendidos. Sería, a saber, una zona o condición de ambigüedad que caracteriza a ciertos dominios "creados por el Estado", donde las "poblaciones marginales asumen la responsabilidad de sus vidas (y su futuro)" pero siempre bajo la amenaza del desconocimiento oficial según resulte conveniente, como señala Deborah Poole (2006: 19) respecto de la delegación de la impartición de justicia según "usos y costumbres" a las comunidades locales por el "Estado neoliberal". Todo ello no está tan lejos de la forma de poder implicada en las políticas *ciudadanizadas* de seguridad y prevención de la violencia que analiza Agudo Sanchíz en México: caracterizadas por una persistente falta de coordinación entre los distintos niveles de gobierno, estas políticas representan un caso de institucionalización de la indistinción entre lo público y lo privado, donde las comunidades vulnerables "participan"

[10] Otra cuestión de fondo, por supuesto, tiene que ver con la construcción social y simbólica de los objetos, un tema abordado asimismo por Johanna Parra en su contribución a este volumen. Al igual que las definiciones de los productos textiles de que habla Parra (como mercancías legales o como "fayuca" vinculada al contrabando), las de los agroquímicos (como problema para la salud o como insumos imprescindibles para la producción) varían y su realidad cambia según quienes las produzcan en alianza con otros actores a los que puede reclutarse para sustentar determinadas versiones en particulares luchas y campos de fuerza. Se podría colegir entonces que los objetos no existen en sí como cosas con propiedades intrínsecas, sino que dichas propiedades son definidas en entramados de relaciones sociales. Este argumento guarda una vez más relación con nuestra concepción del Estado y será retomado más adelante respecto a la "naturaleza" de la ley y el delito.

activamente y los servicios se descargan sobre asociaciones civiles, permitiendo soslayar responsabilidades regulatorias cada vez más dispersas. Tras los discursos sobre la "retirada" o "disminución del Estado" asociados con el neoliberalismo, se oculta, más bien, una forma estatal cualitativamente distinta.

Sin embargo, existe un riesgo en la interpretación anterior, que consiste en reducir explicaciones sociológicas a lo que parece un excesivo énfasis en la intencionalidad (subjetiva) de ciertos actores. Este sesgo, debido a uno de nosotros (Agudo Sanchíz), puede cuestionarse o matizarse mediante la forma alternativa de ver la ilegibilidad que propone el otro (Estrada Saavedra), expuesta a continuación según el propósito de los editores de este volumen de reconocer el diálogo que han sostenido desde las colaboraciones anteriores. Así, la ilegibilidad podría verse no como ininteligibilidad, sino como *multivocidad*, esto es, como producto de disputas, conflictos y relaciones dinámicas y contingentes cuyo resultado no está predeterminado. La ambigüedad sería así producida y aprovechada por diversos actores —incluyendo los "estatales"— para ampliar sus márgenes de acción o disminuir el de los otros.

De esta manera, el Estado puede ser la máscara unificadora tras la que se ocultan las dispersas prácticas gubernamentales y del funcionamiento del poder, además de un espacio de indeterminación o incertidumbre en el que pueden participar diversos grupos y actores en la búsqueda de sus propios intereses. El antropólogo Rodrigo Megchún lidia con estas cuestiones en su trabajo sobre los "usos estratégicos de los límites estatales", empleando una etnografía de las relaciones entre militares y habitantes del *ejido* Emiliano Zapata, una comunidad creada en la Selva Lacandona de Chiapas mediante la política de redistribución agraria del régimen posrevolucionario mexicano. Este dato es importante para entender parte de la discusión que presenta Megchún: por ejemplo, las interesantes paradojas y confrontaciones entre el régimen ejidal y otros niveles u órdenes de gobierno, donde el ejido y sus autoridades parecen constituir ejemplos de "justicia alternativa" o formas de organización exclusivamente local pero, en realidad, se llega a hacer valer su carácter de institución vinculada con el poder federal y sus leyes agrarias tanto frente al Ejército como frente al representante del gobierno municipal en la localidad. En los ejidos chiapanecos estos agentes municipales suelen considerarse meros "dedos" o apéndices del ayuntamiento, elegidos a menudo por y entre los mismos ejidatarios (Agudo Sanchíz, 2006: 591; para un caso similar en el estado mexicano de Michoacán, véase Zendejas, 2003: 181-294). Las idiosincrasias locales no pueden entenderse al margen de las leyes e instituciones "formales" de la política nacional que estructuran el posible campo de opciones de los actores, como muestran las invocaciones a un poder superior para preservar o legitimar la relativa autonomía de ciertas formas comunitarias de autoridad (compárese con el caso descrito por Rauchecker).

Megchún encuentra otras oportunidades para aprehender al Estado en lo local en la presencia de los soldados del ejército mexicano, a quienes los ejidatarios *prohíben* caminar uniformados por la localidad y consumir alcohol en público, reinterpretando así parte de las interdicciones del propio mando militar como reglas emanadas de la autoridad ejidal —una interesante apropiación e inversión local del poder "emanado del Estado". Por otra parte, como las describe el autor, las controversias en torno a la venta y el consumo de alcohol en Emiliano Zapata reflejan asimismo la existencia de campos políticos configurados por las leyes estatales, un tanto a la manera de Rauchecker. Un claro ejemplo de ello lo proporcionan las estrategias de algunos comerciantes locales especialmente afectados por la prohibición, quienes apelan a formas de autoridad y justicia externas al ejido para sortear las normas locales en contra de la venta de alcohol. Estos casos ilustran el reforzamiento, la invocación y la disolución simultáneos de los límites y la jerarquía del Estado, donde los vínculos del agente municipal y de la autoridad ejidal con los poderes municipal y federal, respectivamente, pueden ser enfatizados o ignorados según el propósito en cuestión.

En estos procesos de reconfiguración y manipulación de los límites del Estado, por otra parte, siguen resultando importantes ciertas lógicas y procedimientos *estatales* de organización y administración de justicia, de las que no quedan excluidos ni siquiera los grupos insurgentes. Así lo demuestran algunos casos en que los pobladores del ejido acuden a la Junta de Buen Gobierno de un cercano Municipio

Autónomo Rebelde, emanado del conocido levantamiento indígena zapatista de 1994, cuando buscan la reparación de un daño ante la inacción o lentitud de la justicia oficial. Lo importante en estos casos no es sólo que la justicia "informal" de los rebeldes zapatistas sea localmente reconocida como más estricta y "menos corrupta" que la ofrecida en la cabecera municipal por el Ministerio Público (el órgano acusador que monopoliza el ejercicio de la acción penal en nombre del Estado), sino que los propios agentes del Ministerio Público confían asimismo en la intervención de la Junta de Buen Gobierno zapatista cuando alguna de las partes afectadas en un pleito se niega a acatar las sanciones de las autoridades ejidales —respetadas asimismo como "usos y costumbres" por los funcionarios gubernamentales. El procedimiento típico de este *último recurso* —"en general los pobladores no zapatistas de la región no pretenden desconocer a las autoridades gubernamentales", según nos dice Megchún— se describe en el testimonio de un ex agente municipal entrevistado por el autor: cuando las víctimas de algún delito solicitan la intervención de la Junta de Buen Gobierno, los representantes de esta última se llevan al acusado —a quien lo esperan multas o penas corporales particularmente duras— y "mandan un documento donde dice que ellos están a cargo", documento que a su vez será turnado por las autoridades del ejido al Ministerio Público. Éste obtendrá así una confirmación *formal* de que el caso está en manos de la justicia "alternativa" de los rebeldes zapatistas y no se inmiscuirá en el proceso.

Si empleáramos una forma de análisis típica de los expertos en políticas en áreas de estatalidad limitada, como los mencionados por Agudo Sanchíz en su capítulo, parecería posible concebir los procedimientos (¿ilegales?) de los rebeldes zapatistas —tolerados, al parecer, por el mando de la cercana base militar— y los usos y costumbres (¿informales?) del ejido como "equivalentes funcionales", complementos o sustitutos para el sistema de justicia estatal: todos estos procedimientos conformarían un sistema de "gobernanza multinivel" (juntas zapatistas/autoridades ejidales/agente municipal/Ministerio Público) que funciona para compensar fallas en uno o más de sus componentes. Desde una perspectiva más etnográfica de la estatalidad, sin embargo, podríamos reparar de nuevo en la *ilegibilidad* de los usos y costumbres como modo de ambigüedad inherente a la ley, permitiendo un desentendimiento selectivo respecto de formas extrajudiciales de *justicia comunitaria*, precisamente, porque éstas quedan siempre al borde de la ilegalidad (Poole, 2006: 19). De manera similar, en su trabajo sobre las prácticas organizativas en un ejido del occidente de México, Monique Nuijten (2003: 70-90) ofrece un análisis sobre la amplitud de maniobra y usos estratégicos permitidos por las contradicciones consustanciales a la ley posrevolucionaria de reforma agraria. Como afirma Poole (2006), estas convenientes ambigüedades han sido, de manera paradójica, reforzadas por las reformas neoliberales al institucionalizar la vieja división entre ley y justicia, derecho estatal y derecho local o consuetudinario.

En cualquier caso, el trabajo de Megchún también resulta importante para entender la negociación y reproducción —múltiple y descentrada— de lógicas y procesos del Estado en sus "márgenes".[11] De la misma forma como el ejército ha de lidiar con las normas y los modos de autoridad del ejido, los agentes estatales de la ley han de reconocer los "usos y costumbres" locales e incluso apoyarse en la jurisdicción de los rebeldes zapatistas —acatada asimismo por los ejidatarios— para la resolución de ciertos conflictos y controversias. Al mismo tiempo, los representantes de la Junta de Buen Gobierno del Municipio Rebelde siguen procedimientos reconocidos por la burocracia oficial, como los documentos con los que se informa al Ministerio Público de su asunción de responsabilidades en el castigo de determinados delitos.

En el estudio de caso que aporta a este volumen, Marco Estrada demuestra que los grupos insurgentes y movimientos de protesta pueden tanto reproducir la dominación como cuestionarla (véase también Estrada Saavedra, 2014a), aunque para comprender cómo sucede exactamente esto último tampoco nos sirven de mucho las mencionadas dicotomías y celebraciones ilusorias de la alteridad. Por un lado, si lo que podríamos llamar "hegemonía" de la formación estatal en parte reside en concebir "una forma de actuar y de definir

---

[11] Sobre el concepto *márgenes del Estado*, véanse, entre otros, Das y Poole (2004) y Agudo Sanchíz y Estrada Saavedra (2011).

las tareas del Estado" en términos de "continuidad político-institucional", como argumenta aquí Gadea con respecto al caso de Uruguay, entonces la *resistencia* implicaría interrumpir esa continuidad exponiendo precisamente la inconsistencia y la dispersión de las prácticas de gobierno. A ello se refiere Estrada cuando afirma que la movilización de la APPO —también descentrada— llegó a "desarticular el proceso cotidiano de la dominación política en Oaxaca". Por ejemplo, la neutralización de la policía local —cuyos agentes dejaron de aparecer en público con uniforme y de manera masiva por temor ante las acciones de los asambleístas— hizo comprobar a la población la fragilidad de un gobierno que, "sin fuerzas represivas, ya no es gobierno", ya que su dominio, "como en ese momento se vio, no existe más que por la vía de la represión", en palabras de uno de los dirigentes populares entrevistados por el autor. No menos significativa resultó la interrupción de la administración pública local lograda por los integrantes y simpatizantes de la APPO mediante las tomas del Congreso, el Tribunal Superior de Justicia y la Casa de Gobierno, además de diferentes juzgados penales y otras dependencias gubernamentales, dislocando así el ejercicio burocrático y rutinario de la dominación. Asimismo, el complejo entramado de barricadas construidas por los appistas a lo largo y ancho de la capital oaxaqueña permitió su control social y espacial, disputando de esta forma el monopolio estatal de la imposición de ley y orden sobre el territorio. Como apunta Estrada, las barricadas se transformaron además en sitios para el establecimiento de mecanismos colectivos de toma de decisiones; en ellas se configuraban "esferas de vida pública autónoma" que contribuían a los debates políticos más amplios en las asambleas del centro de la ciudad.

Por otro lado, la interrupción de los monopolios funcionales y simbólicos del Estado puede efectuarse precisamente al interior del mismo marco material y de significados común del proceso hegemónico (véase Roseberry, 1994: 361). Ya antes mencionamos cómo la toma de medios de radiodifusión por parte de los appistas permitió a éstos la apropiación y la subversión —en ocasiones irónica— de la interpretación oficialista de la historia patria, sirviéndose de ella para resituar al "pueblo" como protagonista de la Revolución mexicana —un proceso que permitió a muchos de aquellos identificados con los sectores campesinos y populares cuestionar las representaciones denigrantes, discriminatorias y paternalistas que de ellos hacían las televisoras públicas y privadas. En términos generales, podríamos recalcar la dificultad de entender la constitución de actores colectivos contestatarios sin ver su vinculación íntima con los sistemas a los que desafían. No sólo surgen como protesta ante estos últimos, sino que a menudo operan dentro de sus marcos hegemónicos.

DIVERSAS DIMENSIONES DE LA CORRUPCIÓN Y LA ILEGALIDAD

Los capítulos de Mujica y Parra en este volumen lidian de diversas formas con la conexión existente entre la ley estatal y su evasión, fenómenos sólo en apariencia opuestos o contradictorios. Entre otros supuestos, las contribuciones de estos autores cuestionan la dicotomía entre Estado y sociedad (o economía) y, en especial, la frontera entre lo público y lo privado. Como hemos comentado, ciertos expertos en relaciones internacionales ven esta distinción como especialmente débil o inestable —y causante por ello de corrupción— en los llamados estados patrimoniales o "neo-patrimoniales" (Risse, 2011b: 13-14; véase también Theobald, 1999: 492, citado en Nuijten, 2003: 201). En un argumento similar al de Mitchell (2006), Monique Nuijten señala que estas dicotomías y clasificaciones son poco útiles para comprender el fenómeno de la corrupción e incluso sirven para sostener relaciones de dominación existentes. Así, el papel central de las burocracias estatales en la organización de actividades prohibidas, en diversas partes del mundo, ilustra el hecho de que las prácticas etiquetadas como corrupción son parte de un "campo de fuerza" más amplio y, por ello, no reducibles a un mero aspecto disfuncional de las organizaciones de ciertos estados (Nuijten, 2003: 201-202).

En relación con lo anterior, diversos autores dan cuenta del activo papel desempeñado por las autoridades en la tolerancia o comisión de actividades ilegales, llevando a algunos a afirmar que "la ley del Estado crea inevitablemente sus contrapartes, zonas de ambigüedad y de abierta ilegalidad" (Nuijten, 2003: 202; citando a Heyman y Smart,

1999: 1). En su etnografía de las autoridades migratorias de Estados Unidos, Heyman (1995) demuestra cómo el esfuerzo de éstas por controlar el tránsito de personas facilita, paradójicamente, la entrada de indocumentados a la economía de dicho país, ilustrando así el carácter de las violaciones a la ley como efectos no intencionados, aunque inevitables, de la intervención del Estado (véase también Heyman, 1998; citado en Nuijten, 2003: 202-203). Lo que Heyman describe asimismo como el "juego del control" —una dialéctica entre agentes y transgresores de la ley que provoca una escalada de los efectos colaterales de la creciente vigilancia estatal— recuerda situaciones fronterizas descritas por otros autores mediante metáforas similares (Andreas, 2000; Donato, 2004; véase Galemba, 2011: 342-345). Aparte de las desigualdades de poder existentes entre los participantes —como advierte Galemba—, otras dimensiones de la corrupción asociadas con estos "juegos" tienen que ver con la amabilidad y los favores necesarios para establecer relaciones de cordialidad entre funcionarios y clientes (Nuijten, 2003: 202; citando a Lomnitz-Adler, 1999).[12] O, como demuestra aquí Mujica para el caso de Perú, para ampliar y consolidar redes sociales que proporcionen algún grado de protección en contextos de marcada incertidumbre y precariedad laboral.

Científico político y criminólogo caracterizado por un excelente empleo de la etnografía y una amplia experiencia en el sector público, Mujica no se ocupa en su capítulo de la "gran corrupción", asociada con la "distorsión de las funciones centrales de gobierno" y capaz de movilizar o desviar enormes recursos económicos; el interés del autor se centra más bien en la "pequeña corrupción" en las esferas locales de la administración pública. Más que de corrupción, en estos niveles suele hablarse de *agilizar* documentos o trámites mediante procedi-

[12] Entre estas dimensiones se encuentran los aspectos "operacionales" y "performativos" de la corrupción, los cuales forman parte de una "cultura de poder" que "no puede modificarse mediante la introducción de los llamados 'procedimientos democráticos' en la burocracia" (Nuijten, 2003: 202). Esta autora cita asimismo el trabajo de Akhil Gupta (1995), quien emplea los discursos y prácticas cotidianos de la corrupción para demostrar de forma etnográfica los imaginarios locales del Estado en la India.

mientos que suponen escasas ganancias monetarias e incluso el desembolso de dinero por parte de oficiales y funcionarios. En tales casos, los pagos pueden entenderse como una suerte de inversión en una cadena de favores y vínculos cuyo mantenimiento a mediano plazo resulta más importante que la ganancia inmediata —"ayudas nomás. Ya un día te tocará a ti", como lo expresa un oficial de policía en una comisaría de Lima. Según apunta Mujica, empleando el concepto clásico de Marcel Mauss, lo "importante parece ser la posibilidad de endeudamiento con un favor en un circuito de dones y contradones", donde el don puede ser un puesto en la función pública del Estado. Este último aparece una vez más como espacio de incertidumbre, ahora asociado con un contexto de "flexibilización" o precarización del trabajo y los ingresos, donde la autodisciplina y el trabajo en días feriados y horas extras no remuneradas también cuentan, como señala Mujica.

Lo anterior apunta, en fin, al particular "régimen de poder" contemporáneo del cual "el mundo en la sombra" de la corrupción "constituye una parte central" (Nuijten, 2003: 203; citando a Zizek, 1996); un régimen de poder caracterizado por discursos de eficiencia, meritocracia y transparencia asociados con las reformas laborales del sector público, así como por la dispersión de funciones regulatorias hacia el sector de la "sociedad civil", que Agudo Sanchíz asocia en su capítulo con las reconfiguradas formas estatales propias del llamado neoliberalismo.

La protección de la ilegalidad desde la ley es un tema que también figura de modo importante en el trabajo de Parra, quien da cuenta de cómo los procedimientos y reglas oficiales pueden emplearse para "ocultar" actividades ilegales tras categorías formales (Nuijten, 2003: 70-90). Así sucede en los procesos de producción y distribución mediante los que se *enderezan* mercancías que pueden tener orígenes o movimientos ilícitos, pero que han sido "arregladas" o legalizadas en algún punto de su trayectoria —por ejemplo, por medio de la falsificación de origen, la introducción de artículos sin marcas para eludir impuestos en el país de destino o el paso por un registro aduanal gracias a determinados sobornos y complicidades. Como añade la autora con respecto al caso de la comercialización de textiles en la Ciudad de México, sin embargo, este proceso puede ser reversible o cambiante en sus diversas etapas, ya que un producto de importación o distribución legalizada puede convertirse en ilegal al ser vendido en la vía pública por comerciantes ambulantes (gracias a arreglos e intermediaciones en los que intervienen diversos *brokers* y autoridades locales). Así, como señala Parra, la compleja relación entre descentralización, flexibilización y corrupción impide cualquier distinción nítida o estable entre lo (in)formal, lo (i)lícito y lo (i)legal, así como —en este caso— la dicotomía entre economías reguladas y no reguladas por el Estado. De hecho, como han señalado otros autores, la producción y la comercialización "informales", en apariencia fuera del ámbito de la regulación estatal, pueden ser *intrínsecas* al capitalismo regulado por el Estado o asimiladas por el mismo, dadas sus ventajas en términos de elusión de responsabilidades regulatorias y transferencia de riesgos a trabajadores "independientes" o desprotegidos (Harriss-White, 2007: 6-7).[13]

Como señala Rebecca Galemba (2011) en su etnografía de un cruce clandestino en la frontera entre México y Guatemala, no es posible establecer concretamente qué es "la ley", ya que sus significados —junto con los del "libre comercio" y la "(i)licitud"— son constantemente cuestionados y reconstruidos mediante interacciones cotidianas en contextos específicos. Son estas interacciones, así como las normas grupales que las gobiernan, las que producen la racionalidad del *business* —el contrabando y el "arreglo" de mercancías— entre los comerciantes en diversos mercados de la Ciudad de México. Parra entiende este concepto a partir de la definición de *figuración* de Norbert Elias (1982 [1970]), la cual alude a la totalidad cambiante e inestable producida por un conjunto de "jugadores" o actores vinculados entre sí mediante relaciones mutuas de alianza y competencia. De manera similar a la expresada anteriormente respecto de la conformación de determinados campos políticos, Parra emplea la expresión de "figuración social del *business*" para referirse a las redes de interacciones interdependientes, no exentas de tensiones o enemista-

---

[13] El proceso de desregulación económico y laboral de las últimas cuatro décadas puede entenderse justamente como la versión legalizada e institucionalizada de la "informalidad".

des, que vinculan a los individuos de estos mercados entre sí y con determinados funcionarios o autoridades locales. Las estrategias y definiciones de todos ellos coinciden en ocasiones con las normas y categorías oficiales, mientras que otras veces las contravienen o juegan hábilmente con ellas como parte de esos campos de fuerza más amplios de los que habla Nuijten para cuestionar el aislamiento de "elementos corruptos" o disfuncionales dentro del aparato burocrático.

Tanto las nociones de campo de fuerza como las de figuración niegan, así, la compartimentación de la política, la sociedad y la economía. Mediante un argumento que recuerda al de la interdependencia de diversos órdenes mencionada por Rauchecker en su capítulo, Parra anuncia como uno de los objetivos principales de su investigación el de "comprender una sola economía, una sola política, por cierto, complejas". Lo ilegal y lo legal son difíciles de diferenciarse claramente en las prestaciones y contraprestaciones que tienen lugar en esta figuración social, caracterizadas por el cumplimiento de normas de solidaridad grupal que, como argumenta Mujica, resultan imprescindibles para la subsistencia en determinados contextos laborales. Una vez más, las zonas grises donde se producen estas transacciones, existentes en todo el mundo, no delimitan un ámbito externo al del aparato estatal, sino que son constitutivas del mismo (Nuijten, 2003: 203).

En suma, es posible entender la ley no como un mecanismo para sancionar o acabar con el delito, sino, más bien, para otorgarle una forma manejable y ordenarlo con el fin de que se integre a los procesos sociales de una manera menos disruptiva y más funcional, incluso, para diferentes sistemas especializados. El contrabando es un delito, según estipula la ley, por lo que se le combate. Al mismo tiempo, resulta fundamental para el comercio internacional, genera empleo (sistema económico) y contribuye a configurar relaciones como las de los comerciantes informales y las autoridades locales (sistema político). En su forma más radical, esta hipótesis postularía que el delito es creado por la ley, por lo que esta última, como se diría en la teoría de sistemas, es una "forma" con dos lados (legal/ilegal) que sólo puede pensarse en conjunto.

REPRESENTACIONES, MÁSCARAS Y ORDEN ESTATALES

Los casos estudiados en este libro —como también en *(Trans)formaciones del Estado en los márgenes de Latinoamérica* (2011) y *Formas reales de dominación del Estado* (2014)— no pueden considerarse, en ningún sentido, como "representativos" de la heterogeneidad de las estatalidades en América Latina. Sin embargo, sí ofrecen indicios robustos de la complejidad del poder y lo político en el subcontinente, los cuales tienden a ser ignorados por las corrientes dominantes en la ciencia política y las ciencias sociales. Sobre todo, ponen en juego un enfoque con una acusada sensibilidad histórico-socio-etnográfica para observar el fenómeno en su diversidad, y que ayuda a ofrecer descripciones más realistas y menos mistificadas del Estado y los procesos político-sociales.

Esta empresa, empero, no deja de provocar cierta incomodidad, porque seguimos hablando del Estado (por ejemplo, el "Estado peruano"), a pesar de que la apuesta teórico-metodológica, que inspira los diferentes estudios que componen este libro, cuestiona precisamente su existencia *cósica* y *unitaria* y, en cambio, devela sus desarticulaciones y contradicciones. La aporía es inevitable por diferentes razones importantes. En primer lugar, la *idea* de Estado es parte central del pensamiento político desde sus orígenes, por lo que, cada vez que la utilizamos, necesariamente nos remitimos a la invención griega de la política hace ya 2 500 años (Finley, 1986; Arendt, 1993a; Meier, 1995). De este modo, pensamos el Estado y la política *en* y *desde* esta milenaria tradición occidental, en la que ha imperado la representación del Estado como una *unidad* en consonancia con una metafísica del Ser puro y vacío (Agamben, 2014: 72). Denominemos a ésta la aporía de los orígenes.

En segundo término, en tanto que no se puede pensar *fuera* del lenguaje, los conceptos y palabras que utilizamos condicionan la manera en que experimentamos y comprendemos el mundo. No hay salida de este círculo entre pensamiento y lenguaje. En este sentido, los conceptos que usamos en las ciencias sociales tienden a sustantivar los fenómenos y convertirlos en cosas estáticas, cerradas internamente y sin historia (Elias, 1996: 110-145). De este modo, aparece "el Estado" como una realidad completa y acabada en sí misma. Ésta puede ser nombrada como la aporía lingüística.

Y, tercero, es cierto que se podría optar, no obstante, por introducir un nuevo término —"regímenes políticos de poder", por decir algo—, pero se correría el riesgo de aumentar la ya de por sí alta incomunicación e incomprensión entre las diferentes escuelas y teorías en las ciencias sociales al multiplicar nuestro lexicón conceptual. Así, para fines prácticos y debido a que "el Estado" y "la política" ya están establecidos como "objetos" y "campos" de investigación, es preferible conservar estos términos a condición de mantenernos alerta para evitar reificaciones en nuestras descripciones y explicaciones. Aquí nos enfrentamos con la aporía de la formación y la organización histórica de las ciencias sociales (Wallerstein, 1996). En síntesis, es cierto que lidiamos con una aporía inevitable, pero que puede ser productiva si trabajamos con ella llevándola subversivamente hasta sus límites.

A lo largo de estas páginas hemos utilizado en varias ocasiones las palabras *máscara*, *ilusión* o *representación imaginaria*. Estas voces pueden inducir a la comprensión equivocada de que "el Estado" es meramente un fenómeno cultural o simbólico, un simulacro o una escenificación teatral. Nada más alejado de nuestras intenciones. Las socioetnografías contenidas en este tomo demuestran elocuentemente la materialidad y los efectos de poder de lo estatal. Una visión postontológica del Estado no parte de la diferencia jerárquica entre Ser y apariencia, para la cual lo que se hallaría detrás de la apariencia sería más real, sustantivo, auténtico, profundo, original, importante y, por tanto, poseería mayor capacidad de explicación. De acuerdo con ello, la tarea científica consistiría en arrancar la careta del Estado para ver qué o quiénes se ocultan tras ella y cómo logran imponer su dominación. No obstante, en el mundo fenomenal "ser y apariencia son una y la misma cosa" (Arendt, 1993b: 29). Lo existente aparece, y sólo en su apariencia adquiere realidad para los actores y espectadores. La máscara y la ilusión no son externas o algo accesorio al Estado, sino consustanciales para su dominación. No está por demás recordar que los símbolos poseen asimismo materialidad y que lo material sólo nos es comprensible y adquiere realidad social debido a que ya está simbolizado lingüísticamente con antelación.

Por otra parte, la convencional representación antropomórfica y esencialista del Estado —por ejemplo, el Estado *hace, dice, decide* o, dicho en la feliz expresión en inglés, *the State states*— supone demasiada unidad, coherencia y racionalidad. Uno de los riesgos del giro cultural de la denominada "antropología del Estado" consiste, en sentido contrario, en presumir una excesiva desarticulación, incoherencia e incluso ausencia de racionalidad. Ambas posiciones son problemáticas y unilaterales. Sin reontologizarlo, se puede afirmar que el *ensamblaje* de estructuras, procesos, organizaciones burocráticas, actores, prácticas y discursos que componen el Estado sí conforman un orden interno —en el sentido estricto de regularidades de relaciones sociales y expectativas de comportamiento compartidas—, pero se trata de un orden que no está coherentemente organizado ni está unido por una racionalidad central o superior que gobierne y coordine sus componentes. Se trata de un orden sin *una* intención o *un* plan subyacente, sino con una multiplicidad de intenciones, planes y lógicas en ocasiones holgadamente vinculados entre sí, y en otras opuestos o desvinculados debido a la enorme complejidad del entorno interno del Estado —es decir, ese *ensamblaje* que permite coaliciones y oposiciones múltiples y cambiantes entre los "agentes estatales" y entre éstos y actores de su entorno. Es un orden estatal que siempre está sitiado en su estabilidad y posibilidad de reproducción tanto por las fuerzas centrífugas de su dinámica como por los efectos del entorno.

Finalmente, está el baile de máscaras del Estado, y en torno a él se podría conducir a asumir la conclusión muy posmoderna de que no hay diferencias entre las "representaciones" de los actores (estatales y sociales) y las de los científicos sociales, por lo que las de estos últimos no pueden arrogarse el privilegio de ser más verdaderas que las de los primeros. Sin negar la pertinencia de la crítica, ésta no es la conjetura que quisiéramos sacar por nuestra parte. Es cierto que el lenguaje, la práctica y la representación de lo político (y lo estatal) provienen en primer lugar de la experiencia histórica y de los actores mismos. Las ciencias sociales reflexionan a partir de esta realidad. De aquí, entonces, la comunidad de objetos y lenguajes entre "legos" y "expertos". La diferencia entre las "representaciones" del Estado de los actores y los eruditos no puede fundamentarse más en la distinción entre ideología y ciencia, ya que ésta supone la diferencia ontológica jerárquica entre Ser y apariencia, es decir, la existencia de un mundo y un conocimiento objetivos a los que podemos acceder si nos esforzamos por dejar atrás la caverna platónica. Nosotros fundamentamos esa diferencia de otra manera, a saber: en términos de la diferenciación funcional de la sociedad moderna. Ésta se compone de una pluralidad de sistemas funcionales especializados en la solución de problemas societales: la economía, la política, el arte, el derecho, la religión y la ciencia, entre otros. Cada uno de estos sistemas posee códigos y programas especializados propios y exclusivos para la reproducción de sus comunicaciones y acciones internas. En el caso de la ciencia, el código es el de verdadero/falso, y sus programas son las teorías y métodos. Gracias a ello, cada sistema funcional observa y describe el mundo de una manera particular: la política en términos de poder; la economía, de ganancia, y el derecho, de legalidad, por ejemplo. La sociedad moderna es policéntrica y permite una diversidad de observaciones y descripciones del mundo (Luhmann, 1988). Las científicas son una más entre éstas. Lo que las distingue de las demás —incluyendo las de los actores sociales y políticos que estudiamos— es que realizan sus operaciones de acuerdo con un código y programas específicos. Por supuesto, uno podría elegir otra manera de observar el mundo, pero en ese caso no lo haría científicamente. Para el que no abriga pretensiones científicas ni le interesa ahormar sus representaciones del Estado o la política a la lógica de la ciencia social, lo anterior no debería constituir una descalificación en sentido alguno. Después de todo, la ciencia no produce conocimientos bellos estéticamente, sanos médicamente o trascendentales religiosamente, y esto no la hace menos científica.

* * *

Deseamos agradecer a la Freie Universität Berlin, al Lateinamerika-Institut, al Deutscher Akademischer Austauschdienst, al Centro de Estudios Sociológicos de El Colegio de México, al Colegio Internacional de Graduados "Entre Espacios" y a los programas académicos DesiguALdades y Gouvernance in Räume begrenzter Staatlichkeiten por su apoyo y financiamiento para la realización del coloquio internacional Interacciones, Disputas y Conflictos entre el Estado y la Sociedad en América Latina, en enero de 2016 en Berlín, y la publicación de la presente obra.

1
ESTATALIDAD (DE)LIMITADA: SEPARACIONES Y CONFLUENCIAS ENTRE LO PÚBLICO Y LO PRIVADO EN MÉXICO

Alejandro Agudo Sanchíz

Los imaginarios del Estado recreados en los círculos profesionales y académicos son tan histórica y culturalmente específicos como los que se producen en otras comunidades. Aunque surjan de un conjunto común de ideas sobre la estatalidad, las propias teorías del Estado difieren entre contextos, como nos hacen notar Aradhana Sharma y Akhil Gupta (2006: 30, n. 11): "los estudios de la formación del Estado en Latinoamérica están fuertemente influidos por las teorías de la dependencia (véase Roseberry, 1989), mientras que en el sur de Asia la escuela de los Estudios Subalternos (Guha y Spivak, 1988) ha moldeado de forma crucial la producción académica sobre la política cultural y la naturaleza discursiva de los estados (Cohn, 1996)". La construcción del *big government*, por una parte, y la persistente alergia a la regulación pública en Estados Unidos,[1] por otra, proporcionan un contexto favorable para las Arcadias libres del alcance predatorio del Estado, como las descritas para el sudeste asiático por el politólogo y antropólogo James C. Scott en su libro *The Art of Not Being Governed* (2009). Como veremos aquí, estas perspectivas no se alejan demasiado de las presuposiciones normativas que guían los análisis comparativos de algunos especialistas en relaciones internacionales, quienes producen representaciones del mundo plasmadas en mapas con países clasificados en una escala de mayor a menor "estatalidad", con Europa y Estados Unidos como puntos de referencia (véase Risse, 2011a).

[1] El rechazo a la "intromisión del Estado", sin embargo, tiene su correlato en la tolerancia de muchos estadounidenses hacia la desigualdad socioeconómica administrada estatalmente (Brown, 2006: 210, n. 55).

Un problema común en muchos de estos supuestos sobre la "estatalidad limitada" es que excluyen el examen de los procesos, las prácticas y las representaciones mediante las que se construye al Estado como un ente "poderoso" y "entrometido", o bien "débil" y "fallido", con respecto a la gobernanza y a los ciudadanos en un determinado territorio. Tampoco permiten apreciar los condicionantes histórico-culturales, propios y ajenos, respecto del problema de dónde se traza la elusiva línea divisoria entre el Estado y la sociedad, quiénes y cuándo la sostienen y para qué propósitos.

Más que hablar de mayor o menor estatalidad, entonces, lo que me interesa es examinar qué tipo de Estado se configura en particulares situaciones mediante dichas prácticas y representaciones. En la primera parte de este capítulo discuto casos extraídos del trabajo de otros autores para comprender el Estado mexicano en diversos niveles y dimensiones. Sin abandonar este marco analítico y mediante un diálogo con algunas aportaciones de la antropología y la ciencia política, en la segunda parte me enfoco en los factores históricos y culturales que inciden en ciertas construcciones académicas del Estado. En la tercera parte empleo material etnográfico propio para mostrar cómo los expertos, científicos sociales, autoridades y ciudadanos sostienen, reconfiguran o difuminan de manera conjunta los límites entre lo público y lo privado en el contexto de determinadas políticas de seguridad ciudadana en México. Para ilustrar estas circunstancias con mayor detalle, dedico el cuarto y último apartado del capítulo a una discusión de mi experiencia más reciente en un programa del gobierno mexicano destinado a la prevención de la violencia y la delincuencia. Hasta donde me sea posible, intentaré reconocer mis propias comprensiones del Estado como producto de mi ubicación social y pertenencia a las comunidades profesionales en que desempeño mi trabajo.

LAS DIVERSAS CARAS DEL ESTADO MEXICANO

Existen argumentos bien establecidos sobre la "construcción cultural del Estado" (Sharma y Gupta, 2006: 11-20) que pueden emplearse para el análisis de las prácticas materiales y de representación concretas mediante las que se produce la separación entre lo estatal y lo social. De acuerdo con las perspectivas más recientes sobre el papel de ciertos actores en la gestión de demandas sociales, por ejemplo, los intermediarios políticos no conectan necesariamente de manera efectiva a las comunidades locales con el Estado —según la verdad recibida de los análisis clásicos—, sino que su importancia reside más bien en el papel desempeñado en la reproducción de la *idea* de un Estado fuerte y separado de los ciudadanos, o "por encima" de los mismos (véase Ferguson y Gupta, 2002): al buscar en ellos la "conexión correcta" con los que "están arriba", los clientes políticos de estos intermediarios contribuirían también a la construcción de dicha idea y a otras representaciones que alimentan el "fetichismo del Estado" (Nuijten, 2003: 15-16).

Como demuestra el trabajo de Edison Hurtado (2014), tales intermediarios *son* parte de procesos estatales al operar, en su caso, como integrantes de un sistema engranado mediante el cual se administran la exclusión y la precariedad en las colonias populares de la Ciudad de México. En un marco de constante recreación de marginalidad y segregación espacial, el vínculo gobierno local-pobres urbanos, e incluso la relación más amplia entre sociedad y política, pasa por una trama cotidiana y altamente rutinizada de gestiones dilatorias y selectivas de demandas realizadas por los líderes vecinales, los operadores de los partidos y los mismos habitantes de las colonias. Según concluye Hurtado, esa trama constituye "el rostro del Estado en este gobierno urbano de las necesidades" (2014: 270).

De forma más general, trabajos como el de Hurtado nos llevarían a examinar el *continuum* de relaciones por medio de las que se configuran ciertas ideas sobre el poder y la dominación, las cuales tienen significativos efectos práctico-políticos. En lo respectivo a otros rostros adoptados por el Estado mediante determinadas políticas gubernamentales, por ejemplo, el trabajo de producir campos unificados de intervención planificada —preservando su congruencia con los problemas a los que va dirigida— ocurre no tanto a través de particulares "interfaces" o intermediarios "con redes", sino más bien "mediante la agencia difusa *en* redes" (Mosse y Lewis, 2006: 15).

Este descentramiento nos deja con el problema de averiguar cómo diversos mecanismos institucionales y prácticas pueden coadyuvar a la instrumentación de un orden social y político concreto. Puede hablarse entonces de "tecnologías de gobierno", las cuales no consisten en "implementar" o aplicar un esquema idealizado a la realidad mediante un acto omnímodo de voluntad, sino más bien en un "ensamblaje complejo" de diversas fuerzas, técnicas e instrumentos "que prometen regular las decisiones y acciones de individuos, grupos y organizaciones en relación con criterios autorizados" (Rose, 2006: 148).

Un ejemplo de estos procesos lo proporciona el trabajo de Héctor Vera (2014) sobre el establecimiento del sistema métrico decimal de pesas y medidas en México. Este caso muestra las fuerzas administrativo-legales y profesionales, las técnicas de cálculo y evaluación, así como los censos y sistemas de capacitación empleados por diferentes autoridades para implantar un programa de gobierno —la homogeneización de los medios de medición— respecto de los particulares recursos disponibles y las resistencias encontradas durante el proceso. Estos ensamblajes implican asimismo un "carácter epistemológico" —particulares concepciones de los objetos (nación, población) y los sujetos (ciudadanos, individuos) a ser gobernados—, así como un "estilo de razonamiento" destinado a hacer la realidad imaginable en términos de planificación e intervención reformadora (Rose, 2006: 147-148). Este "aparato intelectual" se sintetiza en lo que Vera llama la *dimensión cognitiva* del Estado: éste aparece como un "marco social del conocimiento" que no sólo impone sobre la población una suerte de "conformismo lógico", sino que además interpreta el mundo desde una perspectiva específica y desarrolla métodos y lenguajes (sistemas homogéneos de medición) para hacer legibles y gestionables la población y los recursos. En lo respectivo a esta "legibilidad" de las sociedades, Vera deriva parte de su inspiración del conocido trabajo de James C. Scott (1998), si bien no se muestra tan interesado en contribuir al argumento de este último sobre el fracaso de la planificación centralizada y su separación estricta de una sociedad civil postrada e incapaz de hacer oír sus conocimientos, valores y deseos. Lo que nos ofrece Vera es el examen de un disputado proceso de dominio y resistencia resumido en su concepto del Estado como marco compartido de conocimiento (cfr. Roseberry, 1994: 361).

Como muestra Marco Estrada (2016b), sin embargo, diversos procesos, actores y prácticas, en principio dispersos, se engranan no sólo para implantar determinados programas de gobierno, sino además para reprimir la protesta social. Frente a la disidencia, puede asimismo configurarse otra dimensión estatal resultante de los cambios adaptativos internos generados a partir de las contradicciones de los propios movimientos sociales contestatarios. En otro trabajo, Estrada (2014a) discute el caso de diversos actores que empezaron a organizarse fuera del circuito autoritario-corporativo del orden posrevolucionario mexicano, cuya legitimidad se vio erosionada en las últimas décadas del siglo XX. El autor se interesa en particular por la constitución de un movimiento magisterial democrático al interior del oficialista Sindicato Nacional de Trabajadores de la Educación (SNTE), el cual interpreta como un proceso de disputa y negociación de la dominación donde el propio sistema educativo se convirtió en una arena de conflicto. En el estado mexicano de Oaxaca, entre 1980 y 1989 la lucha de los docentes logró democratizar su sección sindical y ganar autonomía para ésta frente al SNTE y el gobierno local; no obstante, al convertirse precisamente en actor central en el sistema educativo oaxaqueño, el cual llegó a cogobernar hacia 1992, el movimiento magisterial empezó a asumir muchos de los rasgos del sindicalismo autoritario y corrupto que con tanto éxito había combatido en el pasado.

En suma, el que "el poder del Estado" sea el resultado, no la causa, de estos diversos ensamblajes de actores, tecnologías e instrumentos (Rose, 2006: 148; cfr. Latour, 2001: 87-92) implica que dicho poder no sea de un solo tipo. Las diversas dimensiones de poder —corporativo-clientelar, burocrático, liberal, etc.— operan entre sí según relaciones histórico-políticas específicas, como argumenta Wendy Brown (2006: 210, n. 57) respecto del reconocimiento estatal de las mujeres como personas, el cual se transformó en un medio de control que facilitaría la regulación de su sexualidad y trabajo (re)productivo: "lo que se 'libera' de la esfera privada puede así ser colonizado y administrado por una o más de las dimensiones del poder estatal masculinista" (Brown, 2006: 203). De modo análogo podría entenderse la tendencia contraria, más reciente, consistente en la descarga de responsabilidades y servicios públicos sobre ciudadanos y comunidades empoderados, o, de manera más general, en la transferencia de los mecanismos regulatorios del aparato estatal formal a diversos actores "no estatales", organizaciones no gubernamentales e incluso instituciones supranacionales.

IMAGINARIOS ACADÉMICOS DEL ESTADO

Junto con el descentramiento del Estado, otro rasgo que podemos dar por sentado es su translocalidad y sus vínculos con los procesos de globalización. La migración y los flujos comerciales transnacionales ocuparon un lugar central en la formación estatal incluso antes del siglo XX, como demuestra González-Izás (2011) para el caso de Guatemala. Los actores y organizaciones supranacionales a los que se traslada ahora parte de la soberanía del Estado-nación pueden cuestionar a este último, pero no más de lo que contribuyen a sostener con sus discursos y políticas la cimentación territorial de dicha soberanía mediante la continuada construcción del Estado como principal agente interventor en la economía y la sociedad nacionales (Sharma y Gupta, 2006: 7, 20-27; véanse también Appadurai, 1990; Hoogvelt, 1997: 132-149; Ruggie, 1993).

No obstante, ciertas perspectivas de la ciencia política han cuestionado precisamente este reforzamiento de la centralidad conceptual y material del Estado por las reorganizaciones políticas y económicas transnacionales. Una aparente novedad de estas perspectivas reside en su rechazo a las políticas globales que, partiendo del reconocimiento de los estados "débiles" o "fallidos" por parte de la comunidad internacional, operan como si al mismo tiempo dichos estados poseyeran una soberanía doméstica de "tipo westfaliano" (Risse, 2011b: 6). Algunos expertos en políticas y relaciones internacionales hablan entonces de soberanía estatal recesiva "fuera del mundo desarrollado [...] desde los países en desarrollo y transición hasta los estados débiles y fallidos en las zonas de conflicto contemporáneas e —históricamente— en las sociedades coloniales" (Risse, 2011b: 2). En la página 7 de su texto, Risse reproduce un nítido mapamundi de grados representados mediante una escala de grises donde, más allá de las zonas en blanco —confinadas sobre todo a Canadá, Estados Unidos y Europa Occidental—, encontramos países que van del gris claro al negro profundo: "Brasil y México, por un lado, y Somalia y Sudán, por el otro, constituyen extremos opuestos en un *continuum* de estados que contienen áreas de estatalidad limitada" (Risse, 2011b: 5). Esta última se entiende como una "disminuida soberanía doméstica" (cfr. Krasner, 1999: 4) o deficiente capacidad para implementar decisiones centralizadas y ejercer un monopolio sobre el uso de la fuerza, de acuerdo con la clásica definición de comunidad política de Max Weber, por la que los autores del volumen coordinado por Thomas Risse "optan deliberadamente" como "concepto bastante acotado de estatalidad" (2011b: 4).

En ciertos sentidos, estas formulaciones pueden examinarse como una manifestación más de las representaciones mediante las que el Estado es culturalmente constituido —en este caso, al nivel de ciertas comunidades académicas. Risse y colaboradores no encuentran eurocéntrico el viejo procedimiento de tomar la noción weberiana del Estado moderno como marco de referencia para definir lo que otros *no tienen* (véase la crítica de Gledhill, 2000: 29-31, a la antropología británica clásica); para ellos, el "sesgo occidental" reside más bien en asumir que los países fuera del mundo desarrollado puedan ser tratados como si tuvieran la oportunidad de aproximarse a este "tipo ideal" (Risse, 2011b: 8). Recomiendan entonces abandonar la "construcción del Estado" como parte del paquete de medidas de gobernanza que la comunidad internacional trata de instituir en los "estados fallidos", buscando en su lugar "equivalentes funcionales" de la estatalidad moderna (Risse, 2011b: 10). Entre dichos equivalentes figuran diversas coaliciones de actores públicos y privados, actores no estatales —nacionales e internacionales— capaces de proporcionar reglas vinculantes y bienes colectivos, o bien la autorregulación de la propia sociedad civil. Estas prescripciones para la soberanía compartida —en estados débiles—, o de plano suplantada —en estados fallidos (véase Krasner, 2004)—, nos harían imaginar un mundo regulado por el efecto cascada de las leyes que gobiernan las transacciones entre empresas transnacionales (Schuppert, 2011), o bien donde se dieran las condiciones para que dichas empresas se comprometieran con la autorregulación medioambiental (Börzel *et al.*, 2011).

Si llevamos este imaginario a su extremo, en áreas de estatalidad limitada sólo nos quedaría esperar los beneficios epifenomenales del funcionamiento de actores privados —y acaso de algunos públicos— en su propio interés conforme a la lógica del mercado. Con respecto a contextos de colapso estatal e intensa violencia —como los de países arrasados por guerras e invasiones—, se habla incluso de un "mercado de la protección" donde mercenarios encargados de la defensa de corporaciones transnacionales, grupos rebeldes e incluso señores de la guerra pueden proporcionar seguridad como un bien colectivo en caso de encontrar más redituable proteger a la población local que explotarla (Chojnacki y Branovic, 2011). Según matiza Risse, la participación directa de los actores privados es importante, ya que, aunque sus prácticas empresariales y sus fines de lucro produzcan externalidades positivas como empleos y bienestar, éstos no contarían como "gobernanza" si fueran un mero subproducto de la búsqueda egoísta del interés propio; añade enseguida, sin embargo, que "los límites entre la gobernanza y el 'crimen organizado' son bastante fluidos en áreas de estatalidad limitada", por lo que se requiere evitar el fuerte sesgo normativo (occidental) hacia el "bien común" si se pretende trasladar el concepto de gobernanza más allá del mundo desarrollado (2011b: 17).

Esta vuelta de tuerca a la teoría de la modernización de la Guerra Fría conserva reminiscencias de una imaginería política basada en las patologías amenazantes de una periferia irracional y separada de los centros de estatalidad consolidada (Gledhill, 2000: 263-264). Esta separación es particularmente evidente cuando los expertos en seguridad internacional alaban las estrategias desarrolladas por "actores poderosos como los Estados Unidos o la Unión Europea" para contener la desestabilización internacional ocasionada por el terrorismo, el crimen organizado y otros conflictos que "se extienden desde las áreas de estatalidad limitada" (Risse, 2011b: 26). Quizás no sorprenda la persistente negativa a ver esos conflictos "internos" de las regiones periféricas como, en realidad, *sistémicos*, ya que ello equivaldría a admitir los vínculos políticos e históricos de dichas regiones con la economía capitalista global, el complejo industrial militar y las instituciones financieras internacionales (Poole y Rénique, 1991: 191; citados en Gledhill, 2000: 264).

Asimismo, la construcción del mercado como sustituto de la estatalidad consolidada aparece como continuación de otra narrativa, también familiar, que postula el impacto fortalecedor del capitalismo: éste resulta exitoso a pesar de los estados incapaces de proporcionar infraestructura básica. No obstante, al adoptar una perspectiva sistémica podríamos llegar a la conclusión de que el capital puede si acaso resultar exitoso *gracias a* los estados. Éstos introducen medidas para eximir de impuestos la exportación de servicios, o bien eliminan aranceles a las importaciones de tecnología requerida por los enclaves y empresas transnacionales (Sharma y Gupta, 2006: 3). Resulta necesario *regular para la desregulación*, un vínculo causal que, al perderse de vista en el terreno de la economía política y las relaciones internacionales, ocasiona mucha controversia entre los defensores de la visión del Estado "en declive" y aquellos otros que, por el contrario, observan un reforzamiento de la soberanía nacional (Hoogvelt, 1997: 139).[2]

La tesis de la gobernanza en áreas de estatalidad limitada tiene importantes implicaciones para organizaciones no gubernamentales (ONG) orientadas a democratizar y fortalecer instituciones públicas, o bien a contribuir a una mejor regulación estatal en áreas clave como la seguridad y la justicia. Realizadas como parte de programas de política pública financiados sustanciosamente por organizaciones internacionales, las intervenciones en estas áreas corresponderían a una amalgama de enfoques "institucionalistas" y "socialconstructivistas" (enfocados en la participación política de la sociedad civil) que Risse y colaboradores incluyen en su tipología de "estrategias para la construcción de Estado". El problema, añaden, es que estas estrategias no conducen necesariamente al fortalecimiento de instituciones y estructuras estatales, sino a diferentes formas de gobernanza (Schneckener, 2011: 233). Según la fortaleza relativa de la "sombra de jerarquía estatal" —la amenaza del Estado de imponer reglas vinculantes a los actores privados para orientar sus operaciones e intereses en favor del bien común—, esas modalidades entrarían en una de las siguientes

[2] En su libro sobre la "gobernanza sin Estado", Thomas Risse y colaboradores resuelven la controversia de manera simple: regular para desregular o privatizar demuestra que la "sombra de jerarquía estatal" nunca está en duda, aunque sólo sea en "el moderno Estado-nación occidental" (Risse, 2011b: 10).

categorías: gobernanza *por* el gobierno, gobernanza *con* el gobierno y gobernanza *sin* gobierno (Börzel y Risse, 2010: 116).

Antes de discutir su vinculación con ciertas políticas públicas en el siguiente apartado de este trabajo, es preciso mencionar la concordancia de estas categorías con las ofrecidas en algunos análisis antropológicos. El ex agente del gobierno pakistaní y antropólogo Akbar Ahmed, titular de una cátedra de estudios islámicos en la Universidad Americana de Washington, D. C., emplea nociones de "autogobernanza" y gobernanza sin gobierno para sintetizar los sistemas de resolución de disputas basados en la "venganza" encontrados en sus análisis de "sociedades periféricas" en diversas regiones de Asia y el norte de África: "el propósito de la venganza en una sociedad tradicional es proporcionar una respuesta mesurada destinada a corregir una injusticia y garantizar estabilidad" (Ahmed, 2013: 25; citado en Nader, 2015: 20). En su encomiástica reseña, Laura Nader —antropóloga especializada en la etnografía comparativa de la ley en contextos de resolución de disputas y conflictos locales e internacionales— vincula el trabajo de Ahmed con el de Scott, cuya *historia anarquista* del sudeste asiático (2009) se enfoca en "Zomia": ésta es "una región montañosa [...] que abarca partes de Birmania, Camboya, China, India, Laos, Vietnam y Tailandia con una población de 100 millones de personas", cuyos integrantes "conscientemente eligieron evitar el alcance del Estado debido a la posibilidad de ser sometidos a conductas predatorias" (Nader, 2015: 20). Esta especie de cuasiutopía aestatal está asimismo plasmada en un mapa actualizado que representa la más reciente ampliación de Zomia hacia el noroeste de su extensión original en 2002.[3]

Mi intención no es cuestionar las investigaciones que dan cuenta de la criminalización de aquellos que son tildados de terroristas por resistirse a la incorporación a diversos ámbitos represivos de regulación

---

[3] Reproducido en Nader (2015: 20), el mapa está tomado de Van Schendel (2002: 653) y en su versión ampliada (Michaud, 2010: 188) cubre zonas de los límites entre Pakistán y Afganistán como Waziristán, el área tribal administrada federalmente por el gobierno pakistaní donde Akbar Ahmed se desempeñó un tiempo como embajador. Según Van Schendel (2005: 282), la palabra *Zomia* se deriva de *zomi*, un término empleado en diversas lenguas tibetano-birmanas para referirse a los "habitantes de las tierras altas" (en Nader, 2015: 21, n. 1).

estatal (una denuncia que, en el contexto de la desastrosa "guerra contra el terror" sostenida por Estados Unidos, también contribuye a la favorable acogida de trabajos como los de Scott, Ahmed y la propia Nader). Llegados a este punto, sólo pretendo destacar la concordancia entre distintas disciplinas científicas a la hora de presuponer ámbitos autónomos de conciencia y acción subalternas no colonizados por relaciones de poder (véase también Guha, 1988). Desde la ciencia política, los proponentes de la gobernanza sin gobierno coinciden en que, mientras que un Estado como el de Pakistán "goza de un monopolio del uso de la fuerza en amplias partes de su territorio, las llamadas áreas tribales en el noroeste del país están más allá del control del gobierno central" (Börzel y Risse, 2010: 119). En Waziristán y otras muchas regiones incluidas en los análisis de Ahmed —desde Yemen a Indonesia y las Islas Filipinas—, las sociedades tribales bajo discusión están todas caracterizadas por su "amor a la libertad, igualitarismo, un sistema de linaje tribal definido mediante antecesores y clanes comunes, una tradición marcial y un código de honor y venganza altamente desarrollado" (Ahmed, 2013: 5).[4] Risse *et al.* tampoco ven estas estructuras normativas "tradicionales" como necesariamente negativas, toda vez que permiten orden sin gobierno:

> Las normas sociales de comportamiento apropiado están institucionalizadas no sólo a nivel internacional o en áreas de estatalidad consolidada. Las áreas de estatalidad limitada están a menudo pobladas por comunidades tradicionales con sus propios estándares sociales, aun si no siempre se ajustan totalmente a los patrones globales de derechos humanos, democracia y buena gobernanza (Börzel y Risse, 2010: 125).

Otras cuestiones como la igualdad de género también parecen poder sacrificarse en aras de este relativismo estato-cultural. Para antropólogos como Ahmed y Nader, la solución a los efectos desestabi-

[4] Resulta quizás significativo que los científicos políticos y especialistas en relaciones internacionales se refieran con cautela a los "llamados grupos tribales", mientras que los antropólogos hayan dejado de entrecomillar un término que, libre al parecer de sus negativas connotaciones coloniales y eurocéntricas, sirve ahora para ensalzar la resistencia de las periferias contra la opresión de los gobiernos centrales.

lizadores de la globalización y su concomitante pérdida de identidad cultural pasa por "un modelo federal de gobernanza con periferias tribales autónomas" (Ahmed, 2013: 348). En algo que recuerda en cierta forma al "gobierno indirecto" del colonialismo británico, ello requeriría una reconstrucción de formas tradicionales de sociedad basadas en los sistemas de parentesco y valores encapsulados en códigos tribales, los cuales habrían de disponer de cierto grado de autonomía y participación política, toda una recomendación de gobernanza *con* gobierno que autores como Börzel y Risse no tendrían problema en suscribir con base en sus esquemas de "participación no jerárquica de actores no gubernamentales" (2010: 115-118).[5]

Polarizaciones como las anteriores son probablemente lo que Eric Wolf buscó evitar mediante su análisis de un pasado común en el que se interrelacionaron los cambios acaecidos en distintas áreas del sistema mundial, donde los acontecimientos de las regiones colonizadas influyeron en los de las sociedades metropolitanas, mientras que estas últimas moldearon la forma como las sociedades no europeas interpretaron su pasado previo a la intervención europea (Wolf, 1997 [1982]). O, más recientemente, mediante una perspectiva que resulta esencial para comprender cómo la reconfiguración del poder del Estado nacional está asociada al desarrollo de otros tipos de poder "descentralizado" (Wolf, 1999: 273ss.).

Podría concluirse que no es rara la coincidencia entre politólogos, expertos en relaciones internacionales y antropólogos, puesto que

[5] Sería interesante ver cómo todos estos autores lidian con el reciente fenómeno del Estado Islámico, proclamado en junio de 2014 por Abu Bakr al Bagdadi. Con límites mucho más reales que los de Zomia, este proto-Estado está arraigado en un área de cientos de kilómetros cuadrados que abarca partes importantes de Siria e Irak —diluyendo así la demarcación fronteriza entre ambos países impuesta por las potencias coloniales del siglo XX—, aunque ha sido replicado por grupos armados desde Argelia a Indonesia, que le juran lealtad, y atrae a muchos musulmanes excluidos y criminalizados en diversos países europeos con políticas de inmigración crecientemente represivas. Totalitario y militarizado, capaz de autofinanciarse con métodos como el contrabando de petróleo, el Estado Islámico está, sin embargo, lo suficientemente bien estructurado como para gestionar un amplio tejido social mediante un eficiente sistema de administración pública, el cual incluye la provisión de servicios básicos en salud y educación (véase Martín, 2015).

muchas de sus construcciones del Estado y de los grupos "autónomos" fuera de sus límites provienen de ubicaciones sociales y tradiciones culturales similares. Es imposible no recordar aquí el método de los antropólogos estructural-funcionalistas clásicos, quienes clasificaban diversas sociedades de acuerdo con su distancia del modelo de organización política en las sociedades occidentales, buscando en aquéllas instituciones que realizasen el mismo tipo de funciones que las instituciones estatales: "Así, los 'procedimientos reconocidos' para sancionar a las personas acusadas de brujería [en las sociedades africanas] se convertían en 'rudimentos [de la] institución organizada de la justicia penal' en las sociedades más complejas" (Gledhill, 2000: 31; citando a Radcliffe-Brown, 1987 [1940]: xvii).

En cualquier caso, como discutiré en el siguiente apartado, hemos de lidiar con un número creciente de intervenciones y programas de política pública que parecen expresamente guiados por las recetas de la "gobernanza multinivel", destinadas a la producción de distintas modalidades de orden y regulación mediante coaliciones entre actores privados y públicos. México proporciona un ejemplo significativo en este contexto, aunque parece haber poco consenso acerca de su "grado de estatalidad". Según Ulrich Schneckener (2011: 233), algunos observadores plantean la cuestión de si este país de la Organización para la Cooperación y el Desarrollo Económicos (OCDE) puede "categorizarse como un Estado frágil a causa de la brutal guerra contra el narco que ha costado miles de vidas" (no menciona quiénes son esos observadores ni aclara si esta violencia revela un Estado "fallido").

Lo cierto es que aquí no se habla de "estados de estatalidad limitada", sino de "áreas" o "espacios territoriales o funcionales" en donde los estados —por lo demás eficaces en otras áreas— "han perdido su capacidad de gobernar" (Risse, 2011b: 5). Si en Pakistán esas áreas de estatalidad limitada se identifican con las regiones tribales, en México, un país con "estatalidad consolidada en gran parte", la limitación procede de las propias autoridades centrales: éstas "son demasiado débiles para hacer cumplir los derechos humanos y el Estado de derecho con respecto a la seguridad pública y vigilancia policial en varias zonas de la Ciudad de México. Las propias instituciones del Estado son con frecuencia fuente de inseguridad y otros 'males' públicos"

(Börzel y Risse, 2010: 119; citando a Braig y Stanley, 2007, y a Müller, 2009).

Los especialistas en relaciones internacionales admiten que las áreas de estatalidad limitada no están confinadas al "mundo en desarrollo", como demuestra la incapacidad de las autoridades en Estados Unidos para ejecutar decisiones centrales tras el devastador paso del huracán Katrina por Nueva Orleans en 2005. Ésta es, sin embargo, una circunstancia transitoria para esos autores, quienes prefieren concentrarse "en casos en los que la estatalidad limitada en la dimensión territorial, sectorial o social de un área se extiende durante prolongados periodos de tiempo" (Risse, 2011b: 5).

Podríamos adoptar el anterior criterio para interpretar una vez más el trabajo de Héctor Vera. Para explorar distintas formas en que los principios relacionados con la dimensión cognitiva del Estado se manifiestan empíricamente, Vera analiza los casos de "metrificación" en México y Estados Unidos. De forma significativa, entre 1857 y 1940 el mexicano aparece como un Estado centralizador que logra establecer efectivamente un monopolio sobre "los medios legítimos de medición" (Vera, 2014: 55, 59), así como un sistema único de medida (el sistema métrico) por medio de su poder coercitivo y de distribución del conocimiento. He aquí un caso para tomar como problema, más bien, al Estado estadounidense, el cual entre 1777 y 1982 aparece como poco centralizado y con escaso margen de maniobra para imponer políticas federales homogéneas. Ello generó un enfoque metrológico *laissez faire* donde no se ha logrado establecer ni una autoridad ni un sistema de medición únicos, lo cual aísla a Estados Unidos en un mundo que se volvió métrico casi en su totalidad.

La existencia de esta prolongada área de estatalidad limitada en Estados Unidos proyecta una débil sombra de jerarquía. Es decir, una frágil (amenaza de) intervención estatal directa que pudiera reducir los incentivos de los actores privados para operar según sus propios intereses en detrimento de un proyecto nacional común, según la definición de Börzel y Risse (2010: 116, 119). Para Vera, un proceso como el de la transición de un sistema de medición tradicional al sistema métrico decimal requiere de coerción y *obligatoriedad* —"un asunto del Estado"—, ya que es algo que el comercio, la industrialización o los legos no pueden lograr por sí mismos: "Como el caso de Estados Unidos muestra enfáticamente, la efectividad de la ciencia y la industria para inculcar el sistema métrico entre la población general es más bien limitada" (2014: 57).

Aunque no sea universal ni tenga que serlo, la popular definición weberiana del Estado como organización que establece una serie de monopolios —ya sea sobre el uso de la fuerza o los medios legítimos de medición— es mantenida en muchos y muy diversos lugares como un marco normativo ideal. De otra forma, si admitimos que tal definición es sólo una caracterización residual que "no explica cómo se establecen los límites reales de esa organización amorfa" (Mitchell, 2006: 174), entonces hemos de reconocer dicho carácter residual en todas partes. Los proponentes de la gobernanza multinivel en áreas de estatalidad limitada admiten que la confusión entre distintas esferas ocurre también en estados consolidados, donde tanto los actores gubernamentales como los privados pueden buscar su propio beneficio incluso al margen de la ley, pero se aprestan a aclarar que entonces el sistema judicial y los procedimientos democráticos se encargarán de ellos (Risse, 2011b: 14).

Lo importante, sin embargo, no es sólo que la frontera entre lo público y lo privado sea porosa en todos los países, sino además la manera en que dicha frontera se "traza internamente, dentro de la red de mecanismos institucionales mediante la que se mantiene un determinado orden político y económico" (Mitchell, 2006: 175). Entre los casos analizados por Timothy Mitchell para ilustrar estas circunstancias figura la relación entre el gobierno de Estados Unidos y la Compañía Petrolera Arabo-Americana (Aramco), el consorcio de corporaciones estadounidenses que poseía derechos exclusivos sobre el petróleo de Arabia Saudita. Cuando, tras la Segunda Guerra Mundial, el régimen saudí demandó a Aramco un fuerte incremento en el pago de regalías, la compañía se las arregló para transferir dicho pago al contribuyente estadounidense y dejar así intactos tanto sus beneficios como el precio del crudo (Mitchell, 2006: 174). Hizo falta la intervención del Departamento de Estado, más que interesado en subsidiar a la proamericana monarquía saudí, para ayudar a Aramco a evadir la legislación fiscal de Estados Unidos: las regalías fueron tratadas como si fueran un gravamen extranjero directo, pagable mediante los impuestos debidos al Tesoro estadounidense por la compañía y no a partir de los ingresos de ésta (Anderson, 1981: 179-497; citado en Mitchell, 2006: 175). Uno de los aspectos más interesantes de este caso es que aparece discutido en un libro sobre política exterior estadounidense escrito por Stephen Krasner (1978), quien llegaría a ser uno de los portavoces más estruendosos de la soberanía compartida entre actores públicos y privados en estados débiles (véase Krasner, 1999; 2004). Este especialista en relaciones internacionales sólo puede lidiar con las complejidades del caso Aramco equiparando las compañías petroleras con "un mecanismo institucional" empleado por responsables gubernamentales clave para alcanzar ciertos objetivos de política internacional al margen del Congreso, lo cual fue posible "en parte porque las corporaciones privadas estaban fuera del sistema político formal" (1978: 212-213; citado en Mitchell, 2006: 175). Sus propios sesgos no le alcanzan para apreciar el panorama completo: las compañías también usaron al gobierno de Estados Unidos para lograr sus metas corporativas. Así, "el hecho de que pueda decirse que Aramco caiga fuera del 'sistema político formal', disfrazando así su papel en la política internacional, es esencial para su fuerza como parte de un orden político más amplio" (Mitchell, 2006: 175). Elusivos e inestables, los "límites del Estado" son en sí mismos un importante mecanismo de poder.

La distinción entre actores estatales y no estatales también es problemática en el mismo núcleo de la consolidada estatalidad occidental:

> Esta colusión entre el gobierno y las compañías petroleras, obligando a los ciudadanos de Estados Unidos a contribuir inadvertidamente al tesoro de una monarquía represiva de Oriente Medio, y a los balances bancarios de algunas de las mayores y más rentables corporaciones multinacionales, no ofrece mucho sustento para la imagen de una distinción nítida entre Estado y sociedad (Mitchell, 2006: 175).

Tampoco resulta de mucha ayuda para aquellos que preferirían no ver conexión alguna entre los regímenes autoritarios y las estrategias hegemónicas de Estados Unidos.

CONSTRUCCIÓN CONJUNTA DE LOS LÍMITES
DEL ESTADO EN EL MARCO DE LAS POLÍTICAS
DE SEGURIDAD CIUDADANA

Entre 2011 y 2013 me sumé como consultor antropológico a un grupo de especialistas en el Instituto para la Seguridad y la Democracia (Insyde), una asociación civil cuyos objetivos incluyen la reforma democrática de las instituciones de seguridad pública y justicia penal en México. El propósito de este grupo de trabajo era llevar a cabo diversas asistencias técnicas para desarrollar un modelo de seguridad ciudadana, principalmente en algunas de las ciudades más afectadas por la violencia y la delincuencia tras la "guerra contra el crimen organizado" emprendida durante la administración del presidente Felipe Calderón (2006-2012). Entre ellas se incluían Tijuana (Baja California), Nogales (Sonora) y Ciudad Juárez (Chihuahua). Nuestras propuestas estaban guiadas por el enfoque de la "coproducción de seguridad" (Ruiz y Vanderschueren, 2007), el cual busca implicar activamente a las comunidades en la prevención integral de la violencia y la delincuencia mediante una relación más próxima y un trabajo de colaboración regular con las autoridades, una muestra más, si se quiere, de la *ciudadanización* en boga de las políticas públicas, concebidas éstas como un esfuerzo conjunto en el que los integrantes de la sociedad civil tienen obligaciones propias en la prevención de delitos o la gestión pacífica de conflictos. En todo caso, partimos de la convicción de que las transformaciones de la violencia y la criminalidad estaban desbordando a las instituciones encargadas de combatirlas, las cuales habían perdido legitimidad y credibilidad frente a los ciudadanos y requerían, por ello, de una urgente transformación que implicaba al complejo sistema social del que formaban parte. Por ello, de manera simultánea a nuestros esfuerzos por reunir a ciudadanos y policías municipales en sesiones de discusión para la formulación de propuestas de trabajo conjunto, realizaríamos una intensa labor de coordinación y vinculación para aunar la acción policial a la de otros profesionales —trabajadores sociales, abogados, etc.— en las áreas de los ayuntamientos que instrumentasen programas de prevención integral.

Mediante licitación pública, Insyde logró la incorporación de estas iniciativas en dos esquemas que parecían diseñados para "dar forma a la gobernanza" —en lugar de "construir Estado"— como objetivo clave de la comunidad internacional en ciertas áreas de estatalidad limitada (Brozus, 2011): el Programa Hábitat, financiado en gran parte por el Banco Interamericano de Desarrollo (BID) mediante la Secretaría de Desarrollo Social de México (Sedesol), y el Programa Convivencia Ciudadana (PCC), auspiciado por la Agencia Internacional de Desarrollo de Estados Unidos (USAID). Junto con la incorporación de otras organizaciones de la sociedad civil, las intervenciones de estos programas representaban una gama relativamente amplia de modalidades de participación de actores no gubernamentales: desde la corregulación o coproducción con actores públicos (aún dentro de la categoría de la "gobernanza por el gobierno") hasta la delegación de acciones a actores privados con la participación de actores públicos e incluso la autorregulación privada ("gobernanza con el gobierno") (Börzel y Risse, 2010: 116).

El primer problema de las intervenciones residía precisamente en esta dispersión de la agencia, la cual podía ocasionar problemas de coordinación dentro de cada uno de los programas y, llegado el caso, obstaculizar la rendición de cuentas. En consonancia con el Programa Ciudades más Seguras, lanzado por la Organización de las Naciones Unidas en 1996,[6] el Programa Hábitat de la Sedesol incluía el objetivo de "impulsar la participación ciudadana y fortalecer la cohesión social" en áreas urbanas; priorizaba además la "formulación de planes o programas municipales vinculados a la prevención social", anunciando acciones dirigidas a "promover un esquema de coordinación entre las comunidades y las autoridades locales" (Sedesol, 2012: 52). Gestionado por Tetra Tech, Inc., una empresa estadounidense con fines de lucro contratada por USAID,[7] el PCC era más restrictivo en cuanto al papel destinado a las autoridades e instituciones locales en la

---

[6] Véase http://www.onuhabitat.org/index.php?option=com_content&view=article&id=67&Itemid=25

[7] Esta empresa gestiona proyectos de desarrollo en todo el mundo y entre sus clientes figuran, además de USAID, otras agencias gubernamentales de Estados Unidos, diversos bancos multilaterales de desarrollo (el Banco Mundial y el propio BID) y las

promoción de la participación comunitaria. En un acto protocolario celebrado en noviembre de 2012 en Ciudad Juárez, el director de USAID anunció las actividades que se realizarían en los próximos tres años en las colonias de la ciudad donde se implementaba el PCC. Esas actividades estaban orientadas a la participación ciudadana, a la prevención y al "rescate" de zonas urbanas vulnerables, por lo que el financiamiento se destinaría de forma directa a comités de vecinos en dichas colonias, a organizaciones de la sociedad civil con presencia en ellas y a proyectos ya auspiciados por otros organismos privados como la Fundación del Empresariado Chihuahuense. El ayuntamiento de Ciudad Juárez y sus áreas de planeación y desarrollo ocupaban un lugar incierto en este esquema. Para emplear el léxico de los proponentes de la estatalidad limitada, si el financiamiento del BID para el Programa Hábitat implicaba un principio de soberanía compartida bajo cierta "sombra de jerarquía" estatal, asumiendo la capacidad de instituciones públicas como Sedesol para administrar recursos, la estrategia de USAID partía de una menor confianza en los actores públicos mexicanos, por lo que sobre todo cabía esperar que los actores privados y la comunidad internacional sustituyesen la gobernanza del Estado en lugar de complementarla.

Lo anterior dificultaba cualquier intento por involucrar a ciudadanos y policías municipales en esfuerzos preventivos conjuntos. De hecho, las políticas imperantes hacia esas policías consistían en su "depuración" y su sometimiento a la dirección de mandos militares o al escrutinio de agencias federales. Ni el gobierno mexicano ni el estadounidense tenían considerada la reforma policial democrática en sus esquemas para fomentar la seguridad mediante la "recuperación de espacios públicos" y la "regeneración del tejido social" —una fórmula en la que la "comunidad participativa" aparece como herramienta más propicia que el Estado, el cual sólo puede contribuir generando o permitiendo espacios adecuados. Sin tomar en cuenta algún esquema de *policía de proximidad* en sus lineamientos sobre la participación de instituciones locales, el Programa Hábitat estaba pensado como

Naciones Unidas (véase la página electrónica: http://www.tetratech.com/en/our-company).

estrategia compensatoria o paralela a la guerra contra el crimen de la administración del presidente Calderón, mientras que la ayuda de USAID se planeó como componente adicional a los ejes más reactivos y represivos de la Iniciativa Mérida —el esquema de colaboración militar del gobierno estadounidense para el combate al narcotráfico en México.

Los programas e instituciones que emplearon la asistencia técnica de Insyde permitieron que introdujéramos en ella el modelo de policía de proximidad, limitándose a tolerarlo de manera tentativa. En una reunión con funcionarios de Hábitat en la Ciudad de México, en la que algunos de mis colegas hubieron de justificar el objetivo de lograr la cooperación entre ciudadanos y policías, la responsable del programa les espetó que el gobierno federal tenía la intención de trabajar "con las víctimas, no con los victimarios". Las policías municipales desempeñaban así el papel de chivo expiatorio en los discursos empleados habitualmente por los actores públicos federales para soslayar responsabilidades y causas más complejas de la inseguridad. Ello propició que, en un principio, se confiriese mayor importancia y difusión a la colaboración con ONG, sobre todo las especializadas en el trabajo con jóvenes, que a las intervenciones de nuestro equipo técnico. Así, hubimos de trabajar en algunas ciudades sin enlace alguno de Sedesol-Hábitat que nos apoyara en la coordinación de actividades entre las autoridades locales y los habitantes de las comunidades. En tales ocasiones nos veíamos obligados a depender exclusivamente de la colaboración de funcionarios municipales que, a pesar de su buena disposición, no comprendían por qué o a instancias de quiénes pretendíamos implicar a la policía local en la colaboración para el trabajo preventivo. Los enlaces locales del PCC tampoco entendieron o supieron aprovechar demasiado bien nuestros ejercicios de acercamiento entre las policías municipales y las colonias urbanas. El PCC tenía establecido en sus términos de referencia el objetivo de apoyar los esfuerzos para mejorar la calidad de vida en esas colonias (también en asociación con ONG y empresas nacionales e internacionales), pero no el trabajo directo con la policía.[8] Con respecto a este modelo de

[8] En los términos de referencia del PCC también figuraba una vaga declaración de acciones destinadas a "mejorar la relación y la percepción de los ciudadanos hacia las instituciones policiales", lo cual fue empleado para justificar la inclusión de la con-

intervención y política pública, resultó elocuente el titular de un periódico local donde apareció la noticia del mencionado evento de USAID en Ciudad Juárez: "'Adoptará' Estados Unidos colonias vulnerables de Juárez. Apoyará con recursos directos de la Iniciativa Mérida a programas sociales" (Ortega, 2012).

Existen diversas contradicciones significativas derivadas de los esquemas de gobernanza dirigidos a "pasar por encima" del Estado nacional o bien sus apéndices regionales y locales, ahora vistos como obstáculos para el desarrollo y la seguridad (véase Geschiere, 2009: 66-96). Esas paradojas guardan a menudo relación con los procesos mediante los que las poblaciones receptoras de los recursos han sido moldeadas históricamente, de una manera que resulta difícil distinguir con claridad entre actores "estatales" y actores "no estatales". Así, dichos procesos históricos pueden poner en duda la existencia de una comunidad prístina de ciudadanos libres y autogobernados, dispuestos a constituirse en destinatarios directos de la ayuda proveniente del gobierno central o de la comunidad internacional.

Pese a las diferencias de objetivos entre los integrantes del equipo de Insyde y nuestros interlocutores nacionales e internacionales en Hábitat y el PCC, todos coincidíamos precisamente en exigir la participación de ciudadanos dispuestos a "construir comunidad" de cara a la colaboración con determinados actores externos (ya fueran policías, funcionarios municipales y federales o integrantes de asociaciones civiles). El problema fue que este presupuesto de participación ciudadana intentó predicarse en colonias urbanas configuradas por largos procesos de intermediación de demandas que, como los descritos por Hurtado para la Ciudad de México, estaban caracterizados por redes de relaciones corporativas y clientelares entre gobiernos locales y regionales, partidos políticos nacionales y organizaciones barriales y populares.

sultoría de Insyde. En el caso de Hábitat, una circunstancia que contribuyó a inclinar la balanza a nuestro favor fue la opinión positiva de un influyente consultor del BID, institución que tuvo la última palabra en tanto financiadora del programa. Insyde es una asociación civil bien posicionada en el mundo de la política pública y sus responsables gozaban del capital necesario para lograr la vinculación y el reclutamiento de actores favorables, imprescindibles para hacer realidad un programa (véase Agudo Sanchíz, 2015: 203-243).

Gran parte de los esfuerzos de los especialistas de Insyde en muchas de esas colonias, a menudo muy marginadas, se dirigieron a persuadir a los vecinos de que "dejasen de lado por un momento" sus afiliaciones político-partidistas y su membresía en dichas organizaciones: asumiendo nosotros mismos un papel de mediadores políticos, los invitamos a organizarse en juntas y comités ciudadanos que representaran a todos los habitantes en conjunto y actuaran como canal de comunicación entre éstos y la policía o las autoridades municipales, ya fuera para la resolución conjunta de problemas locales de seguridad o para dar seguimiento a la gestión transparente de recursos públicos para el desarrollo social y el mejoramiento urbano. Sin embargo, los funcionarios municipales desconocieron estas asociaciones vecinales, buscando favorecer a una u otra organización político-popular en sus pugnas con los candidatos de diversos partidos políticos en coyunturas electorales locales y regionales. Esas organizaciones *son* la comunidad, cuya formación no puede entenderse al margen del mencionado sistema de intermediación —el cual constituye el Estado en su versión urbano-popular, de acuerdo con Hurtado—, y cuyas prioridades se reformulan a la luz de las propias concepciones de los grupos políticos. A éstos hay que pertenecer para obtener derechos y servicios básicos cuya satisfacción aparece como el resultado de la lucha y la confrontación, o bien en forma de favores dispensados a cambio de votos y apoyos.[9] Todo un escenario de pesadilla para los partidarios de la ciudadanía liberal, pero también para el experto consultor que ha de competir en el campo de la intermediación política con actores mucho más experimentados.

Estos casos revelan un gobierno rentista que distribuye ingresos públicos, ayuda para el desarrollo incluida, con el fin de mantener su influencia mediante redes clientelares, lo cual concuerda con el tipo de "Estado neopatrimonial" que Risse y colaboradores encuentran en el África subsahariana, el sur del Cáucaso y otras regiones (2011b: 13-14). Como hemos visto, no obstante, estos análisis comparativos y

---

[9] Entre esos servicios se encuentra la regularización de tierras ocupadas ilegalmente, a menudo bajo el liderazgo de intermediarios vinculados a diversos partidos políticos. Un análisis detallado de los casos derivados de mi experiencia en las intervenciones de Insyde se encuentra en Agudo Sanchíz (2014).

clasificatorios parten del Estado liberal democrático como norma con respecto a la cual se juzga a otros estados que no presentan el mismo conjunto de elementos funcionales plenamente desarrollados, ignorando por ello otros aspectos relacionados con la constitución cultural del Estado. Así, para autores como Thomas Risse la distinción entre lo público y lo privado tiene poco sentido "en países donde las instituciones estatales son tan débiles que los actores gubernamentales pueden explotar fácilmente los recursos del Estado para fines privados, mientras que los llamados actores privados como las empresas y las ONG proporcionan bienes colectivos muy necesitados con respecto a educación, salud pública o infraestructura" (2011b: 13; véanse también Liese y Beisheim, 2011; Börzel *et al.*, 2011). Elusiva, sin embargo, en todos los países, la frontera entre lo público y lo privado dista al mismo tiempo de ser ilusoria: para citar una vez más el argumento de Mitchell, la apariencia de la separación de Estado y sociedad tiene importantes implicaciones para el mantenimiento de determinados órdenes políticos y sociales. La cuestión es cómo pueden producirse lo público y lo privado como categorías binarias en diversos contextos mediante relaciones sociales específicas y conforme a construcciones de largo cuño —sobre el "Estado", la "comunidad" o "la familia", por ejemplo.

Regreso a mi experiencia en las intervenciones de coproducción de seguridad del equipo de profesionales de Insyde. En algunas ocasiones, los representantes de colonos declinaron participar en los encuentros que propiciábamos con los oficiales de la policía municipal, argumentando, como lo hizo una líder vecinal en una localidad de Nogales, que "la seguridad empieza en tu casa". Actitudes como ésta encontraban refrendo en los discursos de los propios policías y otros servidores públicos, los cuales atribuían gran parte de los delitos y conductas antisociales al "deterioro de la familia". Por ejemplo, en un encuentro con representantes de vecinos que reconocieron la necesidad de mayor firmeza paterna para evitar "males mayores fuera del hogar", el director de Seguridad Pública Municipal de Solidaridad (Quintana Roo) coincidió en que

> lo que tenemos que fomentar mucho es la familia [...] porque ahí es de donde sale el que es secuestrador, el extorsionador, el asaltante, todos ellos

vienen de una familia, deben de tener una formación en una familia. Por lo tanto, lo que debemos cuidar mucho es el fomento familiar [...] si no hay eso, repercute en la seguridad pública. La policía podrá meter 50 veces a alguien a la cárcel pero, si no tienen ese valor, van a caer siempre en ese problema (Agudo Sanchíz, 2014: 348-349).

La supuesta irresponsabilidad de los padres es consecuente con la reducción de los problemas de inseguridad al ámbito familiar, una racionalización en la que resultan particularmente estigmatizadas las madres de familia que laboran en las empresas maquiladoras de ciudades fronterizas como Juárez y Tijuana. El discurso de las "malas madres" (Palomar y Suárez de Garay, 2007) se invoca como explicación universal de infortunios y patologías que pueden así ser clara y convenientemente identificados por autoridades y ciudadanos, lo cual permite eludir corresponsabilidades y soslayar el papel de las instituciones (Agudo Sanchíz, 2014: 349-350). Conforme a mi propio imaginario estatal, la familia —como categoría legal y política asociada a determinados derechos y responsabilidades— es producto del Estado en un sentido muy directo (Nussbaum, 2002: 345-346). El carácter sagrado y privado conferido al espacio doméstico impide ver que los sistemas normativos que modelan diversas estructuras familiares son parte del ámbito público, lo cual dificulta a su vez la discusión de ciertos problemas que pertenecen o deberían pertenecer a dicho ámbito.

Uno de esos problemas es la violencia intrafamiliar, señalada como delito frecuente por muchos funcionarios municipales en las ciudades donde trabajamos, pero apenas mencionada por los vecinos en los talleres previos a los encuentros con la policía. Como me confió un líder vecinal en Ciudad Juárez, "uno no puede meterse en asuntos ajenos". Recuerdo haber compartido con algunos de mis colegas en Insyde cierta frustración ante la generalizada construcción de la familia a un tiempo como *locus* de cohesión social y como fuente de patologías. A menudo advertíamos a nuestros interlocutores que, al tratarse la violencia intrafamiliar como un asunto privado, vergonzoso y silenciado, se perdía de vista que lo que se da "adentro" impacta tarde o temprano en lo que sucede "afuera" —como en el caso de los niños y jóvenes supuestamente malcriados por sus padres. Previo a los encuentros con la policía, no dejamos de enfatizar la responsabilidad de los ciudadanos de procurar que las violencias familiares y locales fueran atendidas por las instituciones correspondientes. Con estas prescripciones, sin embargo, corríamos el riesgo de perder de vista que muchos ya habían transitado sin éxito por esas instituciones —incluyendo a la policía municipal—, como las mujeres con graves carencias y problemas familiares que acudieron a ellas para ser asistidas e incluso relevadas del peso del cuidado de sus hijos o nietos. Mediante su falta de respuesta a estas peticiones de ayuda, son las mismas instituciones las que refuerzan la idea de que los problemas en el hogar, el maltrato y la maternidad deben asumirse individualmente y no de forma colectiva (Palomar y Suárez de Garay, 2007: 335-336).

Disgustados por la tendencia a sobrecargar a la familia de responsabilidades y "valores" mostrada por policías y colonos durante la mencionada mesa de diálogo en el municipio de Solidaridad, los moderadores insistimos en que los asistentes intentasen "hablar de impulsar acciones que procuren mejores instituciones". Uno de los representantes de vecinos propuso "fortalecer la figura" de ciertos trabajadores sociales del municipio, "que salgan a quemar suela por las calles [...] abandonar la oficina y visitar a las familias, preguntarles por qué sus hijos están en la calle o por qué abandonaron la escuela".

La difusión del imaginario del *toque de queda* es extraordinariamente amplia. De manera literal, esas tres palabras aparecieron en prácticamente cada uno de los talleres y reuniones que coordinamos en las diversas ciudades. Como lo expresó la esposa de un líder comunitario de Solidaridad:

> deberían de poner algo así como [...] ¿cómo se llamaría? Toque de queda. Todo adolescente, menor de edad, que no justifique andar en la calle a ciertas horas de la noche [...] va para su casa. Levantarlo [la policía] y vamos a su casa. Y decirle [a la madre]: "a ver, señora, no son horas de que el niño o la niña ande en la calle". Esos niños ¿qué tienen que hacer en la calle a esa hora? Por consiguiente, se desvelan. Al otro día ¿a qué horas se andan levantando? No estudian, no trabajan, no hacen nada (Agudo Sanchíz, 2014: 364).

La figura del toque de queda se vuelve paradigmática de una división entre dos esferas con competencias bien definidas. Tanto los habitantes de diversas colonias populares como los policías coinciden en la idea del mantenimiento del *orden público* como responsabilidad exclusiva de las autoridades estatales. Consecuentes con los términos de este marco de significados compartido, las demandas ciudadanas más frecuentes se enfocan en el tradicional aspecto punitivo y reactivo de la policía. Se extiende así a esta última la petición de la dimensión estatal vinculada con el monopolio centralizado de la fuerza que, en contextos de extrema violencia e inseguridad, apuntala la conformidad con la intervención del ejército (Agudo Sanchíz, 2014: 359-361). Al mismo tiempo, la noción de participación ciudadana se restringe a la producción de seguridad en la familia mediante la educación, el fomento de valores y el esfuerzo propio en la búsqueda de mejores condiciones de vida. Que los padres —o las *madres*— puedan o no controlar a sus hijos es un asunto que no compete a nadie más, de la misma forma en que la violencia intrafamiliar no ha de ser siquiera mencionada en público.

Así, la seguridad termina siendo de hecho una responsabilidad compartida, aunque con fronteras y soberanías claramente delimitadas: las familias se encargarán de producirla con distintos grados de éxito en la esfera privada, mientras que la fuerza pública del Estado vigilará que las consecuencias negativas no trasciendan dicha esfera y lidiará en caso contrario con la emergencia, regresando el problema adonde pertenece. Estos imaginarios dejan sin sustento afirmaciones como la siguiente: "la suposición implícita de la distinción público-privado, de acuerdo con la cual los gobiernos gobiernan y los actores privados se ocupan de sus propios asuntos, aparece a menudo cabeza abajo en áreas de estatalidad limitada" (Risse, 2011b: 13). Estas comparaciones no toman en cuenta que los distintos estados pueden asemejarse mucho, por ejemplo, en términos de las prácticas cotidianas de diversos grupos y comunidades. Esas prácticas forman parte de los procesos mundanos de representación, organización espacio-temporal, especificación funcional y control o vigilancia mediante los cuales se produce lo que Mitchell llama "el efecto del Estado". La distinción entre lo público y lo privado, junto con otras distinciones sobre las que se edifica gran parte de la propia teoría política, son asimismo "construidas en parte en esos procesos sociales mundanos que nombramos y reconocemos como Estado" (Mitchell, 2006: 185, n. 5).

GOBERNANZA MULTINIVEL Y PREVENCIÓN DE LA DELINCUENCIA

Con respecto a los argumentos anteriores, emplearé en este último apartado algunos ejemplos extraídos de mi experiencia más reciente en la evaluación cualitativa del Programa Nacional de Prevención del Delito (Pronapred), implementado en México desde 2013 por la administración del actual presidente Enrique Peña Nieto. El Pronapred se enmarca a su vez en el Programa Nacional de Prevención Social de la Violencia y la Delincuencia (PNPSVD), el cual busca articular los distintos esquemas de prevención que se financian total o parcialmente con recursos federales.[10]

Consistente en la recopilación y el análisis de evidencia cualitativa sobre la operación y los resultados inmediatos del Pronapred en la Zona Metropolitana de Guadalajara (Jalisco), la evaluación se realizó entre agosto y diciembre de 2015 a instancias de México Evalúa, una asociación civil que tiene el sobrenombre de "Centro de Análisis de Políticas Públicas". La evaluación formó parte de un proyecto más amplio (2015-2017) financiado por el programa temático "Actores No Estatales en el Desarrollo" de la Delegación de la Unión Europea en México. Este proyecto cuenta con la participación de otras asociaciones civiles mexicanas y, entre sus objetivos, incluye el fortalecimiento de la capacidad de las autoridades para la coordinación intragubernamental y con la sociedad civil destinada a la prevención de la violencia y la delincuencia.[11]

Como otras organizaciones civiles que fiscalizan al gobierno, México Evalúa no acepta dinero público para preservar su independencia. El financiamiento de sus proyectos proviene de la "comunidad inter-

---

[10] Véanse los lineamientos del PNPSVD en el sitio electrónico del *Diario Oficial de la Federación*: http://bit.ly/1iNqjnz

[11] Puede encontrarse información sobre las actividades y avances del proyecto en www.mexicoevalua.org/prevencion

nacional", aunque ello pueda suponer dinero de otros estados o de organizaciones supraestatales que, como la Unión Europea, tienen intereses de inversión y acuerdos comerciales con México. Cuando los funcionarios federales se inconformaron con los resultados de la evaluación del diseño del Pronapred realizada en 2013-2014 por México Evalúa, los representantes de la Unión Europea llegaron a recomendar que los informes de evaluaciones posteriores se discutieran con los responsables de la Secretaría de Gobernación antes de hacerse públicos —es decir, que pasaran el filtro del ministerio responsable del programa. A pesar del mandato de la independencia y la transparencia del discurso transnacional del desarrollo, este tipo de presiones ilustra el continuado sustento del papel del Estado como actor central en la sociedad y la política nacionales.

Mientras que las evaluaciones del Pronapred son auspiciadas por la Unión Europea, el financiamiento del programa es netamente nacional y su ejecución corre en principio a cargo de los gobiernos locales. No obstante, la operación de las acciones del Pronapred queda principalmente en manos de diversas empresas privadas y ONG. Éstas participan en licitaciones anuales para obtener fondos públicos con el fin de proporcionar talleres, cursos de capacitación y asistencia a grupos vulnerables a nombre del programa. Consecuente con la corriente económica que privilegia el papel del mercado para garantizar una asignación eficiente de recursos escasos, esta apertura del ámbito de la intervención estatal al sector de la sociedad civil revela una más de las caras del Estado mexicano: la de *crupier* que dirige y distribuye el juego y paga a los ganadores —actores privados que de esta forma acceden a dinero público. Para participar en la convocatoria anual del Pronapred, las asociaciones civiles han de inscribirse en un padrón de proveedores, al cual sólo se accede cumpliendo con ciertos criterios profesionales, administrativos y de regularización fiscal.

La distinción entre Estado y sociedad civil que se mantiene al interior de este ámbito de práctica disfraza probables complicidades, contactos tras bambalinas e incluso la doble posicionalidad de algunos individuos: el campo de los operadores directos de este y otros programas estatales se restringe a unas pocas empresas y organizaciones, mientras que se conoce el caso de al menos un ex funcionario de la

Secretaría de Gobernación que, poco después de dejar su cargo, se encontraba al frente de una de las asociaciones civiles que habían ganado la licitación para operar algunas intervenciones del Pronapred.[12]

Más allá de la provisión del subsidio por el que compiten ciertos operadores de la sociedad civil, parecen existir pocas áreas de coordinación centralizada de las acciones del programa. A pesar de la existencia nominal de una Comisión Intersecretarial —conformada por las dependencias de la Administración Pública Federal responsables de áreas como educación o desarrollo social—, existe una deficiente coordinación entre los distintos niveles de gobierno e instituciones participantes o relevantes en las intervenciones del programa. A ello se suma la ausencia de un sistema unificado de información disponible para el seguimiento y la evaluación de las mismas. En otras palabras, no existen certezas acerca de los resultados de estas intervenciones —ya sean talleres de prevención de adicciones o cursos de capacitación laboral— que puedan ser diagnosticados o medidos en términos de una *política nacional de prevención*. El modo de operación del Pronapred, caracterizado por la subcontratación y la dispersión de la agencia y los recursos, podría estar contribuyendo a modificar (o a socavar) no sólo la propia noción de política pública, sino además la propia *idea* de Estado.

Por ejemplo, la denominación y la metodología de una misma acción de Pronapred suelen cambiar cada año. Con el objetivo de imprimir su identidad en el proyecto, cada nueva asociación civil que gana la licitación para operarlo introduce ajustes a su libre elección, sin que exista un órgano que controle y regule estos cambios. Por diversas razones, los operadores son además reacios a presentar sus intervenciones como parte de un programa federal para la prevención

---

[12] Un consultor subcontratado por una de las asociaciones a cargo de varios proyectos del Pronapred opinó que, salvo excepciones, "las licitaciones las ganan siempre las mismas empresas". El responsable operativo de una de ellas expresó una queja similar con respecto a las empresas rivales, si bien, de manera sorprendente, su propia organización había operado diversas intervenciones del programa de manera consecutiva desde 2013. En entrevista, el responsable de otra asociación civil me confió que su entrada al Pronapred se había debido mucho a la recomendación de alguien con peso en la propia Secretaría de Gobernación.

de la violencia y la delincuencia. En algunos casos, ello fomenta la idea de que los proyectos se deben a la iniciativa y al financiamiento de las propias asociaciones civiles. En otros, la cercanía de las instituciones municipales —las cuales deben asesorar a los operadores en las áreas y poblaciones de atención prioritaria, proporcionando, además, espacios para la realización de actividades— refuerza la percepción de que se trata de proyectos o subsidios puntuales de los ayuntamientos. Durante un grupo de discusión con jóvenes que recibían el apoyo del Proyecto de Orientación a Adolescentes Embarazadas en el municipio de Guadalajara, operado por la Fundación Mexicana para la Planeación Familiar (Mexfam), todas se sorprendieron ante mi anuncio de que el financiamiento del proyecto provenía del Pronapred. Una de ellas respondió que "yo sabía que viene por parte del ayuntamiento, pero no creí que fuera por parte del gobierno federal; yo creí que era de aquí del ayuntamiento de Guadalajara. O sea […] no tan foráneo, pues". En una entrevista previa, el médico contratado por Mexfam para brindar atención a las jóvenes había reconocido omitir mención alguna del gobierno federal en sus pláticas, "para no meter confusión". Según había añadido, "yo les comento que es el gobierno de Guadalajara quien nos contrata a nosotros para poder brindarles la información, el apoyo, los recursos necesarios para que ellas puedan mejorar su calidad de vida. Todo va encaminado al gobierno de Guadalajara, siempre, siempre, el gobierno de Guadalajara".[13] De esta forma, operadores y beneficiarios contribuyen a la *marginación* del Estado nacional, imaginado y reconfigurado como algo externo a la comunidad o al cuerpo de los ciudadanos.

Por otro lado, estas prácticas y representaciones son resistidas y rechazadas por el grupo de funcionarios que, desde el Consejo Estatal de Seguridad Pública de Jalisco (CESPJ), suplen en cierto grado la

---

[13] Un factor de peso en estas tergiversaciones es el temor de los operadores a la impopularidad local del gobernante Partido Revolucionario Institucional (PRI), al cual pertenece el presidente Peña Nieto. De hecho, en las elecciones municipales de junio de 2015 el PRI, que también gobernaba Guadalajara, perdió este y otros ayuntamientos de la Zona Metropolitana ante Movimiento Ciudadano —un partido emergente que capitalizó el descontento general con las anteriores administraciones municipales priistas.

ausencia de coordinación centralizada de las acciones del programa. Este pequeño grupo de oficiales, jóvenes en su mayoría, expresaron a menudo indignación ante las omisiones de los operadores que llevaban a los beneficiarios a desconocer la procedencia exacta de los recursos y el motivo de las intervenciones. En un sentido importante, ellos son el Pronapred en la ciudad de Guadalajara: visitan de manera aleatoria los lugares donde se llevan a cabo las actividades de los diversos proyectos preventivos, vigilando que se cumplan en tiempo y forma; se aseguran de que los consultores y capacitadores subcontratados por las asociaciones civiles lleven puestas las camisetas y exhiban los gafetes y carteles con el logotipo del programa federal, y exigen a estos operadores evidencia de resultados para hacerla llegar al departamento de la Secretaría de Gobernación a cargo del Pronapred. La carencia de tiempo y otros recursos, sin embargo, impide a estos funcionarios evaluar indicadores cualitativos de las intervenciones, limitándose a auditar cuestiones de forma más que de fondo. Aparte de dar preferencia a la parte formal y de visibilidad del programa, las constancias de resultados que exigen a los operadores consisten en su mayor parte en listas de asistencia de beneficiarios y fotografías de los talleres y otras actividades, "para mostrar que éstas se llevaron a cabo realmente".

Junto con las visitas e inspecciones sorpresivas, estos registros constituyen un ejemplo del *procedimentalismo* —la repetición banal de prácticas cotidianas— mediante el que se reproduce la estructura de la autoridad burocrática, lo cual recuerda asimismo la máxima weberiana de la ejecución metódica y exacta de las órdenes recibidas como contenido exclusivo de la disciplina. Sharma y Gupta destacan el carácter *performativo* de estas prácticas reiterativas, afirmando que no son el reflejo exterior de un centro estatal coherente, sino que de hecho constituyen ese mismo núcleo: "Es *a través* de estas reinstauraciones que la coherencia y continuidad de las instituciones del Estado es constituida y en ocasiones desestabilizada" (2006: 13; énfasis en original). Estos autores añaden que, al implicar un encuentro entre diversos actores y espectadores, las representaciones repetitivas de procedimientos estatales moldean las ideas de todos ellos sobre la naturaleza translocal del Estado y su relación con el mismo. Los integrantes de las asociaciones civiles que operan las acciones de Pronapred desempeñarían un papel paradójico. Mientras que frente a los beneficiarios de sus intervenciones enfatizan su propia autoridad al ocultar vínculos con el poder federal, junto a los funcionarios del CESPJ —miembros marginales del aparato estatal— los operadores experimentan el Estado "como una organización 'por encima de ellos' que está preocupada sobre todo con la vigilancia y la regulación, incluso aunque sean ellos mismos quienes [sirvan] como agentes de esa vigilancia" (Ferguson y Gupta, 2002: 985). La lógica del monitoreo recursivo implícita en las fotos y las listas de asistencia sería difícil de explicar en términos funcionales, puesto que la mayor parte de estas actividades es "irrelevante para las necesidades del Estado"; lo que realmente logran estos "rituales de la vigilancia y la regulación" es *representar* y *encarnar* la jerarquía y la abarcabilidad estatales" (Ferguson y Gupta, 2002: 985; énfasis en el original).

Al presentarnos como agentes de una "evaluación externa" del programa, procedentes de la capital del país y en busca de informes o documentos como aquellos en los que aparecen las fotografías y listas de asistencia, los consultores de México Evalúa también contribuíamos al efecto producido por este monitoreo rutinario. De hecho, nuestra transgresión del espacio de las capacitaciones y talleres donde se encontraban los operadores y beneficiarios del Pronapred, en compañía de los funcionarios del CESPJ —quienes nos mostraban enfáticos la realización de las actividades previstas, pues ellos también estaban siendo evaluados—, era una demostración de la jerarquía y la desigualdad espaciales vinculadas con las representaciones del Estado. La prerrogativa de la movilidad espacial con fines de supervisión, relacionada con el alcance geográfico relativamente amplio de las "peregrinaciones burocráticas", forma parte de esas representaciones (Ferguson y Gupta, 2002: 987).

El procedimentalismo no sólo produce las condiciones para la continuidad del Estado como institución, sino que además reproduce su superioridad sobre otras instituciones y, de paso, desigualdades sociales y políticas concomitantes como las relacionadas con el género y la clase (Sharma y Gupta, 2006: 13). Incluso aunque contribuyan en parte a diluir la superioridad y la continuidad estatales, las prácticas de los operadores civiles tienden a perpetuar esas asimetrías. El contacto con los beneficiarios de sus intervenciones, así como los talleres y las capacitaciones, suelen tener lugar en escuelas públicas, centros culturales y centros de desarrollo comunitario. Ello hace que la población escolarizada y con acceso a estas instituciones esté mejor situada para sacar provecho del programa de prevención que los individuos y grupos más expuestos a la violencia y la delincuencia.

En estos y otros sentidos, a la operación del Pronapred subyacen racionalidades políticas que, de forma paradójica, se pusieron de manifiesto en los resultados de intervenciones preventivas operadas por asociaciones civiles con perfiles y metodologías contrastantes. Por un lado, existen empresas privadas con un marcado perfil de contratistas. No cuentan necesariamente con conocimiento especializado en las áreas de intervención (ya sea prevención de adicciones o de violencia de género, por ejemplo), pero sí con vínculos y experiencia en procesos de licitación, los cuales les permiten concursar por proyectos preventivos de muy diversa índole y acaparar varios de ellos al mismo tiempo. Para operarlos, suelen subcontratar a consultores y talleristas que capacitan a los beneficiarios en actividades como las relacionadas con el "emprendimiento", las cuales presuponen habilidades de lectoescritura y administración. Aunque estas iniciativas consideran en ocasiones la formación de cooperativas, su énfasis está en el progreso individual por medio de proyectos productivos o "negocios", para los cuales han de buscarse créditos y mercados idóneos. El alcance de estos proyectos difícilmente trasciende el sector informal del comercio y los servicios en pequeña escala.

Por otro lado, existen diversas asociaciones civiles especializadas en el trabajo con grupos particulares y en las áreas a las que se orientan los proyectos del Pronapred por los que concursan. Entre ellas se encuentran algunas con años de experiencia en el desarrollo de metodologías para la prevención de la violencia entre niños y jóvenes, por ejemplo mediante talleres en diversas disciplinas artísticas. Cuando estas asociaciones subcontratan a otros operadores y profesionales, lo hacen con el objetivo de establecer alianzas y dividirse el trabajo según el área de especialización y etapa del proyecto en cuestión. Por ejemplo, para la creación de una radio comunitaria en Oblatos —una de las zonas receptoras de los apoyos del Pronapred en el municipio de Guadalajara—, el Centro de Desarrollo y Atención Terapéutica (CEDAT) contó con los servicios técnicos de una radio independiente ya establecida que transmite por internet, así como con otra ONG especializada en el desarrollo de metodologías para la elaboración de la misión y el reglamento de emisoras comunitarias. Asimismo, como parte del Proyecto de Orientación a Adolescentes Embarazadas, Mexfam contrató médicos y trabajadores sociales que proporcionaron a las jóvenes asistencia e información en ámbitos como la salud reproductiva o los métodos anticonceptivos.

Estas asociaciones civiles ofrecen de forma temporal y localizada servicios que las instituciones estatales no proveen de forma sistemática. Además de atención médica especializada, Mexfam brinda apoyo administrativo y económico a las madres adolescentes de bajos recursos que deseen retomar o culminar sus estudios o su formación laboral. Como parte del proyecto financiado por el Pronapred, esta asociación procuró, además, vincularse —sin mucho éxito— con instituciones que pudieran comprometerse a ampliar la oferta de servicios disponibles para estas jóvenes en el municipio de Guadalajara. La misión de Mexfam en este y otros proyectos se concibe, así, como la de una organización que facilita y apoya la labor del sector público en el ámbito de la salud y la planificación familiar. Resulta significativo que, gracias a sus diversas fuentes de financiamiento y recursos propios, Mexfam lograra la implementación casi ininterrumpida del proyecto de orientación a madres adolescentes en Guadalajara durante dos años consecutivos. Una vez culminada la primera fase de la intervención en 2014, se dio seguimiento cualitativo a la mayoría de las beneficiarias al margen del financiamiento del Pronapred —el cual sólo se proporciona durante los últimos tres o cuatro meses de cada año. En la segunda emisión del proyecto en 2015 estas jóvenes recibieron apoyo y orientación a un nivel más especializado que incluyó la incorporación y el trabajo con integrantes de sus redes familiares. Las intervenciones que muestran mayor potencial de impacto preventivo son precisamente aquellas que trascienden las capacidades individuales de los beneficiarios para abarcar su entorno familiar y social. La focalización en colectividades y poblaciones resulta así más útil que la transferencia de recursos puntuales a unos pocos beneficiarios o las capacitaciones en "emprendimiento" individual, las cuales permiten seguir eludiendo responsabilidades regulatorias públicas además de transferir riesgos y costos a trabajadores "independientes" desprotegidos.

También resulta ilustrativo en este sentido el proyecto de Radio Comunitaria de CEDAT, destinado a proporcionar herramientas de comunicación capaces de generar cohesión comunitaria —un punto ciego en las iniciativas de proximidad entre policía y ciudadanía. El resultado más visible de este proyecto fue la creación de Radio Escarabajo, gestionada y conducida por un grupo de jóvenes y de mujeres en la colonia Santa Cecilia. Los contenidos de sus programas radiofónicos eran más bien de corte cultural (música, cocina), si bien empezaron a orientarse con mayor frecuencia a la discusión de los problemas sociales que aquejaban a esta colonia urbana de Oblatos. Con ello, Radio Escarabajo se sumaba a la tradición de las radios comunitarias, asociada con contenidos altamente políticos donde dichos problemas se relacionan sin disimulo con los funcionarios e instancias responsables. Los conductores de El Escarabajo se enfrentaron, sin embargo, a las restricciones que suponía la instalación de su radio en el espacio institucional del Centro Cultural de Santa Cecilia, dependiente del gobierno municipal, del cual requerían recursos y permisos especiales. Más paradójico aún resultaba el hecho de que la propia radio hubiese sido subsidiada por un programa federal, ya que la vigente ley de Telecomunicaciones y Radiodifusión en México condiciona la operación y la transmisión de frecuencias, obstaculizando y desincentivando así la creación de radios comunitarias. En iniciativas que llevan el "empoderamiento de la ciudadanía" más allá de la mera retórica oficial, los beneficiarios que participan comienzan a reconocer los obstáculos que los gobiernos locales y el propio gobierno federal les ponen. En su concepción, el Pronapred no toma en cuenta que los gobiernos puedan afrontar comunidades politizadas tras sus acciones. Lo que en realidad se busca no son colectivos empoderados, sino individuos "emprendedores".

Estos y otros resultados de la evaluación del programa fueron expuestos de forma preliminar en el Foro Internacional de Prevención del Delito, organizado en febrero de 2016 por México Evalúa en el marco del mismo proyecto financiado por la Unión Europea. A pesar de que el marco material y simbólico del foro no invitaba a ello —fue celebrado en las propias instalaciones centrales de la Secretaría de Gobernación en la Ciudad de México—, pude exponer sin reparo una serie de contradicciones y fallas que, a la luz de la experiencia en Guadalajara, dificultaban, a mi juicio, la consolidación de una política nacional de prevención del delito y la violencia. En su ponencia del día anterior, la directora de la evaluación —una colega antropóloga— había sido incluso más crítica a la hora de hablar de las carencias del Pronapred. Ambos coincidimos en señalar la dispersión de acciones preventivas no sistematizadas ni vinculadas entre sí, junto con la ausencia de un sistema unificado de información y análisis para el seguimiento de las acciones y la subsiguiente toma de decisiones. Una de nuestras recomendaciones consistió en la creación de una comisión o coordinación que aglutinara y homogeneizara las propuestas de los distintos operadores, asegurando la idoneidad de los proyectos preventivos y de las poblaciones beneficiarias de éstos, y que desempeñara un papel central en el mantenimiento de la coherencia interanual de objetivos y avances. De una u otra forma, ambos nos resistíamos a la dispersión y pérdida de las funciones regulativas del Estado tras la pantalla de los métodos "no jerárquicos" de intervención de los esquemas de gobernanza multinivel, demandando y presuponiendo, por el contrario, un grado importante de centralidad estatal. Ello entrañaba una doble paradoja: preocupados por la desestatalización promovida por los propios funcionarios públicos, los consultores éramos al mismo tiempo, junto con los operadores privados de programas gubernamentales, parte de la "sociedad civil" a la que se atribuyen los equivalentes funcionales de la gobernanza estatal.

Otros participantes convocados para el foro, activistas y expertos nacionales e internacionales en seguridad, criminología y políticas públicas formularon propuestas contrastantes para la política de prevención del país, aunque en ciertos casos los diagnósticos fueron notablemente críticos. En su discurso de clausura y ante el representante de la Unión Europea, la propia directora general de México Evalúa alertó sobre las consecuencias del carácter de la prevención como un mero discurso de ornato sin voluntad política ni posibilidades presupuestales u operativas reales. Pese a los inevitables elogios y certidumbres optimistas que todo acontecimiento de este tipo entraña, la impresión general que derivé de algunas de las mesas del foro fue la de un rechazo al Pronapred como estrategia para aplacar presiones nacionales e internacionales mediante el esquema legitimador de la "apertura al sector de las organizaciones de la sociedad civil". El problema fue que, aparte de los representantes de estas organizaciones, la audiencia del foro estuvo principalmente compuesta por consultores y académicos. Durante el segundo y último día del coloquio, la mayoría de los funcionarios de la Secretaría de Gobernación, ajenos a nuestras críticas y propuestas, se encontraban en un acto protocolario que se celebraba de forma simultánea en el exterior del auditorio donde estábamos reunidos. Según se nos advirtió, debíamos de permanecer allí sin salir hasta la conclusión de dicho acto para evitar interrumpirlo. En un receso del foro, mientras observaba la profusión ceremoniosa de discursos, oficiales y uniformes tras los ventanales del auditorio, no pude evitar pensar en las prácticas que reproducen la separación entre el Estado y la sociedad civil.

CONCLUSIONES

Ciertos expertos en políticas y relaciones internacionales perciben eurocentrismo en la práctica de extender la distinción entre lo público y lo privado a las áreas de estatalidad limitada, donde supuestamente dicha distinción no aplica por ser un producto de la consolidada modernidad occidental. Esto no dista demasiado del tipo de opiniones con las que algunos antropólogos, en principio, estarían de acuerdo. Antes de descartar estas perspectivas como ejemplo de sesgo normativo disfrazado de rechazo al etnocentrismo, sin embargo, ha de reconocerse que quienes las sostienen cuentan con varios puntos a su favor. Es cierto que el moderno Estado-nación (y su vinculación con el territorio y la población) es una creación reciente, histórica y contextualmente específica y no necesariamente estable —o irreversible, dirían algunos. Si el Estado es la excepción en lugar de la regla, la pregunta es quiénes proporcionan orden, normas vinculantes y bienes colectivos, y cómo puede hacerse todo ello sin esa entidad demasiado abstracta que ha de pasarse por alto en favor de realidades y procedimientos más concretos. Hablar entonces de gobernanza y examinar sus posibles imbricaciones con el gobierno parece más seguro, incluso menos sesgado culturalmente (aunque nadie parece plantearse si la propia noción anglosajona de *governance* tiene utilidad explicativa fuera de los ámbitos y sociedades donde se desarrollaron la actual ciencia política y sus variantes "comparativas"). Aparece así una gama de posibilidades fácilmente aprehensibles, desde "la elaboración de normas por actores no estatales o la autorregulación de la sociedad civil" (Risse, 2011b: 9) —las cuales presuponen una frontera nítida con lo "estatal" y la "sociedad política"— hasta la entrada en juego de "instituciones informales de gobernanza" y actores privados que, coaligados o no de distintas formas con actores públicos, canalizan ayudas y proporcionan el orden social o los servicios necesarios.

Hasta aquí todo parece estar claro, e incluso podríamos aportar como evidencia los estudios etnográficos e históricos que revelan una pluralidad de actores, experiencias y relaciones cuyos vínculos resultan importantes para entender lo político —un conglomerado de acciones que, si bien comparten el poder como medio de comunicación, lo hacen en una forma y un sentido indeterminados y polémicamente abiertos (Estrada Saavedra, 2014b: 378-379). Hemos visto que el Estado empieza a parecerse cada vez más a la sociedad civil, mientras que ésta parece a menudo estar compuesta por organizaciones transnacionales. Son precisamente esta diversidad funcional y esta ausencia de centralidad las que pueden proporcionar los proyectos alternativos de organización social buscados por los relativistas estatales.

Cabe notar, sin embargo, que en sus diversas aproximaciones al Estado como variable —en lugar de constante— los últimos siguen adoptando un determinado baremo o punto de partida: el concepto weberiano de estatalidad como capacidad de hacer cumplir decisiones centralizadas y sostener diversos monopolios en un determinado territorio. Al partir de una noción estructural del Estado como mero conjunto de instituciones que cumplen funciones específicas relacionadas con la gobernanza y la seguridad, la propuesta de aquellos que

—desde la antropología o la ciencia política— buscan relativizar el Estado se restringe a menudo a encontrar complementos o sustitutos de estas funciones, ya sean códigos de honor "tribales" o diversas coaliciones de actores y organizaciones privados o públicos. Con frecuencia, esta búsqueda de equivalentes funcionales no excluye la consideración sobre cómo las resultantes configuraciones de orden pueden tener lugar bajo al menos una relativa "sombra de jerarquía estatal", la cual proporcione alguna forma de coerción u obligatoriedad como factor aglutinante de esa colección de prácticas y actores dispersos. Como demuestra el trabajo de Héctor Vera sobre la metrificación, éstos son necesarios, pero por sí mismos no bastan para orientar sus múltiples intereses hacia un proyecto común. La cuestión es qué o quiénes, y cómo, suplantan no sólo las funciones redistributivas y de gobernanza del Estado, sino además el marco de conocimiento y los criterios autorizados capaces de organizarlas. En un sentido fundamental, seguimos sin abandonar la discusión de las bases de legitimación que constituyen los tres tipos ideales de dominación —carismático, tradicional y racional— señalados por Weber.

El problema con las visiones del Estado como un mero fenómeno de toma de decisiones y política pública es que se enfoca en un aspecto descontextualizado, despojado de sus dimensiones culturales, históricas y sociológicas. Los análisis comparativos se realizan entonces según la presencia relativa de un determinado conjunto de elementos funcionales. No obstante, las clasificaciones resultantes tendrían poco sentido si eliminamos adjetivos como "consolidado", "débil", "fallido" o "ausente" y nos centramos en "Estado". ¿Significa y "es" *esencialmente* lo mismo en estados institucionalmente similares? ¿Son las diferencias culturales, en este sentido, meramente epifenomenales con respecto a las características estructurales y funcionales de los estados? De manera contrafactual, ¿pueden los estados "liberal-democráticos", "neopatrimoniales" y "autoritarios" parecerse entre sí, por ejemplo, al nivel de las prácticas cotidianas de sus burocracias (Sharma y Gupta, 2006: 10)?

La inclusión de la "variable cultural" permite apreciar diferencias y similitudes en distintas dimensiones de práctica y representación mediante las que el Estado es constituido —no sólo representaciones discursivas explícitas, sino prácticas significativas implícitas (Ferguson y Gupta, 2002: 984). Así, por ejemplo, nuestros particulares encuentros con funcionarios y procesos estatales producen (o diluyen) la apariencia del Estado como un ente diferenciado de la sociedad. Si, como *locus* de poder centralizado y organización jerárquica, el Estado es sólo una idea (Abrams, 1988 [1977]), hemos entonces de examinar qué relaciones sostienen esa idea y producen sus efectos. La *dimensión cognitiva* del Estado puede sumarse así a otros niveles que intervienen en diversas construcciones tanto cotidianas como teóricas, incluyendo el ideal weberiano de una organización jerárquica.

Como académicos, hemos de tener por ello en cuenta los condicionantes culturales y los contextos históricos y políticos que inciden en nuestros propios avistamientos del Estado. A mí puede acusárseme de una sospechosa incapacidad para situar mi perspectiva fuera de un marco hegemónico —estatal— del cual poco o nada parece escapar, como sugiere mi argumento acerca del sostenimiento colectivo del ideal de la fuerza y el orden. Esto sería una muestra de hasta qué punto mis análisis están influidos por mi ubicación como ciudadano mexicano de clase media que exige "más Estado" en términos de mayor regulación y reforma institucional, así como de una inconformidad y un pesimismo subyacentes respecto de la mezcla de clientelismo, corrupción y violencia mediante la que se lidia con distintos proyectos de cambio y disidencia políticos. Hace tiempo escribí que

> tanto estudiosos como estudiados resultamos aquí afectados por decisiones políticas y económicas emanadas de las instituciones en cuya configuración y legitimación todos podemos participar en un momento u otro […] reconceptualizamos empírica y conceptualmente al "Estado" que nos constriñe y afecta, al que construimos e imaginamos […] mediante el diálogo con sujetos que pueden al mismo tiempo ser conciudadanos (Agudo Sanchíz, 2011: 42).

Precisamente por estas mismas razones los expertos en políticas en áreas de estatalidad limitada —así como algunos antropólogos— harían bien en considerar de forma más sistemática no sólo los vínculos históricos entre "centros" y "periferias", sino además el anclaje de sus ideas en la propia recesión del Estado de bienestar euroamericano desde el que escriben. Éste es un contexto en el que la regulación del comercio y las economías nacionales están siendo debilitadas y gobernadas por organizaciones supranacionales como la Unión Europea, mientras que otras formas de regulación estatal como la vigilancia fronteriza o el mantenimiento del orden público son reforzadas incluso de forma agresiva (Sharma y Gupta, 2006: 22). De hecho, tras los atentados terroristas de París (noviembre de 2015) y Bruselas (marzo de 2016), perpetrados por células yihadistas vinculadas con el Estado Islámico, se han puesto de relieve las profundas raíces de la idea del Estado nacional como garante de la seguridad de sus ciudadanos. Así lo ilustra el esfuerzo por (re)nacionalizar políticas migratorias y de seguridad por parte de dirigentes que buscan dar una imagen de fortaleza.

La desnacionalización de la economía y la militarización de la seguridad pública pueden observarse también en distintos países, en lo que los académicos europeos y estadounidenses gustan llamar "mundo poscolonial". Sin embargo, la (des)estatalización en ellos puede tener lugar de forma muy distinta respecto de la transformación del Estado de bienestar keynesiano (Sharma y Gupta, 2006: 22). Como hemos visto en el caso de México, la privatización del Estado implica una transferencia de sus funciones redistributivas y regulatorias hacia actores u organizaciones "no gubernamentales", por lo que la "desestatalización del gobierno" (Rose, 2006: 157) vendría aquí acompañada de una creciente "estatización de la sociedad" (Foucault, 2006: 137). Como argumentan Sharma y Gupta al notar esta misma tendencia, se necesitan análisis etnográficos e históricos cuidadosos para describir la "micropolítica" de estos procesos y "sus consecuencias para la construcción cultural del Estado y la reorganización de la autoridad" (2006: 22). Con seguridad ello resulta más arduo, aunque también más fructífero, que clasificar distintos países en una escala comparativa de mayor a menor estatalidad.

2
RELACIONES CONFLICTIVAS ENTRE ESTADO Y SOCIEDAD: LA LUCHA POR LA DOMINACIÓN EN EL CONFLICTO OAXAQUEÑO DE 2006

*Marco Estrada Saavedra**

A Fernando Escalante

Las fronteras eran fluidas, todo era oscuro e incomprensible.
PHILIP K. DICK

INTRODUCCIÓN

De acuerdo con el sentido común de la mayoría de los científicos sociales, el Estado es un conjunto de instituciones burocráticas, distintas a las del resto de la sociedad, que cumplen diversas tareas de interés público (como seguridad interna y externa; impartición de justicia; elaboración de leyes; protección de la propiedad; cobro de impuestos; redistribución de recursos fiscales; creación y mantenimiento de todo tipo de infraestructura; producción de bienes colectivos económicos, científicos, tecnológicos, laborales, educativos, médicos, sanitarios, ecológicos y culturales; conformación de identidades personales y colectivas, etc.). A diferencia de otras organizaciones, las decisiones del Estado son vinculantes para toda la población residente en un

---

*He escrito este trabajo con el apoyo del Deutscher Akademischer Austauschdienst, que me otorgó una beca para integrarme como profesor visitante al Lateinamerika Institut (LAI) de la Freie Universität Berlin en el semestre de invierno 2015-2016. Agradezco también a Marianne Braig por su generosa hospitalidad y su continuo esfuerzo por crear un estimulante ambiente de colaboración intelectual e intercambio académico en el LAI.

territorio que considera como propio. En caso de resistencia a sus decisiones, el Estado puede imponerlas, en última instancia, de manera compulsiva. Para ello, se arroga el monopolio y el uso legítimo de la violencia, la cual es su medio característico de acción. En este sentido, el Estado es el componente político de la dominación en una sociedad determinada.

Dependiendo de su adscripción teórica, intereses de investigación y preferencias políticas e ideológicas, el científico social "promedio" podrá enfatizar el carácter institucional del Estado, sus funciones sociales o bien su dominación. En cualquier caso, asumirá sin mucho cuestionamiento el supuesto del Estado como una entidad *relativamente autónoma, centralizada y unificada* de la sociedad. En otras palabras, analítica y empíricamente presumirá la existencia de una *división real* entre el Estado y la sociedad. Asimismo, supondrá que el Estado es el agente con mayores recursos formales y materiales para imponer, legal y fácticamente, su idea de orden al conjunto de la sociedad. Como origen y sede del poder, el Estado, pensaría, es la fuerza que dirige el cambio social en las naciones contemporáneas. En fin, esta serie de premisas

> sigue siendo parte poderosa de las teorías sociales y políticas hasta nuestros días, expresadas en el estatismo, el estructuralismo, las teorías de la elección racional, el neorrealismo y demás. Con frecuencia se han analizado la dominación y el cambio como parte de un proceso en el que el Estado es el eje. Por medio de la ley, la burocracia, la violencia —continúa el razonamiento—, el Estado moderno ha reestructurado el comportamiento de la gente y, por extensión, su sentido de quiénes son (Migdal, 2011: 22).

Con el fin de examinar el poder heurístico de esta influyente "representación" sobre el Estado, en el presente capítulo estudiaré el conflicto oaxaqueño de 2006, en el que, a raíz de la represión en contra del sindicato magisterial local para poner fin a su huelga, se conformó la Asamblea Popular de los Pueblos de Oaxaca (APPO) con el objetivo de conseguir la destitución del gobernador, Ulises Ruiz Ortiz.[1] Este

---

[1] Para un análisis comprensivo del conflicto, véase Estrada Saavedra (2016a).

escrito está dividido en tres partes principales. En la primera, presentaré de modo sucinto los antecedentes del enfrentamiento entre los asambleístas y el gobierno oaxaqueño. Enseguida expondré cómo los opositores al régimen local paralizaron el aparato burocrático estatal y dislocaron el ejercicio de la dominación instituyendo, en su lugar, un "gobierno popular" conocido como la *Comuna de Oaxaca*. Finalmente problematizaré la presunción de la separación entre el Estado y la sociedad analizando la posición estructural y las funciones que cumplen dos integrantes centrales de la Asamblea: la Sección XXII del Sindicato Nacional de Trabajadores de la Educación (SNTE) y las organizaciones populares de masas.

LOS ANTECEDENTES DEL CONFLICTO

Ulises Ruiz Ortiz fue declarado ganador de las elecciones para gobernador de Oaxaca en 2004. Fue una victoria apretada y polémica. En efecto, la coalición que lo llevó al poder, *Nueva Fuerza Oaxaqueña*, liderada por el Partido Revolucionario Institucional (PRI) y secundada por el Partido Verde Ecologista de México (PVME) y el Partido del Trabajo (PT), se impuso por un mínimo margen de un poco más de tres puntos porcentuales (47.55%) sobre la alianza *Todos Somos Oaxaca* formada por los partidos Acción Nacional (PAN), de la Revolución Democrática (PRD) y Convergencia (PCD), que obtuvo para su candidato, el ex alcalde y ex priista del municipio de Oaxaca, Gabino Cué Monteagudo, 44.38% del total de la votación. El electorado estatal se dividió entre los que deseaban la continuidad del PRI en el poder y los que buscaban la primera alternancia política en Oaxaca en casi 80 años. El triunfo de Ruiz Ortiz fue, sin embargo, impugnado y se le acusó de recurrir a métodos fraudulentos antes, durante y después de la elección. No obstante, el Instituto Electoral Estatal, controlado por el mismo gobierno a pesar de su autonomía formal, desestimó las pruebas y los alegatos en contra del priista, por lo que éste fue declarado triunfador de los comicios.[2]

---

[2] Cfr. "ONG: no será limpio el proceso en Oaxaca; Murat impugna a Fox (2004, 30 de julio). Véase también "Las anomalías en Oaxaca, sutiles y sofisticadas: ONG"

Una vez en el poder, y con la mayoría legislativa a su favor en el congreso local, el novel gobernador antagonizó a sus opositores. Primero, se propuso encarcelar a su contrincante electoral, Gabino Cué, mediante cargos falsos (Gibler, 2013: 152). Asimismo continuó la campaña de su antecesor en contra del periódico *Noticias*, que había ofrecido a sus lectores una cobertura del proceso electoral crítica y más equilibrada que la de los diarios oficialistas locales alineados con el poder político. Más tarde, "invitó" a la oposición política y social a firmar el "Pacto Social" para garantizar su peculiar visión y práctica de la gobernabilidad. A todo aquel que se negó a hacerlo, lo persiguió (Osorno, 2007: 27). Así procedió, en particular, en contra de las organizaciones populares, indígenas y campesinas, que, reclamando atención institucional a sus demandas y respeto a sus derechos, fueron reprimidas. Varios de sus líderes fueron aprehendidos y encarcelados. Muchos de sus integrantes fueron, incluso, asesinados. Así, "en menos de 200 días de la actual administración han habido 15 asesinatos por motivos políticos y 152 presos políticos, si bien la mayoría están ya libres; el año pasado hubo 46 *feminicidios* y en lo que va de éste se han cometido 15; ha habido represión a medios de comunicación independientes y una sórdida confrontación entre grupos políticos".[3] En otras palabras, los derechos políticos, civiles y humanos de todo aquel que objetaba al régimen eran violentados. En consecuencia, toda forma de protesta fue criminalizada y era tratada, por tanto, como un asunto que requería de la fuerza policiaca para su solución (cfr. Sotelo Marbán, 2008: 47ss.).

A pesar de esto, el gobierno de Oaxaca no consiguió desmovilizar a los inconformes. Al contrario, durante 2005 formaron o reactivaron alianzas entre sí para defenderse de las agresiones, denunciar el autoritarismo, demandar la liberación de presos políticos y exigir un alto a la impunidad. De esta manera procedieron el Colectivo por la De-

---

(2004, 19 de agosto). Revísese asimismo "Por la inseguridad, contarán en la capital de Oaxaca votos de 10% de municipios" (2004, 7 de octubre). Sobre los conflictos poselectorales en los municipios, véase Bolos y Jiménez (2013), en particular pp. 44ss.

[3] En "En Oaxaca vivimos un espacio de excepción *de facto*, acusan ONG" (2005, 14 de junio).

mocracia, el Frente de Sindicatos y Organizaciones Democráticas de Oaxaca (FSODO) y la Coordinadora Oaxaqueña Magonista Popular Anti-neoliberal (COMPA). Sus esfuerzos conjuntos no lograron modificar, empero, la política represiva de Ulises Ruiz, quien, incluso, para impedir que marchas, protestas y plantones interrumpieran las actividades turísticas y comerciales en la capital del estado, decidió cambiar las sedes de los poderes ejecutivo y legislativo. De este modo, el zócalo oaxaqueño quedó vedado para los manifestantes, vendedores ambulantes e indigentes (Osorno, 2007: 29). Cada vez que un grupo contestatario intentaba acercarse al primer cuadro urbano, la policía ocupaba el espacio y repelía con violencia a los inconformes. Así, el Palacio de Gobierno fue trasladado al municipio de Santa María Coyotepec, justo al lado de un cuartel de policía, y el antiguo recinto fue transformado en un museo que, en ocasiones, se utilizó para festejos privados de miembros de la clase alta local; el congreso legislativo fue ubicado, por su parte, en la dirección contraria del primero en el municipio de San Raymundo Jalpa (cfr. Beas Torres, 2007: 32). Este cambio de sedes no sirvió para desviar la creciente protesta social y política, que, a pesar de los riesgos, continuó dirigiéndose a la plaza central.

La "política urbana" de Ulises Ruiz ocasionó también irritación y rechazo crecientes entre la población de la capital de Oaxaca. Sin consultar a la ciudadanía, su gobierno llevó a cabo una serie de obras de remodelación del centro histórico caracterizadas por ser ostentosas y de mal gusto y, sobre todo, destructoras del patrimonio arquitectónico y cultural de la antigua Antequera. Árboles centenarios del zócalo fueron tirados y se cambiaron las clásicas bancas de hierro por otras de cemento. El portón de la catedral, con sus adornos de hierro forjado, fue remplazado por puertas de madera corriente con ornamentos de latón. La cantera verde de la Plaza de la Danza, tan característica del paisaje urbano de la ciudad, fue arrancada y sustituida por planchas de cemento pintadas de ese mismo color. En el parque Juárez, conocido popularmente como El Llano, la modernización arrasó también con sus viejos árboles. El auditorio al aire libre en el Cerro del Fortín, donde se celebra la Guelaguetza, fue rediseñado con una enorme carpa blanca que se cayó varias veces antes de poder ser fijada de manera definitiva. El remozamiento alcanzó asimismo la fuente de las Siete Regiones y al tradicional barrio de Jalatlaco, en donde se erigió la estación de autobuses foráneos ADO, a pesar de las protestas de sus habitantes. Hubo incluso un intento, aunque fallido, de colocar parquímetros en el primer cuadro de la ciudad (Beas Torres, 2007; Martínez Vásquez, 2007).

Muchos testimonios coinciden en que estas obras urbanísticas se hicieron de manera dispendiosa, sin concurso público de por medio, sino a través de nepotismo (el hermano del gobernador se encargó de realizarlas) e "inflando" presupuestos, muchos de ellos de origen federal, para desviarlos en favor de la campaña electoral de Roberto Madrazo, candidato a la presidencia de la república del PRI en 2006 (Beas Torres, 2007: 32; Gibler, 2013: 152s.; Osorno, 2007: 28). Y aunque estas revelaciones no fueron conclusivas ni las autoridades del centro del país ni, mucho menos, las locales iniciaron algún tipo de averiguación administrativa o penal para deslindar responsabilidades, lo cierto es que en la opinión pública oaxaqueña se aceptó esta versión y se reafirmó la creencia del carácter corrupto y autoritario del gobierno encabezado por Ulises Ruiz.

En Oaxaca, donde los otros poderes constitucionales y los organismos públicos "autónomos" se encontraban, de hecho, sometidos al ejecutivo local, no existían contrapesos institucionales que moderaran las decisiones y acciones arbitrarias de Ulises Ruiz (Bailón Corres, 2002; Martínez Vásquez, 2007; Recondo, 2009; Bautista Martínez, 2010; Durazo Hermann, 2010). El PRI local y, por si fuera poco, el Instituto Estatal Electoral (IEE) estaban asimismo bajo el control del gobernador. Así, la única oposición real al gobernador la conformaba el conjunto de sindicatos, organizaciones populares, campesinas e indígenas independientes, y, en particular y la más importante entre ellas, la Sección XXII del Sindicato Nacional de Trabajadores de la Educación (SNTE).

Durante el primer año de gobierno, la relación con el magisterio podría calificarse de inmejorable. En 2005 el gremio había obtenido en sus negociaciones laborales y salariales anuales recursos y apoyos como nunca antes en su historia había sucedido y, no está de más señalarlo, todo ello sin mayor desgaste político ni movilización social.

En ese entonces sus manifestaciones y plantón apenas duraron algunos días. La ausencia de una disputa más álgida y prologada, aunque sólo hubiese sido en términos meramente retóricos y simbólicos para encender un poco los ánimos públicos, preocupó incluso a muchos al interior del sindicato, en particular a los líderes e integrantes de las corrientes político-ideológicas opuestas a la dirigencia en turno. Tan buenas relaciones y resultados en la negociación anual, pensaban, no podían ser más que producto de componendas inconfesables con el gobierno en favor de la camarilla de la dirección de la Sección XXII y sus clientelas internas. Acostumbrados a desconfiar del poder y de sus propias dirigencias, aquéllos sospechaban que, tarde o temprano, todo esto derivaría en corrupción y falta de independencia. Ello propiciaría, aventuraban, una oportunidad para que ellos asumieran las riendas del sindicato (Hernández Ruiz, 2006).

A pesar de su poca destreza política, Ulises Ruiz sabía que no podía tratar al magisterio de la misma manera que a las organizaciones populares. La Sección XXII está integrada por alrededor de 70 000 docentes y trabajadores administrativos fuertemente cohesionados y disciplinados, y se caracteriza por una probada capacidad de movilización contestataria. Desde 1980 es una sección independiente del corporativismo del SNTE y ha demostrado ser, en poco más de tres décadas, el grupo opositor más fuerte e importante en Oaxaca (Yescas y Zafra, 1984; Foweraker, 1993; Street, 1992; Cook, 1996, y Estrada Saavedra, 2014a).

Pero a más tardar en mayo de 2006, esta buena relación "de respeto" entre el magisterio y el gobierno oaxaqueño se modificaría abruptamente, tanto por razones de micropolítica al interior del sindicato como también por una conducción fallida de las negociaciones laborales por parte del gobierno local (Hernández Ruiz, 2006). Al no ver satisfechas sus demandas en su totalidad, los maestros presionaron al gobierno con grandes movilizaciones, un paro laboral y un plantón permanente en el zócalo de Oaxaca. La policía intentó desalojar el plantón de manera violenta el 14 de junio, pero sin éxito y, además, lastimando a vecinos que se encontraron, de pronto, en medio del zafarrancho. Ante estos hechos y el cúmulo de agravios que diferentes sectores de la población habían sufrido durante la entonces corta, pero políticamente muy intensa administración de Ulises Ruiz, una enorme coalición de organizaciones populares, sindicatos, grupos sociales, organizaciones no gubernamentales (ONG), colectivos de diferente índole y ciudadanos "independientes" conformó, con la Sección XXII a su cabeza, la APPO. En consecuencia, la interlocución entre el gobierno de Ulises Ruiz y los inconformes se canceló. La rabia y el desprecio que provocaba la figura del gobernador entre los appistas era de tal magnitud que se exigió su destitución del poder ejecutivo estatal como condición fundamental para solucionar el conflicto (Martínez Vásquez, 2007; Osorno, 2007; Gibler, 2013; Bolos y Estrada Saavedra, 2013).

LA DISLOCACIÓN DEL FUNCIONAMIENTO
DE LA DOMINACIÓN ESTATAL EN OAXACA

"Como las asociaciones políticas que históricamente lo han precedido, el Estado es una relación de *dominación* de hombres sobre hombres, que se apoya en el medio de la coacción legítima (esto es, considerada como legítima)" (Weber, 2010: 9). La dominación no es producto, sin embargo, de un acto único de imposición sobre los actores subordinados, sino, más bien, de un ejercicio continuo, rutinario, descentrado y no necesariamente del todo coordinado y planeado, que es realizada por múltiples agentes estatales ubicados en diferentes niveles institucionales. El resultado de sus quehaceres y decisiones se traduce en el ordenamiento de las relaciones sociales y el establecimiento de formas de comportamiento y pensamiento entre la población que buscan asegurar la creencia en la legitimidad de este orden. La obediencia a la dominación política no se obtiene principalmente mediante la violencia y la coerción,[4] sino por medio de una labor diaria de administración estatal que se presenta como orientada al bien y el interés públicos. Estas rutinas han de entenderse como momentos en los que sucede la "entificación del Estado", es decir, momentos en los

---

[4] Esto sucede sólo en casos muy extremos, pero al precio de carecer de cualquier legitimidad a los ojos de los dominados y producir un orden harto inestable.

que el Estado mismo es producido, inventado e impuesto (cfr. Krupa y Nugent, 2015: 12s.). En efecto, los procedimientos burocráticos cotidianos son estrategias "sin un autor" mediante las cuales el poder y las desigualdades se institucionalizan, se reproduce el Estado como un conjunto de instituciones en el tiempo y el espacio y se consigue su supremacía sobre otras agrupaciones sociales (cfr. Sharma y Gupta, 2006: 11 y 13; véanse también Wanderley, 2009; Escalona, 2011b; Martínez Basallo, 2015).

Al interior de un territorio considerado bajo su soberanía, el Estado hace grandes esfuerzos por estructurar la vida cotidiana de toda la población. Para ello, define qué es lo legal y qué se considera un delito; establece todo tipo de reglas y formas de conductas "apropiadas"; busca moldear identidades individuales y colectivas; redistribuir recursos para beneficiar a ciertos grupos sociales; en fin, establece los términos de la dominación y la subordinación. La dominación rara vez se logra sin algún tipo de resistencia, por lo que, para comprender su compleja dinámica, hay que abordar el Estado como un "espacio de incertidumbre" en el que se negocia y disputa la dominación. Así, en la medida en que ésta es una empresa producida constante y rutinariamente, pero también desafiada, bien se puede entender el Estado como una "inacabada maquinaria" (Escalona, 2011a: 84 y 54, respectivamente). Lo anterior significa asimismo que el Estado no es el único agente que intenta ordenar a la población en su conjunto (o segmentos dentro de esta última) de acuerdo con visiones propias sobre la sociedad, las conductas legítimas, las identidades sociales o la asignación de bienes valiosos. "Las principales luchas en muchas sociedades [...] se relacionan con quién tiene el derecho y la capacidad de dictar las innumerables reglas que guían la conducta social del pueblo" (Migdal, 2011: 77).

A continuación, deseo destacar cinco momentos clave en el proceso de movilización contestataria de la APPO que permitieron el desafío y la dislocación de la dominación estatal en Oaxaca: la neutralización de la policía, la interrupción de la administración pública, el control espacial, la representación simbólica de la unidad del pueblo y el ensayo de un "gobierno popular".

La neutralización de la policía

La movilización masiva y descentrada de la APPO tuvo como efecto general la desarticulación del proceso cotidiano de la dominación política en Oaxaca —al menos hasta finales de noviembre de 2006. Para conseguirlo, resultó esencial la neutralización de la policía. En efecto, el encono popular provocado por el uso indiscriminado de la violencia para desalojar a los maestros de la plaza central oaxaqueña derivó en que las fuerzas policiacas no volvieran a aparecer uniformadas en público en la ciudad y los municipios conurbados sino hasta finales de noviembre de ese año. De acuerdo con la descripción de un agente del orden, el centro de Oaxaca era "una zona de guerra" (entrevista con Javier [pseudónimo], policía, 10 de mayo de 2013). Los policías vestían de civil, porque, de lo contrario, "era enviarlos al matadero", pues los opositores del gobierno los calificaban de "sicarios de Ulises" (entrevista con Manuel Martínez Feria, ex presidente municipal de Santa Lucía del Camino, 10 de mayo de 2010). En consecuencia, por razones de seguridad, los miembros de todas las corporaciones policiacas en los Valles Centrales fueron acuartelados de inmediato. Los asambleístas no perdieron la oportunidad de instalar plantones incluso alrededor de los cuarteles y colocar retenes en las calles que conducían a éstos para evitar su movilización. Así, la policía local no volvió a aparecer en público con uniforme y de manera masiva. En estas circunstancias, muchos de sus miembros se dieron de baja, ya que temían por su seguridad y vida. La neutralización policiaca contribuyó a que el gobierno estatal eligiera adoptar estrategias paramilitares de contención, como explicaré más adelante. El sentido de todo lo anterior se expresa con claridad en las palabras de un dirigente popular:

> Este gobierno ya no era gobierno. Ya habíamos evitado las fuerzas represivas que, en un Estado, son las que mantienen el autoritarismo a través de la represión. Un gobierno sin fuerzas represivas ya no es gobierno. Ulises Ruiz ya no mandaba absolutamente nada, ya no ejercía el poder como tal, y, por eso mismo, la Asamblea Popular prácticamente toma el poder en la ciudad y empieza a ejercer todo el mando general [...] Los obreros, los campesinos, los comerciantes, los transportistas [se vieron

liberados] de ese control que tenía el PRI sobre ellos, que, como en ese momento se vio, no existe más que por la vía de la represión (entrevista con Gervacio García Martínez, FALP, 15 de agosto de 2011).

La interrupción de la administración pública y la vida local

A pesar de la neutralización de la policía, cuerpos irregulares empezaron a intervenir de manera furtiva en el conflicto con el objetivo de "descabezar al movimiento". Por ejemplo, hacia la tercera semana de julio, el día 22, un grupo no identificado baleó *Radio Universidad* desde un automóvil. Dos días antes el dirigente de Organizaciones Indias por los Derechos Humanos de Oaxaca (OIDHO), Alejandro Cruz López, sufrió un atentado con bombas molotov arrojadas a su domicilio. Esa misma noche los representantes de la Sección XXII, Enrique Rueda Pacheco y Rogelio Vargas Garfias, fueron agredidos de manera semejante en sus casas. Estos actos criminales fueron flanqueados por medidas institucionales. A petición de la Procuraduría General del estado, el 7 de julio se giraron órdenes de aprehensión en contra de dirigentes magisteriales y de organizaciones populares por "asociación delictuosa, asonada o motín" en relación con los eventos del 14 de junio.

En este ambiente de tensión política y creciente violencia, los asambleístas a su vez empezaron a radicalizarse. Así, el 15 de julio estudiantes normalistas y universitarios simpatizantes de la APPO retuvieron autobuses de pasajeros, bloquearon vialidades e incendiaron el entarimado del auditorio Guelaguetza.[5] En los siguientes días los appistas iniciaron una serie de bloqueos y cierres de avenidas y carreteras. La denominada "ofensiva del 26 de julio" se coronó con las tomas del Congreso, el Tribunal Superior de Justicia y la Casa de Gobierno, además de diferentes juzgados penales y la Comisión del

[5] Dos días después, Ulises Ruiz anunció la cancelación de la celebración de esta festividad, convertida desde años atrás en un gran evento mediático y turístico con importantes derramas económicas. Por su parte, la APPO organizó el 23 de julio, en la Plaza de la Danza, la denominada "Guelaguetza popular", que resultó muy concurrida y exitosa.

Agua. Por esta razón, los integrantes de los tres poderes del estado empezaron a sesionar, casi de manera clandestina, en hoteles. En otras palabras, los asambleístas comenzaron a apoderarse del espacio en la capital de Oaxaca y sus municipios conurbados y a dificultar el ejercicio de los poderes públicos. Así, en la entidad sureña privó *de facto* la ingobernabilidad.

El ejercicio burocrático y rutinario de la dominación fue, de este modo, dislocado. A diferencia de los policías (identificados como los "sicarios" de Ulises Ruiz), los demás empleados públicos se encontraban en una situación diferente, aunque también precaria. Los que laboraban en las oficinas centrales del estado, ocupadas por los appistas, fueron reubicados en oficinas de municipios vecinos o no pudieron más trabajar con normalidad. En cambio, los que trabajaban en municipios conurbados tenían actividades restringidas, pero seguían atendiendo al público, en especial en materia de registro civil (expedición de actas de nacimiento, defunción, etc.). De este modo, si bien la ira de los opositores al régimen se concentraba en los cuerpos armados, no deja de ser verdad que otro tipo de empleados públicos sufrieron también, aunque sólo circunstancialmente, las acciones de los appistas. En efecto, la realización de obras públicas era impedida porque "había mucha persecución de la gente que trabajaba en la buhardilla, albañiles, constructores y empleados municipales" (Manuel Esesarte, ex regidor municipal, entrevista, 25 de julio de 2009). En ocasiones, la oposición a toda autoridad y personal públicos iba más allá de la mera obstrucción de sus deberes. Esto fue justo lo que le sucedió a Omar, un chofer del servicio de limpia del municipio de Santa Lucía del Camino, quien, después de recoger a las 6 de la tarde la basura generada por el tianguis dominical de Calicanto y avenida Ferrocarril, fue a tirar los desperdicios en el basurero de las inmediaciones de Zaachila. Cuando regresó junto con su ayudante, ya había sido erigida la barricada de Calicanto. Al querer pasar, los barricaderos lo detuvieron y lo amarraron a un poste. Más tarde "lo llevaron al zócalo, en donde lo mantuvieron atado y lo siguieron humillando. Al camión lo apedrearon, pintaron, abandonaron por la gasolinera y le poncharon las llantas" (Manuel Martínez Feria, ex presidente municipal, 10 de mayo de 2010).

Durante los meses de mayo y noviembre de 2006 la verde Antequera se transformó en *el escenario* del conflicto. En consecuencia, su arquitectura y equipamiento urbano, en particular en el zócalo capitalino, fueron blanco de la violencia y la destrucción. Manuel de Esesarte, el presidente municipal que entraría en funciones en los primeros días de diciembre de 2006, hace el recuento de los daños:

> Las calles, los edificios y las plazas estaban desechos totalmente. No había luz, porque nos tumbaron todos los faroles y se robaron todo el cable que [los conectaba entre sí]; 164 semáforos fueron destruidos en la ciudad. Las fogatas de las barricadas, que ponían en las cabeceras de las calles, derritieron el pavimento en todas las cuatro cabeceras de las esquinas. Así fue en todas las manzanas de la ciudad. Las calles estaban llenas de hoyos por las barricadas; también los edificios, jardines, plazas públicas y banquetas, porque arrancaban el piso de cantera para agarrar piedras y poder contrarrestar el ataque de la policía. Por otra parte, nos quemaron ocho camiones de basura y otras patrullas; las motos de la policía fueron incendiadas. La gente de las colonias empezó, después, a resentir que no hubiera vigilancia, porque mucha gente de fuera aprovechó la ocasión para delinquir, lo que aumentó el índice de robos. Las colonias empezaron a protestar también, porque la basura se amontonaba en las calles [...] El 80% de la obra pública del 2006 no se hizo [...] El anterior presidente municipal hizo un recuento de los costos de los daños y se calculó que oscilaban entre los 50 y los 60 millones de pesos. Por eso solicitó dinero a la federación, pero jamás llegó ni un peso. Tenía yo [como nuevo presidente municipal] una demanda terrible de la gente, los comercios, los hoteles, los restaurantes, los mercados, para reactivar la economía y devolverle a la ciudad su paz, tranquilidad, armonía. ¡Y yo sin un peso! (25 de julio de 2009).

Para los asambleístas, la ciudad bajo su dominio era un signo palpable de su creciente éxito en la materialización de sus aspiraciones sociales y políticas. Sin embargo, la vida cotidiana de la población no participante en la confrontación también fue trastornada y quedó sujeta a la dinámica del conflicto. En efecto, el comercio, el trabajo, los estudios y hasta el descanso y la diversión fueron permanentemente interrumpidos y, en ocasiones, hasta se volvieron actividades riesgosas. Salir a la calle resultaba, a ciertas horas y en ciertos lugares, una auténtica odisea, ya que no sólo se desconocía la ruta más segura y eficaz para llegar al destino deseado, sino también porque el espacio urbano se había convertido en una arena de lucha con diferentes pistas, en las cuales podía tener lugar cualquier imponderable. En tal situación, los sentimientos de incertidumbre, zozobra, temor, impotencia e indignación abrumaron a la población.

> Yo trabajo en una escuela preparatoria particular. De alguna forma, seguimos, más o menos, teniendo clases. Había días en que, por la situación, era imposible; pero cuando sí laborábamos, teníamos cierto temor. Sentíamos miedo de que en cualquier momento hubiera que desalojar la escuela. Tome en cuenta usted que uno tiene la responsabilidad de 600 alumnos. Además, nuestra escuela se encuentra muy cerca del centro de la televisión oaxaqueña, [que había sido tomada] y estaba totalmente [rodeada de] barricadas. Nadie se podía acercar [...] Teníamos que estar utilizando constantemente el internet para comunicarnos con los padres de familia para indicarles si habría o no clase o si tenían que recoger a sus hijos [...] Los fines de semana los muchachos no podían salir por las barricadas y el peligro. Y todos los días, a partir de las 9 de la noche, ya ni salíamos de la casa; era como tener toque de queda [...] En esos días, cuando escuchábamos tronar cohetones, nos asustábamos muchísimo, porque sabíamos que estaba pasando algo [...] De repente la gente decía que [la APPO] iba impedir [que tuviera lugar] alguna [actividad], y, entonces, hacíamos compras de pánico y se atascaban los supermercados. De veras, nos sentíamos secuestrados, porque no teníamos libre tránsito y nuestra libertad se veía afectada (entrevista con María de los Ángeles Bello, profesora de colegio particular, 21 de julio de 2009).

El control espacial

A la "ofensiva del 26 de julio" le siguió la inesperada toma de la Corporación Oaxaqueña de Radio y Televisión (CORTV) el 1º de agosto, como respuesta a la negativa a la petición de los appistas de exponer "en transmisión en vivo" las razones del conflicto y explicar cuáles eran sus demandas. En la tarde de ese mismo día empezó a funcionar *Radio Cacerola* y, unas horas después, *TV-APPO*. Sus trasmisiones fueron abruptamente suspendidas en la madrugada del 21 de agosto debido a que las antenas de trasmisión de Canal 9 en el Cerro del Fortín fueron destruidas durante un ataque con armas de fuego en contra de los appistas que las resguardaban. La reacción de los asambleístas no se hizo esperar. Sólo unas horas después y en menos de 20 minutos (Osorno, 2007: 89s.) tomaron 13 estaciones comerciales de radio. Al final, decidieron quedarse sólo con las radios *La Ley* y *Oro*.

Ante el control territorial de la APPO de la capital oaxaqueña y la neutralización de los cuerpos policiacos, la contraofensiva del gobierno local consistió en formar comandos irregulares para atacar con armas de fuego a los asambleístas. Por la cantidad de participantes en estas fuerzas parapoliciales motorizadas, los integrantes de la asamblea y los medios de comunicación las denominaron "las caravanas de la muerte". Aunque el gobierno negó su existencia o los calificó como simples "operativos de limpieza" destinados a abrir vialidades bloqueadas, hay suficientes testimonios personales, gráficos y videograbados que contradicen las afirmaciones oficiales. Un participante de estas caravanas —si bien, según me dijo, "sólo como observador"—, cuenta:

> La caravana de la muerte estaba integrada por los diferentes mandos de las corporaciones policiacas, como la preventiva, la auxiliar, la municipal y la ministerial. Incluso muchos de sus elementos eran de la UPOE [Unidad Policial de Operaciones Especiales] [Por medio] de una cadena de vehículos, a veces eran hasta doce, iban a las colonias a romper las barricadas y a asustar a la gente [...] Su única instrucción era, como decían, "romperle su madre a los de la APPO". Yo nunca supe que hayan matado a alguien. Eso sí, rompían las barricadas y, a lo mejor, uno de los de las barricadas se llevaba sus golpes y amenazas (entrevista con Raúl, seudónimo, ex funcionario del gobierno de Oaxaca, 29 de septiembre de 2010).

Para protegerse de las cada vez más violentas agresiones parapoliciacas, los appistas comenzaron a erigir masivamente barricadas a partir del 21 agosto de 2006 y durante el resto del conflicto.

A raíz de que nos quedamos en el zócalo todos, las brigadas de cholos [porros] y grupos paramilitares encapuchados empezaron a reprimir a la gente por fuera del área del plantón y a agredir a la gente en las colonias. Empezó un estado de sitio general y por fuera del plantón. Entonces se llamó [desde la asamblea] a formar barricadas. Así se construyeron barricadas en todas las colonias y en todas las calles para evitar que pasaran los grupos paramilitares. En otras palabras, el movimiento tomó la ciudad (Gervacio García, FALP, entrevista, 17 de abril de 2009).[6]

Para los fines de este capítulo, importa señalar que la expansión de las barricadas significó la materialización de la toma de la ciudad. De este modo, la Asamblea disputó al Estado —en este caso, en su representación oaxaqueña— su pretensión soberana de imponer su ley y orden en el territorio. El complejo entramado de barricadas a lo largo y ancho de la urbe permitió a la APPO su *control espacial y social*. Las barricadas funcionaban como un *sistema de esclusas* que supervisaban el tránsito de personas y vehículos con el fin de garantizar la seguridad de los que se encontraban en su interior. Al mismo tiempo, su operación supuso no sólo la introducción de normas de comportamiento para los barricaderos y las personas en tránsito, sino también la microorganización de los vecinos. En palabras de estos últimos:

después de un buen tiempo se hizo una organización. Se convocaba a reunión, y empezábamos a difundir nuestro programa [de actividades e información]. Entonces llegó un momento en que había compañeros que decían, por ejemplo, "¿quién se atreve a hacer enlace, quién a apoyar las marchas, a [ir a] reuniones y juntas?" Allí fue cuando ya empezamos ahora sí a organizarnos y a [construir] la unión más firme (vecinos de la colonia Santa María, 19 de noviembre de 2009).

[6] Anterior a esta fecha, ya había levantamiento de barricadas, en particular alrededor del zócalo de la ciudad con el objetivo de proteger el plantón magisterial. Incluso, nueve de estas barricadas se instalaban en la noche (cfr. Ballesteros, 2007). En cierto sentido, el sistema de barricadas resultó ser la extensión natural del plantón en el centro de Oaxaca, ya que se edificaron en torno suyo y en ellas se llevaron a cabo las mismas tareas de orden y vigilancia que los sindicalistas habían introducido años atrás como parte de su repertorio tradicional de movilización gremial.

Así se establecieron mecanismos colectivos de toma de decisiones en cada barricada, por un lado, y se configuraron "esferas de vida pública autónoma" (Keane, 1992; Estrada Saavedra, 1995) que contribuían a los debates políticos que se llevaban a cabo en la asamblea del zócalo capitalino, por el otro.

La representación simbólica de la unidad del pueblo

La socavación temporal de la dominación estatal cotidiana no tuvo lugar únicamente en términos materiales. El desafío también se llevó a cabo en el terreno simbólico. En un sentido significativo, la operación de los medios de difusión controlados y ocupados por la APPO y la producción de obras gráficas de los colectivos de artistas urbanos sumados a la protesta disputaron el "privilegio" estatal de representar al pueblo y encarnar su unidad. El dispositivo estatal de dicha representación es la "nación". A pesar de la desigualdad, explotación, diferencias socioeconómicas, culturales, lingüísticas o étnicas en una población dada y del hecho de la imposibilidad de conocerse personalmente entre sí o de siquiera tener la posibilidad de entrar en contacto con el resto de los connacionales, la idea y el sentimiento de la nación permiten a los miembros de un "pueblo" percibirse a sí mismos como parte de un grupo mayor, a saber: la "comunidad política imaginada" (Anderson, 1991).

Radio Plantón, Radio Cacerola, Radio Universidad, La Ley o *TV-APPO* conformaron un espacio público mediático alternativo o "contrapúblico" (Warner, 2012). En la medida en que informaban a los radioescuchas y telespectadores acerca de situaciones, eventos, acciones, proyectos o declaraciones en torno al conflicto, estos medios contrarrestaban lo que consideraban una versión parcial, malintencionada y propagandística de lo que sucedía en Oaxaca difundida por los medios de comunicación gubernamentales (estatal y federal), las cadenas televisivas nacionales (TV Azteca y Televisa) y la mayoría de los diarios de circulación nacional y estatal en aras de desacreditar sus movilizaciones contestatarias. Además, dada la cantidad de asambleístas movilizados por toda la ciudad, estos medios permitieron la comunicación y la coordinación internas en la APPO. Asimismo colaboraron en la creación de la *perspectiva de observación* de la Asamblea como "sistema de protesta" (Estrada Saavedra, 2015a), que le permitió, mediante esquemas cognitivos y normativos, construir significativamente la realidad y dotar de sentido los eventos, las comunicaciones, interacciones y posiciones de los diferentes participantes en el conflicto. "A raíz de la programación que pasaban en el Canal 9", comenta Luz, pobladora de una colonia popular, "yo también me pude dar cuenta [de lo que pasaba]. Con tanta tarugada, yo me atontaba viendo telenovelas y programas que no valían la pena" (en Consorcio Parlamentario y Mal de Ojo TV, 2007). Gracias a que el espacio mediático se abrió a las imágenes y voces de la población movilizada, este rendimiento cognitivo hizo posible que estos medios coadyuvaran en la conformación de una *identificación emocional* con la APPO y a la *creencia y sentimiento* de la "unidad del pueblo". En efecto, al ver sus imágenes en las trasmisiones de *TV-APPO*, por ejemplo, mujeres y hombres se reconocían a sí mismos de manera positiva como "el pueblo" y cuestionaban la representación que de ellos hacen las televisoras públicas y privadas, de manera consuetudinaria, como meros objetos de información policiaca, de políticas de asistencia pública o de folclor, burla, denigración y discriminación. Una participante en aquellas trasmisiones televisivas rememora cómo eran criticadas por su aspecto sucio y desaliñado:

> nosotras les respondíamos que efectivamente [...] nos veíamos *chimecas* porque la lucha era de tiempo completo y que a veces ni siquiera nos daba tiempo de salir a comer, pero que finalmente nosotras estábamos en contra de los estereotipos, porque las mujeres oaxaqueñas no éramos el modelito que presentaba la televisión, sino que éramos otra realidad cultural y eso lo decíamos en el aire (citado en Zires, 2009: 176s.).

La expresión directa y sin censura de todo tipo de ideas y sentimientos a través de los canales radiofónico y televisivo producía efectos de catarsis tanto en el que exponía sus demandas, esperanzas y dolor personales como en el público. Muchos de los que se comunicaban con las radiodifusoras vivían, quizás por primera vez en su vida, la experiencia de que su opinión y sus sentimientos se escucharan y se les considerara valiosos e importantes.

La gente participaba mucho con sus llamadas. Decía, por ejemplo, "Ulises entró de manera ilegítima" o, refiriéndose a los antecedentes del conflicto, "quitó lo del parque El Llano y destruyó lo del zócalo". Hasta había gente que llevó a su hijo, quien había escrito un poema para declamarlo en vivo. Otros hacían canciones. Había mucha creatividad de la gente, mucha propuesta y mucho enojo. También había gente que se ponía a llorar allí y decía: "no es justo lo que está pasando" (Julia, 15 de abril de 2009).

Escuchar su voz en la radio o ver su imagen en la televisión significó para muchos un reconocimiento a su persona y dignidad. Todo ello generó fuertes lazos de identificación con la APPO y la Comuna de Oaxaca.

Con sus pintas, esténciles, carteles y murales, los colectivos de artistas urbanos o "grafiteros" cooperaron, por su parte, para reforzar esta identificación popular con la Asamblea. Muchas de sus obras eran una subversión irónica a la interpretación oficialista de la historia patria. En efecto, los colectivos reelaboraron sucesos históricos, personajes y toda suerte de figuras públicas, reales o ficticias (como la Revolución de 1910, Emiliano Zapata, Ricardo Flores Magón, el subcomandante Marcos, los macheteros de San Salvador Atenco, la virgen de Guadalupe, el Chapulín Colorado, etc.). Su intervención estética generaba profundidad y resonancias históricas de continuidad de las luchas populares pasadas con la oaxaqueña. Con ello se legitimaba la protesta actual y se le dotaba de un horizonte utópico colectivo. Por ejemplo, la iconografía tradicional de Benito Juárez fue modificada agregándole una boina a la "Che", lo que sugeriría que el héroe nacional de origen zapoteco sería, hoy día, un rebelde revolucionario que apoyaría la justicia de la lucha appista. Lo mismo se puede afirmar de la imagen intervenida de Emiliano Zapata que, en lugar del sombrero campesino de ala amplia, aparece con un peinado con pelos en pico a lo punk, con el cual se identifican fácilmente los jóvenes urbanos marginados, "anarcopunks", libertarios y revolucionarios.[7]

Al proceder de esta manera, los artistas de la Asamblea cuestionaron la administración oficialista de la historia nacional. De modo paradójico, la recontextualizaron precisamente al interior de la corriente interpretativa nacional-popular del Estado mexicano posrevolucionario, en la que el pueblo campesino y obrero es presentado como el protagonista de la conflagración de 1910 (y, en general, de toda etapa anterior y posterior a ésta) en pos de su liberación y justicia. Esta exégesis recuperaba el pasado borrado por el "Estado neoliberal" —al cual, tras la crisis del régimen político del último cuarto del siglo pasado, ya no le servía como base de legitimación—, y sugería que el agente de la "unidad del pueblo" era ahora la APPO misma.

En la Asamblea se elaboró el discurso del "pueblismo", en el que la inclusión y la igualdad radicales resultaban esenciales, como se percibe en los siguientes testimonios de dos maestras:

> [La APPO] era un movimiento popular amplio en el que no pusimos barreras ideológicas para aceptar o no aceptar a determinado grupo, ya que el [movimiento] era de todos y en [él] cabíamos todas las expresiones (Guadalupe García, 23 de junio de 2009).

> Algo que caracterizó a este proceso [...] es que todo el mundo se sintiera importante y que nos viéramos como iguales. Este movimiento no fue guiado y conducido precisamente por personajes o dirigentes (Carmen López, 23 de junio de 2009).

La noción de "pueblo" en este discurso postula la existencia de un sujeto colectivo en conflicto con otro con el fin de superar un sistema de dominación. Se trata de un sujeto que se piensa a sí mismo como agente del cambio social y político para materializar sus derechos y aspiraciones de justicia social. En las palabras de jóvenes barricaderos:

---

[7] Una selección de la obra gráfica de estos artistas se puede ver en Estrada Saavedra (2016a), en particular en la carpeta "gráfica" del DVD que acompaña al libro.

Yo tomo al pueblo, más que como un pueblo indio o indígena, como a todo aquel que sufre, que está olvidado, al que nunca lo toman en cuenta, al que pisotean sus derechos, es decir, lo que por derecho le corresponde y nunca le entregan (Cuauh, 18 de noviembre de 2009).

Para mí, ser pueblo significa identificarte con la otra persona, porque hay un sistema que nos oprime. Entonces somos pueblo porque somos los marginados, los pobres, los olvidados (Elías, 18 de noviembre de 2009).

Puedo decir que yo soy pueblo. Para expresarlo más filosóficamente con la ideología popular de José Alfredo Jiménez, diría: "Yo también soy hijo del pueblo, es un orgullo haber nacido en el barrio más humilde, alejado del bullicio". Entonces yo soy pueblo oprimido, pueblo que no tiene la oportunidad de poder superarse, porque no hay espacios para nosotros los marginados, los desterrados [...] Lo popular no tiene que ver con lo folclórico, pues el folclor ha sido utilizado por el Estado para enajenar. Nosotros no somos figuritas para estar adornando la Guelaguetza, a la que han convertido en algo comercial. Esto sí es folclor, pero no es lo popular (Tlahui, 18 de noviembre de 2009).

En resumen, ya fuera por medio de las transmisiones televisivas y radiofónicas, la protesta gráfica o los discursos sobre "el pueblismo", la APPO contestó la pretensión del Estado de representar, de manera exclusiva, al "pueblo mexicano". Se concibió a sí misma y se autoescenificó en el espacio público como "el pueblo auténtico" frente al gobierno-Estado usurpador de la identidad nacional y enemigo del proyecto histórico de liberación del "pueblo mexicano". La legitimidad de su postura, pensaban, se hallaba además en el hecho de que gran parte de los integrantes de la Asamblea eran descendientes directos de los "pueblos originarios" del país, que, en la mitología nacional-revolucionaria, son las "raíces de la identidad nacional".

La instauración de un "gobierno popular"

Gracias al control espacial sobre la ciudad y algunos municipios adyacentes, la APPO dislocó la continuidad de la dominación estatal. En su lugar, instauró la *Comuna de Oaxaca*, la cual puede ser entendida como un proceso colectivo —no centralmente planeado o controlado— en el que se ensayaron formas distintas de ordenar la sociedad y dar sentido a la política. La solidaridad, igualdad y pluralidad vividas y experimentadas cotidianamente entre los asambleístas configuraron la infraestructura del poder popular que se expresó, a lo largo del conflicto, en: *a)* el funcionamiento de las asambleas en el zócalo de Oaxaca y en los barrios en rebelión; *b)* la formación de cuerpos de vigilancia (Honorable Cuerpo de Topiles); *c)* las estrategias de autodefensa mediante barricadas; *d)* el ejercicio de la "justicia popular" para sancionar delincuentes, policías, provocadores políticos y a appistas inclusive; *e)* la discusión y elaboración de bandos de gobierno; *f)* la instauración de un sistema mediático de comunicación (conformado, principalmente, por *Radio Plantón, Radio Universidad* y *TV-APPO*), y *g)* la operación de un sistema de distribución de bienes colectivos (agua, alimentos, transporte, etc.). En resumen, la Comuna de Oaxaca cuestionó la pretensión estatal de "legitimizar lo ilegítimo": la "dominación" (Abrams, 1988).

LA DIVISIÓN ENTRE EL ESTADO Y LA SOCIEDAD

La constitución de las ciencias sociales como disciplinas científicas a lo largo del siglo XIX se ubica en el esfuerzo más general de conocer la realidad *objetivamente tal y como es* con base en pruebas empíricas. Hacia finales de ese siglo y hasta alrededor de 1945, el conocimiento científico del mundo sociohistórico se fue diferenciando en distintas disciplinas: historia, economía, sociología, ciencia política y antropología. Esta diferenciación interna implicó la construcción de objetos de estudio centrales y exclusivos para cada una de ellas: el pasado social, el mercado, la sociedad moderna, el Estado (o gobierno) y los pueblos y culturas no occidentales (cfr. Wallerstein, 1996 [2013]: 3-25).

En el caso particular de la ciencia política, su legitimidad institucional fue resultado de la separación analítica de la "sociedad" y la "política y el Estado (gobierno)".[8] Lo significativo de esta distinción consiste en que genera una entidad (el Estado) a la que se le presupone autonomía, unidad y coherencia interna. Gracias a ello puede ser observada en su comportamiento, adjudicársele autoría, voluntad, preferencias, intereses o poder y, en consecuencia, ubicar las causas últimas de los fenómenos políticos del lado izquierdo de la distinción Estado/sociedad (Abrams, 1988; Mitchell, 1991).

Esta distinción naturalizada opera como punto ciego en el sentido común de la gran mayoría de los científicos sociales, como se puede apreciar, por ejemplo, entre los que se han interesado en la APPO. En efecto, politólogos y sociólogos coinciden en abordar dicho conflicto básicamente como un enfrentamiento entre el Estado (gobierno oaxaqueño) y la sociedad (APPO) (cfr. Recondo, 2007 y 2009; Durazo Hermann, 2010; Yescas, 2006 y 2008; Eisenstadt, 2010 y s. f.; Martínez Vásquez, 2007; Bautista Martínez, 2010). Sin embargo, ¿pueden distinguirse con nitidez las partes en pugna? En esta última sección me interesa cuestionar, a la luz de los sucesos oaxaqueños, la idea de los límites *cuasi ontológicos* entre el Estado y la sociedad. Veamos.

La APPO se conformó por más de 300 organizaciones populares, sindicatos, agrupaciones, comunidades indígenas, ONG y colectivos de diferente signo político e ideológico provenientes de diversos sectores sociales y regiones de Oaxaca (Martínez Vásquez, 2007: 69ss.). La Sección XXII del SNTE fue la organización con mayor capacidad de movilización de contingentes en favor de la Asamblea. Es cierto que, a pesar de sus pretensiones, no dirigió ni controló a la APPO en su conjunto. No es menos verdadero que fue su actor colectivo central, y que un segmento significativo de los appistas la consideraba la "columna vertebral del movimiento".

La costumbre de ubicar el sindicato de maestros como parte de la "sociedad" proviene del hecho de ser considerado, al menos de principios de los años ochenta en adelante, un opositor al "régimen" local, cuando, en su lucha por autonomía sindical interna y representación

---

[8] Esta división tuvo su forma correspondiente en el marxismo en la distinción entre "Estado" y "sociedad civil". Para el marxismo, la cuestión realmente relevante consistió en averiguar qué tan independiente era el Estado (superestructura) de las clases sociales (estructura).

gremial auténtica en contra de la SNTE, conformó el Movimiento Democrático de los Trabajadores de la Educación de Oaxaca (MDTEO); se sumó, posteriormente, al movimiento magisterial disidente de la Coordinadora Nacional de Trabajadores de la Educación (CNTE) (Yescas y Zafra, 1984; Street, 1992; Foweraker, 1993; Cook, 1996), y, libre ya de las ataduras del corporativismo del SNTE, se transformó en uno de los participantes clave del "movimiento popular de Oaxaca" (Martínez Vásquez, 1990). Todo lo anterior es perfectamente cierto. Empero, no hay que obviar el hecho de que los docentes oaxaqueños son integrantes fundamentales de la burocracia del sistema educativo estatal. Su vinculación con esta burocracia va más allá de la mera relación laboral entre trabajadores (maestros) y patrón (gobierno). En efecto, a partir de la firma del Acuerdo Nacional para la Modernización de la Educación Básica (ANMEB) en mayo de 1992,[9] la Sección XXII se convirtió en el actor central *de jure* y *de facto* en la organización, toma de decisiones y operación del Instituto Estatal de Educación Pública de Oaxaca (IEEPO).

A la larga, la creciente influencia de la Sección XXII en todo lo concerniente a la política educativa estatal le ha permitido colonizar el IEEPO (Estrada Saavedra, 2014a). El cogobierno magisterial de la burocracia educativa ha supuesto, en los hechos, la concesión a su favor —incluso reglamentada— de posiciones de poder, decisión y veto en el sistema educativo oaxaqueño (véanse Muñoz Armenta, 2005: 228-235; Cortés, 2006: 74ss., y Hernández Ruiz, 2006: 111-118). Lo anterior no fue sino el reconocimiento de que la modernización educativa de principios de los noventa no era viable sin contar con el consenso de los maestros democráticos. De tal suerte que los

---

[9] Gracias a este acuerdo la educación pública básica se descentralizaría con el fin de que los gobiernos estatales asumieran la responsabilidad "en la conducción y operación del sistema de educación básica y de educación normal" en sus entidades respectivas (ANMEB, 1992: 9). "Esta reorganización significó la transferencia del gobierno federal a los gobiernos de los estados de 700 mil empleados (513 974 plazas docentes, 116 054 puestos administrativos y 3 954 000 horas-salarios); 1.8 millones de alumnos de prescolar, 9.2 millones de primaria y 2.4 millones de secundaria, y alrededor de 100 mil bienes inmuebles y 22 millones de bienes muebles" (Arnaut, 1997: 287).

principales funcionarios de educación (exceptuando, por supuesto, los de la dirección general), pasando por los supervisores, jefes de zona y sector, directores y subdirectores, son nombrados por el mismo sindicato mediante asambleas generales de cada nivel y modalidad educativos.

Quizás puede argüirse que, por su función fundamental en las tareas educativas públicas, el magisterio oaxaqueño no es un ejemplo adecuado para cuestionar la validez de una distinción clave en las ciencias sociales. A continuación me ocupo de unos candidatos tal vez más difíciles de ubicar al interior de los linderos estatales que los maestros, a saber, las organizaciones populares de masas que también se integraron a la APPO.

Como en muchos lugares en México, en Oaxaca la constitución y movilización históricas de las organizaciones populares de masas han tenido lugar, en sus diferentes regiones, en condiciones estructurales de pobreza y marginación, carencia, escasez o deplorable calidad de servicios públicos y sociales (equipamiento urbano y rural, educación, salud), discriminación y exclusión culturales de la población indígena, violencia de género, migración del campo a la ciudad o al extranjero, precariedad laboral, incapacidad permanente de generación de empleos suficientes y diversificados para la integración de la población al mercado, disputas por la propiedad de la tierra y recursos naturales, existencia de un régimen político autoritario, clientelar, corrupto e ineficiente, falta de competencia auténtica entre partidos políticos, exigua representación política de los diferentes grupos sociales, ausencia del imperio de la ley y división real y efectiva de los poderes constitucionales, negación sistemática de derechos sociales y políticos, violación de los derechos humanos, inseguridad pública, etc. Desde la perspectiva de observación de estas organizaciones, el origen de todos estos problemas es de naturaleza política. En consecuencia, orientan sus protestas y demandas a la autoridad pública para verlas resueltas, porque entienden que lo que está en juego es el respeto y el goce de sus derechos. En palabras de un líder local: "Pero las soluciones son siempre políticas, porque los problemas han sido siempre políticos. Son [demandas] contra el poder de los cacicazgos y del mismo gobierno, [en contra de las] imposiciones y la impunidad [...]

[Se trata de] que se haga justicia y se respeten los derechos de la gente" (entrevista con Alejandro Cruz, OIDHO, 18 de noviembre de 2009).

Debido a la operación sesgada, clientelar, excluyente y autoritaria de las instituciones del sistema político oaxaqueño, uno de los modos típicos de la población para expresar sus demandas y ver representados sus intereses consiste en constituir o sumarse a organizaciones populares de masas. Mediante marchas, plantones, cierre de vialidades, toma de oficinas públicas, retención de funcionarios, intervenciones en los medios de comunicación, campañas de difusión de sus agravios y reclamos en el espacio público o el establecimiento de coaliciones con otros actores sociales y políticos, aquéllas ejercen presión sobre el gobierno con el objetivo de ser reconocidas como actores colectivos legítimos con los que se ha de entablar una relación. "A nivel estatal", reflexiona un dirigente al respecto, "somos un mundo pequeñito de todo el conjunto del pueblo, pero *estamos organizados*. Ésta es la diferencia. O sea, [si] hay organización, hay poder; [si] no hay organización, no hay beneficios" (entrevista con Gervacio García, FALP, 17 de abril de 2009). Lo anterior supone, por un lado, una movilización continua y, por el otro, mantener cierta presencia (en ocasiones de manera solidaria) allí donde hay conflictos y protestas sociales con el fin de aumentar las probabilidades de hacerse de mayores recursos públicos para ver satisfechas sus demandas por medio de la presión y la negociación políticas. Desde el punto de vista de las dirigencias, la gestión de bienes públicos define su "programa mínimo" de lucha, como lo denomina un líder, mientras que el "programa máximo" abarca los fines últimos de la lucha social y política, como la democratización del régimen, la superación de la desigualdad y la injusticia en Oaxaca o la instauración del socialismo (entrevista con Florentino López, FPR, 18 de marzo de 2010).

De acuerdo con todo lo anterior, las organizaciones populares de masas bien pueden considerarse como antagonistas (incluso radicales) del Estado. Paradójicamente, con sus movilizaciones y protestas asumen *funciones latentes* para la reproducción de la dominación. En primer lugar, son el medio de vinculación de ciertos segmentos de la población con el sistema político mediante la representación corporativa de sus intereses. Allí donde los partidos políticos no logran crear clivajes o las autoridades públicas no son capaces de resolver los problemas sociales que motivan agravios y protestas de los ciudadanos, las organizaciones populares asumen esta tarea e ingresan estas demandas sociales en el circuito político-institucional por medio del conflicto. Y bajo las condiciones estructurales y de operación del sistema político local, en segundo término, estas organizaciones fungen como un *subsistema del gobierno de las necesidades de los pobres* (Hurtado Arroba, 2014) justo a través de su inclusión controlada al sistema político. De tal suerte, descargan a este último de asumir sus responsabilidades de gobierno en el marco de un pleno respeto de un Estado de derecho democrático —inexistente en Oaxaca. Las funciones latentes realizadas por este tipo de organizaciones en los procesos de inclusión y control del sistema político oaxaqueño permiten cuestionar, precisamente, la existencia de límites inequívocos entre Estado y sociedad.

Con lo anterior no estoy afirmando que la APPO (o, en su caso, el magisterio o las organizaciones populares) haya sido parte del Estado, estuviera corporativizada de alguna manera por el PRI o haya estado controlada por el leviatán mexicano. Es obvio que no es el caso. Lo que arguyo, más bien, es que asumir de manera ingenua la supuesta división Estado/sociedad no permite dar cuenta de la conformación y operación real de las múltiples burocracias estatales con sus distintos agentes con intereses, en ocasiones opuestos entre sí (como en el caso de la burocracia educativa que aquí esbocé), ya que, al tratar "en bloque" al Estado, se le representa como unitario y coherente en vista de sus relaciones y modos de lidiar con la sociedad. Tampoco nos ayuda entender los procesos complejos, contingentes y contradictorios en la constitución de un actor colectivo contestatario —como la APPO. Finalmente, obstaculiza el análisis y la explicación de efectos inesperados del conflicto. Pero aún hay más. Este presupuesto induce a aceptar la idea equivocada de que por cada ámbito de la realidad generado con la distinción Estado/sociedad le corresponde a sus portadores una racionalidad propia y una exclusiva —como la instrumental o la orientada de acuerdo con valores, respectivamente—, las cuales, por ser incompatibles en tanto que una expresaría la voluntad de dominio y la otra de liberación, se enfrentan entre sí indefectiblemente. Para la lucha política tiene mucho sentido presentar las pugnas como una oposición fundamental entre el autoritarismo y la democracia. El científico social ha de cuestionar, en cambio, por qué los actores (estatales o sociales) trazan una distinción de este tipo; cómo es mantenida material y simbólicamente en el tiempo y el espacio; quién se beneficia de imponer una frontera así entre Estado y sociedad, o qué efectos resultan de tratar de recorrer más allá o más acá el límite entre lo público y lo privado, lo legal e ilegal y, por supuesto, el contenido concreto que llenaría uno de los dos lados de la distinción en forma de personas, actividades, objetos, instituciones, facultades u obligaciones, por ejemplo (Mitchell, 1991).

CONCLUSIONES

En este capítulo he presentado cómo se constituyó y movilizó la APPO para disputar al Estado, en su expresión oaxaqueña, el derecho soberano de ordenar a la sociedad. Como vimos, neutralizó su aparato represivo e introdujo un sistema de seguridad propio, poniendo en entredicho el monopolio estatal de la violencia. Asimismo, los asambleístas impidieron las actividades de los poderes ejecutivo, legislativo y judicial locales, dislocando las rutinas burocráticas que permiten el ejercicio y la aceptación cotidianos de la dominación. Con el levantamiento de barricadas a lo largo y lo ancho de la ciudad, los insurrectos se apoderaron del control espacial urbano y anularon la pretensión estatal de imponer su soberanía a la población en este territorio. La impugnación de la dominación local no se llevó a cabo sólo materialmente. Gracias al uso estratégico de los medios de difusión y la elaboración de la "protesta simbólica" (Estrada Saavedra, 2015a: 298ss.) de la obra de los colectivos de artistas, los appistas cuestionaron además la prerrogativa estatal de representación simbólica de la unidad nacional al construir un poderoso contradiscurso ("el pueblismo") que permitió la autoidentificación cognitiva, emocional y normativa de los movilizados como "*el* pueblo". Todo lo anterior confluyó en la instauración de una comuna popular que asumió funciones gubernamentales básicas y, con ello, mostró elocuentemente su intención y capacidad de crear un orden social alternativo al existente en Oaxaca.

Como dispositivos analítico-metodológicos, los conflictos tienen la virtud de permitirnos apreciar la naturaleza radicalmente construida de lo social. Lo que para el sentido común de los actores sociales se antoja inmutable *por ser una venerable tradición* o bien se considera fatal e irremediable porque *siempre ha sido así* es, en realidad, un producto lento de sedimentaciones de sentidos, creencias, convenciones, prácticas y relaciones que han adquirido la apariencia de lo imperturbable y necesario —apariencia de la que abrevan su prestigio, autoridad y fuerza. En la tercera parte de este capítulo me he ocupado de una distinción fundamental para el establecimiento de una disciplina y el encuadramiento de un conjunto de fenómenos, a saber: la forma Estado/sociedad. En particular espero haber demostrado lo simplificador que puede resultar observar la realidad de acuerdo con este esquema sin cuestionar su validez y alcance, asumiendo, de modo ingenuo, el conjunto de supuestos analíticos y normativos que lo acompañan. Al analizar la posición estructural de la Sección XXII al interior de la burocracia educativa oaxaqueña, por un lado, y las "funciones latentes" que cumplen las organizaciones populares de masas para el subsistema del gobierno de las necesidades de los pobres, por el otro, no he afirmado que no existe diferencia alguna entre el Estado y la sociedad, sino que sus fronteras son más bien inestables y, sobre todo, disputadas tanto por actores y grupos sociales "externos" como por los mismos agentes estatales "internos" (véase Mujica, 2011, para un estupendo ejemplo sobre la burocracia judicial peruana; cfr. también Buchely, Londoño, Castillo y Loaiza, 2015). Por esta razón, conviene estudiar los procesos históricos mediante los cuales se produce esta distinción incierta, pero poderosa. Así habría que partir de la hipótesis de que el límite del Estado (en cuyo interior se encuentra el sistema político) no marca nunca una "exterioridad real" que lo distinga objetivamente de la sociedad (Mitchell, 1991: 90), sino que se trata de un confín trazado internamente por los mecanismos institucionales, gracias a los cuales un cierto orden político y social es mantenido y reproducido (Estrada Saavedra, 2014b y 2015b). Y si bien estos márgenes se caracterizan por ser "borrosos y elusivos", no son, sin embargo, una "mera ilusión", ya que gracias a su delineación se logra establecer y acumular poder y se producen determinados efectos (Mitchell, 1991: 94).

Por último, sería equivocado y empobrecedor explicar el complejo conflicto oaxaqueño como el resultado de la existencia de un Estado "débil", "corrupto", "ineficiente" o, incluso, "fracasado" por su supuesta incapacidad para imponer su soberanía. Esta elucidación sería satisfactoria sólo si uno acepta como *universalmente* válido el concepto del Estado como una asociación que monopoliza el uso legítimo de la violencia. Lo que Max Weber elaboró cuidadosamente como un "tipo ideal", muchos de sus epígonos lo han elevado a un *ideal normativo*. "Mientras la *idea* que se tiene del Estado sea uniforme y constante, la variación de los estados, incluso el fracaso de algunos, sólo puede expresarse en términos de desviación estándar" (Migdal, 2011: 33). En otras palabras, *existe una pluralidad de estados,* y no *el* Estado. Con todo derecho y por buenas razones, el ciudadano y el filósofo político pueden y deben ocuparse de lo que *debería ser* el Estado. Al científico social le incumbe, sobre todo, la tarea de describir y explicar los estados *tal y como son*. En sus indagaciones se dará cuenta de que son el resultado cotidiano, contingente y disputado de múltiples conflictos históricos en torno a la dominación.

3
LA MANUFACTURA DE LOS MAYAS.
LOS ORÍGENES DE UNA EPISTEMOLOGÍA POLÍTICA DEL PRESENTE[1]

José Luis Escalona Victoria

PRESENTACIÓN

Entre los años 2000 y 2003, durante una temporada de trabajo de campo en un pueblo ubicado en la frontera entre México y Guatemala,[2] tuve diversos encuentros con lo que podría llamar una *inconsistencia en el relato histórico sobre los mayas*. A pesar de estar ubicados junto a algo que podríamos llamar un "sitio arqueológico", los habitantes de esta localidad no parecían replicar lo que se puede leer en libros de texto escolares o en guías turísticas acerca de las personas que habitaron estas tierras siglos atrás, narrativas que son parte del imaginario del Estado nacional mexicano (de sus orígenes históricos) y que se expresan en formatos de una epistemología global que divide territorios y poblaciones por "culturas" y "civilizaciones".

Se trata de una localidad pequeña del municipio de Las Margaritas, en Chiapas, habitada por poco más de mil personas hablantes de español como segunda lengua pero sobre todo de una lengua que los expertos llaman tojolabal,[3] usada en varias localidades de este muni-

---

[1] Texto basado en la ponencia "La invención de los mayas. Estado, nación, etnicidad y geopolítica en México", presentada en el coloquio *Interacciones, disputas y conflictos entre el Estado y la sociedad en América Latina*, Instituto Latinoamericano de la Universidad Libre de Berlín, 18 y 19 de enero de 2016.

[2] Es una población fronteriza. Muchos comerciantes y algunos migrantes llegan desde los pueblos de la región conocida como los Cuchumatanes, una serranía en el centro norte de Guatemala; además, cada año se realiza una peregrinación al pueblo de San Mateo Ixtatán a la que acuden habitantes de esa región y de poblaciones de la frontera del lado mexicano.

[3] Esta denominación apareció apenas en el siglo XX. El antecedente más antiguo

cipio y de los aledaños de Comitán, La Independencia y Altamirano. Los vecinos de este lugar son agricultores cuyos padres y abuelos obtuvieron parcelas y terrenos en común durante los años treinta y cuarenta por vía de reparto o dotación ejidal (por la reforma agraria en el México del siglo XX), con tierras expropiadas a una propiedad privada, una finca o hacienda llamada San Mateo, donde los ancestros de estos y otros campesinos de la región habían trabajado como peones (Escalona, 2009). Al lado de un valle amplio por el que baja hacia el sur un río llamado Kabastik, en la orilla sur del pueblo de no más de 10 calles a lo ancho y largo, hay una colina que a simple vista parece una más de las lomas que se extienden hacia el norte. Esa colina y sus alrededores son restos de una edificación antigua, con paredes inclinadas de piedra, un patio en la parte alta y algunas columnas altas y pulidas ahora colapsadas. Todo está lleno de árboles y arbustos, y se ven distintos lugares donde se han hecho excavaciones para extraer objetos ignotos.

Algunos vecinos de este sitio, con quienes conversé durante mi estancia, tenían relatos diversos y, a veces, confrontados sobre ese lugar. Hablaban, por ejemplo, de los *pokowinik*, hombres antiguos, a quienes se atribuía haber construido y habitado esos lugares. El sitio era llamado *Najlem*, es decir, "casa del lem" —un gusano que come las plantas de frijol—. Cuando pedí que me llevaran a conocer el lugar me advirtieron que debía ir con un perro y botas, porque allí había serpientes; supuestamente, nadie entraba ni sembraba ni colectaba madera en ese lugar. No obstante, había excavaciones (quizá de buscadores de tesoros, decían algunos) y, además, un altar sobre el camino de entrada, a media altura de la colina, en el que la gente depositaba velas y flores en ciertas ocasiones. Asimismo, algunos entraban para extraer piedras, como una especialmente redonda que había en un patio, o una loza que servía de escalón en una casa (y que por la noche, con luz perpendicular, dejaba ver un rostro en relieve apenas esbozado). También recordaban que muchas piedras del patio de la finca habían sido bajadas de esa colina, hace poco menos de 100 años,

---

de esta lengua era conocido a fines del siglo XVII como *chañabal*, según se consigna en un confesionario (Ruz, 1983).

para hacer un corral que servía en temporada de estiaje para el ganado del patrón de la finca. Actualmente también llevan allí su ganado algunos campesinos del pueblo que invadieron lo que quedaba de la finca después del levantamiento zapatista de 1994.[4]

Lo que quiero destacar es que los relatos de estas personas no corresponden con las narrativas disponibles en los libros de arqueología e historia de la zona, que hablan en general de la "cultura" o "civilización" maya. Se podría pensar que eso es una peculiaridad de esta población.[5] Sin embargo, esta discontinuidad o inconsistencia parece frecuente en las investigaciones realizadas entre estos y otros pueblos vecinos de Chiapas, Yucatán y Guatemala. Por ejemplo, la introducción del libro *1491*, del científico y divulgador de la ciencia Charles C. Mann, contiene una interesante experiencia ocurrida durante una visita a Kalakmul en los años ochenta (cuando apenas se reconstruía el sitio para el estudio y el turismo):

> Nos acompañaba Juan de la Cruz Briceño, también maya, encargado de cuidar otra ruina de menor tamaño. Juan había dedicado veinte años de su vida a ejercer de *chiclero*, es decir, a recorrer la jungla durante semanas interminables en busca de los árboles del chicle, cuya resina gomosa, que los indios han sacado y han masticado durante milenios, se convirtió en el siglo XIX en el punto de partida de la industria de la goma de mascar. Una noche, en torno a una fogata de campamento, nos estuvo hablando de las antiguas ciudades con las que había tropezado en sus recorridos por la selva, envueltas por las enredaderas y ocultas por la vegetación, y nos

---

[4] En 1994 ocurrió el levantamiento de una guerrilla conocida como Ejército Zapatista de Liberación Nacional, que involucró a poblaciones del centro y el este de Chiapas, incluyendo la región aquí aludida. La batalla duró pocos días, pero las consecuencias aún se pueden ver en organizaciones políticas y sociales en la región y en la ocupación de las últimas tierras que quedaban de las antiguas fincas, que ya se habían distribuido en gran medida durante el reparto agrario del siglo XX (para más detalles, véanse Estrada Saavedra, 2007, y Estrada Saavedra y Viqueira, 2010).

[5] De hecho, según algunos historiadores, arqueólogos y lingüistas, los tojolabales actuales no necesariamente tienen conexión con los sitios arqueológicos reconstruidos en la zona, pues los hablantes de estas lenguas parecen haber llegado a la región después del abandono de esos lugares; no hay restos de escritura en los sitios y no hay registro de hablantes de estas lenguas sino desde mediados del siglo XVII (Ruz, 1983).

refirió a su asombro al enterarse por algunos científicos de que aquellas ciudades las habían construido sus antepasados (Mann, 2006: 11-12).

En otro texto donde se analizan comparativamente materiales arqueológicos y etnográficos, un equipo de conocidos expertos ofreció una síntesis del *cosmos maya*, una visión del mundo que ha perdurado durante milenios (Freidel, Shele y Parker, 1993). No obstante, en un capítulo final relatan cómo en un paseo por el sitio de Chichen Itzá con maestros "mayas" actuales éstos preferían tomarse fotos, hacer turismo, y no mostraban el mismo interés que el arqueólogo por las conexiones entre la tesis del libro sobre el cosmos maya y el espacio y las piedras alrededor. Por su parte, Eiss (2008) señala en una introducción de trabajos históricos y etnográficos que ninguna persona de los pueblos presentados en esos trabajos se consideraba maya, aunque todos quedaban dentro del área a la que los expertos le dan ese adjetivo. Dice:

> Individual y colectivamente, los autores estamos bien conscientes de las dificultades de adoptar "Los Mayas" como categoría. Mientras que el término *maya* ha ganado importancia en los años recientes en los movimientos pan-Maya de Guatemala y México (Fischer y Brown, 1996; Warren, 1998), muchos miembros de los grupos contemporáneos en cuestión no usan ese término para referirse a sí mismos. En periodos previos, el término es incluso más problemático, de uso extremadamente raro entre aquellos que se refieren a la lengua que hablan como "maya" (Restall, 2004; Sullivan, 2000). Más aún, hay una gran diversidad en el uso de descriptores étnicos, incluso dentro de regiones particulares con muchos hablantes de maya yucateco contemporáneo que rechazan por ejemplo la etiqueta de "indígenas" (Castañeda, 2004) (Eiss, 2008: 503-504; traducción mía).[6]

Esta frecuente constatación de la inconsistencia entre diversas variantes de la narrativa maestra sobre "Los Mayas", por un lado, y los

---

[6] Véase también una discusión al respecto en el programa de Radio 4 de la BBC de Londres transmitido el 10 de marzo de 2016 (disponible en http://www.bbc.co.uk/programmes/b072n5x3).

relatos locales sobre poblaciones y sus lenguas, sobre piedras, objetos y lugares, o incluso el desinterés en ellos, por otro, habla de algo significativo acerca de nuestras ideas sobre civilizaciones y culturas (y sobre la producción de una epistemología del presente). Estas experiencias nos dicen que los relatos sobre civilizaciones americanas antiguas no provienen de las antiguas selvas, montañas o islas donde queremos ubicarlas; en cambio, son producto de un trabajo intelectual ubicado en otros sitios y de manufactura más reciente, vinculado con tecnologías y formatos que han dado origen a los marcos epistemológicos dentro de los cuales se disputa y se reelabora el orden mundial desde hace 200 años (dentro de procesos culturales de dimensión transnacional, intelectual y política con los que se producen orden, autoridad y dominación, en términos de Agudo y Estrada —en la introducción a este libro). La producción de narrativas históricas es parte de la producción contemporánea de *población* y *territorio*, elementos que han acompañado a la formación del Estado (Sharma y Gupta, 2006) y la nación (Anderson, 1991). Así, *la manufactura de "Los Mayas"* a mediados del siglo XIX forma parte de un proceso de cambio epistemológico global, de una reordenación disputada del mundo que ha dado vida a mercados, estados, naciones y etnias en los dos siglos recientes.

CASAS DE PIEDRA EN EL TRÓPICO

En 1841, en la ciudad de Nueva York (cuando iniciaba una historia de expansión comercial, financiera e intelectual que influyó fuertemente a todo el mundo, y que sigue vigente) se publicó un relato de viajes que se volvió muy popular. Quizá lo fascinante era que el libro presentaba *por primera vez, en un formato de amplia difusión, escrito e ilustrado, un relato sobre una antigua civilización descubierta en América* (hasta entonces desconocida para un amplio público).[7] Se trata de los relatos de viaje de John Lloyd Stephens con ilustraciones de

---

[7] Como lo señala Anderson, el capitalismo de imprenta tuvo una amplia significación en la historia de las comunidades imaginadas, es decir, de las naciones, al sentar las bases de una transformación cultural del sentido del tiempo (Anderson,

Frederic Catherwood publicados bajo el título de *Incidents of Travel in Central America, Chiapas, and Yucatan* (Incidentes de viaje en Centroamérica, Chiapas y Yucatán). El libro fue un éxito en ventas, ha merecido desde entonces varias ediciones y traducciones (y alteraciones), y fue leído por muchos (quizá todos) los exploradores, historiadores, epigrafistas y arqueólogos que estudiaron los sitios y poblaciones de esa región en los años siguientes.

La obra describe los encuentros (en 1839 y 1840) de los dos viajeros con los restos de distintas ciudades antiguas cubiertas por la selva: edificaciones y esculturas en piedra ubicadas en una amplia región que iba desde la frontera, aún no muy clara, entre Honduras y Guatemala, pasando por Chiapas y llegando hasta la península de Yucatán. Durante su viaje, Stephens y Catherwood visitaron varios de esos sitios; además, Catherwood hizo dibujos de los monumentos, incluyendo esculturas de los "ídolos" y de la "escritura" en relieve. Aunque algunos de los sitios que visitaba ya eran conocidos por otros viajeros y por los habitantes de los alrededores,[8] muchos otros no habían sido explorados antes (como, al parecer, era el caso de Copán, en Honduras). En esa época, la literatura disponible sobre la región era relativamente escasa. Se habían publicado algunos informes de viajeros, por ejemplo, sobre Palenque, una ciudad antigua que permanecía oculta en la selva

---

1991). Esta transformación cultural es parte de lo que aquí llamo *epistemología del presente*.

[8] Varios sitios en la península de Yucatán, habitados a la llegada de los españoles, eran muy conocidos. Otros sitios fuera de la península sólo habían sido registrados por algunos viajeros recientes, como unas ruinas cerca del pueblo de Palenque, ubicado en la ruta entre Tabasco y Campeche, al norte, y Chiapas y el Petén, al sur. El propio Stephens habla de indicadores sobre las piedras dejados por viajeros anteriores, entre ellos "el capitán Caddy y mister Walker [de Belice]; y uno era de un paisano, Noah O. Platt de Nueva York. Él había salido para Tabasco como sobrecargo de un buque, ascendido uno de los ríos en busca de palo de Campeche, y mientras cargaban su barco visitó las ruinas. *Su relato de ellas me había dado un gran deseo de visitarlas mucho antes de que se presentara la oportunidad de hacerlo*" (De Vos, 2003: 74; cursivas mías). También había oído hablar de un irlandés que llegó enviado a comerciar desde Tabasco y terminó estableciéndose entre los indios caribes, hasta que fue asesinado y sus notas destruidas (De Vos, 2003: 74-75). Además, existían viajeros y enviados de gobiernos europeos, como Dupaix (1834) y Waldeck (1838).

y que recibió ese nombre por estar cerca de un pueblo colonial llamado Santo Domingo Palenque. Stephens leyó algunos de esos informes y escuchó en Nueva York a un viajero que había visitado el lugar. A pesar del abandono, se trataba de uno de los sitios más conocidos del área.

A finales del siglo XVIII la Capitanía General de Guatemala envió algunos visitadores oficiales al sitio para levantar reportes. En 1784 José Antonio Calderón (alcalde del pueblo de Palenque) entregó su informe sobre lo que la gente conocía como "casa de piedra" y dejó sugerido que quizá los constructores eran romanos o cartaginenses, sin atreverse a decir más al respecto (Poblett, 1999: 21). Un año después llegó el arquitecto Antonio Bernasconi para hacer un informe breve sobre la ciudad y su valor artístico y arquitectónico, quien no discutió sobre el origen de los constructores (Poblett, 1999: 27-30). Por esos mismos años el cura de Palenque, Manuel José Calderón, hizo una serie de visitas a los indios habitantes de la selva en la parte sur de Palenque, más allá del río Chacamax, de las que informó al gobernador de la intendencia de Chiapas. Su propósito fue establecer contacto con estos indios ("gentiles",[9] "caribes" o "lacandones") y, tras bautizarlos, formar con ellos un pueblo cristiano. Escuchó de su presencia cercana por un muchacho (Santiago de la Cruz) que los había encontrado en un primer acercamiento y los convenció de encontrarse con el cura y escucharlo —Santiago conversó con ellos en lengua chol, que era semejante a la de esos indios. El padre hizo una primera visita y luego otra con otro indio de Palenque, Francisco Rojas, el ya mencionado Cruz y "un intérprete" (1786). La idea era levantar un pueblo y bautizar a todos los gentiles. En 1793 el cura hizo una nueva visita, esta vez a una zona de mayor población de lacandones; los acarició, les dio "naguas, mantas, petates, listones, corales, abalorios, y a su gusto les trabajase hachas, machetes, cuchillos y todo lo que quisiesen" (De Vos, 2003: 47), y les habló de su propósito de levantar un pueblo y bautizarlos. Se quedó entre ellos, un poco más de 100, y levantó con su ayuda la iglesia; de esta manera fundó el pueblo de San José de Gracia Real. Sobre esta reducción de los indios lacandones

---

[9] Es decir, no cristianizados ni bautizados.

escribió también el inspector José Farrera, otro enviado del intendente Agustín de las Quentas Zayas, en 1793. El informe dice que Farrera se les había acercado, les acarició y, de igual manera, les dio regalos (De Vos, 2003: 51). Confirmó, además, la fundación del pueblo y la reducción de los indios lacandones, aproximadamente 103 gentiles; al mismo tiempo recomendaba seguir esta empresa con más apoyo incluyendo un traductor "que supiese la *lengua maya* que ellos hablan" (cursivas mías), al tiempo que se aseguraba de que no había más riesgo de atravesar esa provincia para comercio por haber sido pacificada (De Vos, 2003: 51). Sin embargo, al retirarse el cura el pueblo fue abandonado y el trabajo misionero terminó. Finalmente, en este informe se habla de una "nación lacandona" (De Vos, 2003: 51). Antonio del Río (capitán de artillería), quien viajaba desde Guatemala, levantó un informe en 1787 por órdenes del rey Carlos III de España; pero fue publicado hasta 1822.[10] En éste decía que esas ruinas tenían cierto parecido con otras cercanas a Ocosingo (al sur de Palenque) y que reflejaban ciertos rasgos de idolatrías semejantes a pueblos como los fenicios, griegos y romanos.[11]

Después del desmembramiento del reino español en América hubo otros viajeros haciendo informes, enviados por los gobiernos emergentes. En 1826 José María Esquinca, agrimensor, fue enviado por el gobierno de Chiapas con tres personas más, entre ellos José Ignacio Sosa, quien sirvió de interprete con los lacandones. La expedición buscaba encontrar rutas navegables para el comercio y la extrac-

[10] "El interés por las antigüedades americanas que cundió en Europa hacia el final del siglo XVIII y principios de la siguiente centuria hizo posible la publicación en 1822 del manuscrito de Del Río. Este hecho a su vez potenció el interés por Palenque, ya que los magníficos dibujos de Armendáriz [un dibujante que acompañó a Del Río y levantó imágenes de algunos relieves] expusieron la belleza y originalidad de la zona y la colocaron al nivel de las ciudades del antiguo Egipto" (Poblett, 1999: 32).

[11] "Y si atendemos con debida reflexión a todos los asuntos que nos presentan sus bajorrelieves, es necesario publicar la ceguedad en que vivieron estos antiguos pobladores que en sus fabulosas supersticiones parece vemos retratada la idolatría de los fenicios, griegos, romanos y otros. Y por tanto es de recelar que alguna de estas naciones adelantara sus conquistas hasta este país, en el cual se conoce no permanecían más tiempo que el que bastó a estas gentes indias para retratar sus ideas y tomar un rudo y tosco estilo de las artes que les querían enseñar" (Poblett, 1999: 42).

ción de madera entre los ríos Jataté y Usumacinta (que efectivamente se conectaban, pero que, como descubrieron los exploradores, no eran navegables en todo su trayecto ni en su conexión). A su paso visitaron las ruinas cercanas a Palenque, y el agrimensor concluyó en su informe: "Su construcción, macisés, opulencia, figuras de medio relieve y demás fragmentos que allí se observan, indican la magnificencia de aquellos edificios que deben conservarse en *la historia de la nación* como unos de los primeros en su clase y en convincente prueba de lo que en aquel tiempo fue esta gran porción predilecta del universo" (De Vos, 2003: 54). Por otro lado, en sus notas también habla de los lacandones, a quienes iba encontrando en el área contigua aunque no cercana, viviendo en familias dispersas (a veces temerosas unas de otras), con espacios en cada casa para sus "ídolos"; también él les dio obsequios de listones y abalorios (De Vos, 2003: 56).

Stephens escuchó acerca de algunas de estas expediciones previas en su camino al sitio; en 1840, en las ruinas de la ciudad antigua se instaló con Catherwood y otro acompañante en un edificio conocido como "el Palacio" (por lo menos así era llamado por los indios guías y porteadores contratados en Palenque); los cargadores prefirieron montar su campamento fuera del recinto. Sus notas, que relatan los encuentros con estas piedras trabajadas por antiguos escultores, han sido publicadas ampliamente. Pero aún no sabía quiénes habían sido ellos ni cómo llamarlos.

¿UNA CIVILIZACIÓN NUEVA?

Tiempo después, en Yucatán, Stephens entró en contacto con otro de los fragmentos que hacían falta en su viaje y que le permitieron plantear nuevas propuestas sobre las conexiones entre las ciudades abandonadas y los habitantes de la región. Se trata de su encuentro con algunos textos escritos en una lengua conocida como "maya", que además era hablada en partes de la península de Yucatán. El hecho de que el estilo de las esculturas y de las construcciones presentara ciertas semejanzas en toda el área, desde Honduras hasta Yucatán, hacía pensar a Stephens en una posible continuidad de estilo entre estas ciudades —aunque también sugirió que habría parecidos con la escritura, y por consiguiente en la lengua, encontrada en el centro de México (Stephens y Catherwood, 1969 [1841]). Pero le interesó la lengua maya como idioma vivo y por su presencia en unos documentos antiguos encontrados en el pueblo de Mani, pues era posible que esos idiomas estuvieran conectados con la escritura antigua impresa en las piedras —aunque no había nadie que pudiera leerlas— (Stephens y Catherwood, 1996 [1843]). En otras partes de su libro, Stephens cuestiona la idea de que los constructores de esas ciudades pudieran haber venido de la India, Egipto, Cartago, Roma o Grecia, como se argumentaba en algunos textos de esa época y desde décadas atrás.

Desde antes de las independencias de Estados Unidos, México y Centroamérica, existía un debate intelectual sobre los pueblos de la América antigua, en especial en el contexto de las disputas sobre los derechos de las metrópolis coloniales sobre los territorios americanos. Algunos intelectuales exploraban la posibilidad de que los habitantes americanos antiguos pudieran haber sido descendientes de una de las tribus de Israel (usando la Biblia como fuente histórica) (Cañizares, 2007).[12] En 1838, poco antes de la publicación de Stephens y Catherwood, Jean-Frédéric Maximilien de Waldeck (1766?-1875) publicó en París su libro de viajes por Yucatán, *Voyage pittoresque et archéologique dans la province d'Yucatan pendant les années 1834 et 1836*, con imágenes que él mismo dibujó de las esculturas y relieves, y que tienen una estética que hacía asemejar el estilo de las antigüedades de la región con las del antiguo Egipto (Evans, 2004: 38)[13] o estilo hindú (Poblett, 1999: 81). Algunos exploradores posteriores a Stephens y Catherwood, como Désiré de Charnay y Augustos le Plongeon (y su esposa Alice Dixon), crearon narrativas históricas muy peculiares sobre estos pueblos —que contrastan con lo que después sería la narrativa maestra de los mayas. Désiré de Charnay sostenía que los constructores de estas ciudades eran descendientes de los

---

[12] Agradezco a Aaron Pollack y a Arturo Taracena el haberme acercado a la literatura sobre la manufactura de esta historia en el periodo de la Ilustración, así como a la presencia de los alemanes en el estudio de las lenguas en Guatemala.

[13] Incluso en la reproducción de un glifo hizo una representación de algo parecido a un elefante (Evans, 2004: 40).

toltecas y que ésos a su vez provenían de una antigua migración aria, distinta a las poblaciones de la región en el siglo XIX. En cambio, Le Plongeon y Dixon sugirieron que esta civilización de Centroamérica era una de las civilizaciones originales del mundo, fuente de muchas otras —y que ellos mismos eran descendientes de los gobernantes de ese antiguo reino llamado Móo (Evans, 2004: 4-5).[14]

En cambio, Stephens proponía que se trataba de civilizaciones netamente americanas y, también, que posiblemente había un vínculo entre los antiguos constructores de esas ciudades y los habitantes contemporáneos de esa región. Por eso es que varios recuentos históricos del "descubrimiento" y "desciframiento" de los mayas proponen que Stephens y Catherwood fueron los iniciadores de la arqueología y epigrafía mayas, y los primeros en la era moderna que vincularon la historia de esas civilizaciones antiguas con los entonces habitantes de la zona.[15] Sin embargo, ellos no empleaban el término *maya* para lo que encontraron. Fueron los investigadores de las siguientes generaciones quienes construyeron la gran narrativa de la civilización maya, en especial los exploradores y antropólogos de las universidades de Chicago y Harvard, y el proyecto del Carnegie Institute de Washington (Palacios, 2012), y después las instituciones locales de México y Guatemala. ¿Qué formatos y objetos nuevos entraron en juego en esta elaboración de la narrativa de los mayas, además de las ciudades perdidas en la selva?

---

[14] Sin embargo, estas ideas y otras parecidas siguen vigentes, circulando en ambientes de literatura clasificada como esotérica: "el absolutamente excéntrico Augustos le Plongeon y su esposa" los llama Coe (1995: 116).

[15] En realidad, Dupaix (1834), despues de visitar sólo algunos de los lugares y con base en la información de intelectuales locales, ya había sugerido estas conexiones de estilo desde Honduras hasta Yucatán, además de la semejanza de las lenguas habladas en varios sitios del área. No obstante, su informe no tuvo la misma difusión que el libro de Stephens y Catherwood. Éstos después harían visitas directas a varios de los sitios; además, Catherwood hizo una extensa colección de dibujos que ilustraban el estilo arquitectónico y escultórico de muchos de ellos. Sobre esta narrativa del inicio de la moderna arqueología maya, véanse, por ejemplo, Coe (1999 [1966]; 1995), Morley (1946), Thompson (1966 [1954]) y Drew (2002).

LOS OTROS FORMATOS Y OBJETOS

En la época del libro de Stephens y Catherwood otras fuentes fundamentales para la historia de esas ciudades y del desciframiento de la escritura impresa en piedras y documentos estaban por ser apenas recuperadas de los archivos y bibliotecas que las habían guardado por muchas décadas. Un caso es el de la *Relación de las cosas de Yucatán*. Se trata de la copia de un documento original escrito por Diego de Landa, fraile y obispo en Yucatán en la segunda mitad del siglo XVI, y que escribió con la colaboración de hablantes de la lengua y conocedores de textos antiguos.[16] El texto original debió ser escrito en España alrededor de 1566, con notas levantadas con ayuda de los ayudantes nativos de Yucatán durante su primera estancia; después, el escrito tuvo modificaciones cuando el fraile volvió a Yucatán, hasta llegar a la versión final de 1573. Al morir Landa, el manuscrito original quedó en el convento franciscano en Mérida. Sin embargo, el original se perdió, y sólo se conoce la copia de una parte del original hecha décadas después (quizá en 1616) y enviada a Madrid. Finalmente, el abate Charles-Étienne Brasseur de Bourbourg (1814-1874) encontró este documento sin clasificar en la biblioteca de la Real Academia de Historia de Madrid y lo publicó en 1864, traducido al francés —aunque sólo de una parte del texto y con divisiones por capítulos inexistentes en el original (Tozzer, 1941; Coe, 1995: 106). Alfred Tozzer (1877-1954), uno de los primeros profesores de antropología de la Universidad de Harvard y el primero en esa institución en dar un seminario llamado "Los Mayas" en 1909, publicó una versión en inglés de este documento con extensas y numerosas notas donde hace un recuento de la historia del documento y de su valor para el estudio de los mayas (Tozzer, 1941). Dice que, después de la de Brasseur, aparecieron seis ediciones más en español, francés e inglés, con distintos cambios en la composición y la interpretación del texto.[17]

---

[16] Alfred Tozzer menciona al menos a dos colaboradores de Yucatán: Juan Nachi Cocom, quien es mencionado explícitamente en el texto, y Gaspar Chi, quien debió participar, pero no hay ninguna mención de él (Tozzer, 1941).

[17] Se hizo después otra edición en español basada en el manuscrito original y con mapas, en 1884, por Rada y Delgado; le siguió otra edición incompleta en español.

No fue hasta 1941 cuando apareció publicada la edición de Tozzer basada en una traducción de la versión de Bourbourg en francés, que fue hecha originalmente por Charles P. Bowditch (1842-1921)[18] cotejándola con el manuscrito original en español.[19] Bowditch y Tozzer no sólo estaban haciendo traducción y estudio de fuentes: se trata de dos personajes centrales en las primeras fases de la historia del Museo Peabody (Watson, 2001) y del departamento de antropología de la Universidad de Harvard (Browman y Williams, 2013).

Otro ejemplo de esos objetos emergentes fue la publicación de varios documentos y transcripciones del fraile dominico Francisco Ximénez (1666-1730), en especial el texto colonial llamado posteriormente *Popol Vuh*: pieza fundamental en la construcción de la narrativa maestra de los mayas. Una de sus estudiosas sugiere que se trata de uno de los cuatro tratados contenidos en un manuscrito conocido como *Ayer 1515*, escrito por Ximénez. Nacido en Ecija, España, el fraile llegó como novicio a Guatemala en 1688 y, tras una estancia en Chiapas a fines del siglo XVII, fue cura en Chichicastenango (1701-

---

Hasta 1928-1929, Genet publicó una nueva edición completa en francés (con las partes sobre el calendario que habían sido omitidas en la segunda versión en español, y cambiando el inicio del calendario de "1 de enero" a "1 pop"). En 1937 William Gates y The Maya Society publicaron una versión en inglés agregando ilustraciones y un mapa de *chiefdoms* posibles en 1579. En 1939 hay otras dos ediciones completas en español, una de Rosado Escalante y Ontiveros (editada en Yucatán), y otra de Pérez Martínez (Tozzer, 1941).

[18] Bowditch era un epigrafista aficionado e importante administrador de empresas en Nueva York, Massachusetts y Chicago. Tras un viaje a Yucatán en 1888 invirtió parte de su fortuna en la creación de una cátedra en antropología en Harvard y en la realización de expediciones a Centroamérica para encontrar la forma de descifrar la escritura antigua registrada en piedras y documentos.

[19] La edición tiene 1 150 notas de comentarios de Tozzer (recuperadas de otras ediciones o nuevas, referidas a otros documentos, a estudios históricos y a etnografías contemporáneas, incluyendo la de Tozzer mismo sobre los Lacandones que, dice en 1941, son "de Guatemala"). Sobre el valor de este texto dice: "La fuente material presentada por Landa incluye prácticamente cada fase de la antropología social de los antiguos mayas, junto con la historia del descubrimiento español, la conquista y las historias eclesiástica y nativa, además de un primer reconocimiento detallado de los textos jeroglíficos. Es especialmente completo en religión maya" (Tozzer, 1941: vii; traducción mía).

1704) y en Rabinal (1704-1714), en Guatemala. Fue allí donde escribió su famosa *Historia de la provincia de San Vicente y Chiapa de Guatemala* (1715) y su *Historia Natural del Reino de Guatemala*. Además de eso, dejó varios documentos sobre tres lenguas locales (kaqchikel, k'iche' y t'zutu'il) así como traducciones de otros textos cuyos originales están ahora perdidos (entre ellos el que sería después el *Popol Vuh*). Su estancia en Chiapas y Guatemala le permitió con seguridad tener una idea más amplia de las lenguas locales y proponer la posibilidad de un origen común o una lengua original única para estos y otros idiomas.[20] Sin embargo, como en el caso de la relación de Landa, sus textos no fueron conocidos sino hasta su descubrimiento en la segunda mitad del siglo XIX. El texto escrito en quiché por un nativo hablante (ahora perdido) fue traducido al español por Ximénez y quedó oculto hasta que el abate Brasseur de Bourbourg lo encontró, lo tradujo en parte y lo publicó en 1857; luego, en 1861 lo completó, dando lugar a una edición de la versión original y su traducción al francés.[21] En ambos casos, la relación de Landa y el *Popol Vuh*, y sus

[20] "Esto se ve más claramente discurriendo por todos los nombres, y verbos de q' en muchas ocasiones hago mención en mi primera parte del thesoro de estas lenguas, que es su propio lugar teniendo otra mayor excelencia sobre todas las lenguas de la Europa: q' estas se hallan misturadas cada una de otras lenguas estrañas por varios accidentes de el tiempo; empero las de estos naturales no tienen tales mixturas; y solo lo q' se halla en ellas, es: que según se colige de todas las lenguas de este Reino de Guatemala, desde las lengua tzotzil, zendal, chanabal, coxoh, máme, lacandon, peten, ixil, kakchiquel, kakchi, pokomchi hasta otras muchas lenguas q' en diversos partidos se hablan fueron todas una misma, y en diferentes Provincias y Pueblos se corrompieron de diferente suerte, pero las rayces de los verbos y nombres por la mayor parte vienen a ser unas" (véase el manuscrito Ximénez en Chinchilla, 1993: 1-2). No obstante, sus conclusiones están enmarcadas más bien en los formatos de la época que hablan de la Biblia como fuente histórica y en las discusiones sobre un posible origen de todas las lenguas y de todos los pueblos en el hebreo y en Israel (Chinchilla, 1993: xvi).

[21] Brinton, quien sintetizó los avances en la lingüística de los idiomas de esta región en 1881, dice al respecto: "La civilización de este pueblo fue tal que ellos usaron varios signos mnemotécnicos, aproximándose a nuestro alfabeto, para registrar y recordar su mitología e historia. Fragmentos, más o menos completos, de estas tradiciones han sido preservados. El más notable de éstos es la Leyenda Nacional de los Quichés de Guatemala, llamada *Popol Vuh*. Ésta fue escrita en una fecha desconocida en dialecto quiché, por un nativo familiarizado con los antiguos registros. Una

copias o réplicas, se han convertido para muchos estudiosos en piezas clave en el estudio de la historia y la lengua de los pueblos antiguos y contemporáneos de esta área.[22]

El panorama de la segunda mitad del siglo XIX incluye también otro objeto de interés: las lenguas vivas. Ya en 1864 Orozco y Berra había publicado en español una primera clasificación de lenguas indígenas de México que daba una idea muy semejante a la actual de la familia de lenguas que llamó "huaxteco o cuexteco-maya-quiché" (Orozco y Berra, 1864).[23] En 1881, en un texto escrito para *Proceedings of the American Philosophical Society*, Daniel G. Brinton (1837-1899) habló del trabajo que había realizado un médico alemán que vivió en diversas zonas de Centroamérica y México entre 1855 y 1878: Carl

traducción al español fue hecha al inicio del siglo pasado por un fraile español, el padre Francisco Ximénez, y fue publicada por primera vez en Viena en 1857. En 1861 el texto original fue impreso en París con una traducción al francés, bajo el cuidado del último eminente americanista, el abate Brasseur (de Bourbourg). El original consta de cerca 175 páginas en octavo, y es claramente importante para la lingüística tanto como monumento arqueológico en sí mismo" (Brinton, 1881: 614; traducción mía).

[22] La discusión sobre su valor como fuente para la comprensión de la antigua civilización transcurría por distintas vías argumentativas. Dice Brinton: "Al aproximarnos a un estudio exegético, apuntaría un hecho desarrollado a partir de éste, al que le otorgo considerable peso, y que es el que los nombres analizados indican inconfundiblemente una fuente inmensurablemente remota al pensamiento cristiano, y que entonces prueba el origen aborigen de este mito importante. ¿Puede alguien mantener que éste fue un eco de la enseñanza misionera, cuando los nombres que aplica a los dioses más altos son 'El Gran Cerdo', 'El Zorro todopoderoso en magia', 'El Sifilítico', y otros parecidos? Tales apelaciones, a primera vista tan degradantes a la noción de Dios, pueden sólo ser entendidas tomando en cuenta modos de pensamiento y asociaciones de ideas totalmente divergentes de aquellas a las cuales estas tribus fueron introducidas por los ministros de la religión cristiana" (Brinton, 1881: 647; traducción mía). Aunque Landa en el siglo XVI ya había hablado de la cercanía de las lenguas habladas en la península de Yucatán, y Ximénez en el XVIII habló también de las semejanzas entre las lenguas de Guatemala y de Chiapas, faltaba completar la visión general de estas lenguas y su estudio, como sucedió en la segunda mitad del siglo XIX. Pero, además, *las fuentes coloniales eran documentos sólo para consulta y uso de la burocracia eclesiástica, con fines de evangelización.*

[23] Su fuente principal para el vínculo entre el maya y el quiché es Adrien Balbi (1826).

Hermann Berendt (Danzig, Confederación Germánica, 1817-Ciudad de Guatemala, 1878).[24] Como resultado de sus trabajos sobre los idiomas en el área de Yucatán, Chiapas y Guatemala, y de la compilación y transcripción de diversos documentos coloniales (entre ellos el diccionario de Motul),[25] hacia los años setenta del siglo XIX ya se tenía una idea de las lenguas emparentadas y su distancia de las vecinas.[26] Basado en Berendt, Brinton identificó así, por las fuentes coloniales disponibles y las lenguas vivas, la relación lingüística entre los idiomas hablados en el área central de Guatemala, que llama "metropolitana". Menciona, además, que las variantes de esta lengua y a su vez de una gran familia llamada maya-quiché se extienden desde Guatemala hasta Yucatán; asimismo sugiere que quizá las variantes más puras son la maya yucateca[27] y el mam hablado en el Soconusco

---

[24] "Parte del año 1864 lo pasó en la Biblioteca John Carter Brown de Providence, Rhode Island, transcribiendo dos importantes vocabularios mayas compilados en el período colonial. El Diccionario de Motul, en maya yucateco, atribuído a Antonio de Ciudad Real del siglo XVI y el Compendio de nombres en lengua Cakchiquel, del franciscano Pantaleón de Guzmán del siglo XVIII" (Caso, 2014: 422).

[25] "El diccionario de Motul es el más completo diccionario del Maya nunca hecho. Data aproximadamente de 1598 y adquiere su nombre del pueblo de Motul, Yucatán, donde fue escrito. El autor es desconocido. Sólo existen dos copias de éste, una muy cuidadosamente hecha, con numerosas notas, por el Dr. Berendt, está en mi poder. Es un grueso de cuartos de 1 500 páginas" (Brinton, 1881: 624, nota al pie; traducción mía).

[26] "Quiero establecer claramente mi adhesión a la opinión de que las teogonías de los elementos maya y náhuatl fueron distintas en origen, diferentes en características, y sólo similares por razón de la similitud general necesaria que surge de dos naciones que están sujetas a ambientes similares y cercanas al mismo estado de progreso. Las dos naciones tuvieron por generaciones frecuente intercambio comercial; ciertos rasgos de la religión de una pueden haber sido adquiridos de la otra, tal como lo fueron ciertas palabras de sus lenguas; pero explicar los atributos de una deidad maya-quiché por aquellos que se asumen propios de una análoga mexicana es un procedimiento engañoso y acrítico, y dar por sentado que históricamente una mitología es descendiente de la otra es una asunción gratuita totalmente carente de apoyo en los hechos hasta donde los conocemos ahora, y contraria hasta el momento a toda probabilidad" (Brinton, 1881: 645; traducción mía). Véase también Caso (2014).

[27] Muchos de los documentos colectados y estudiados por Berendt y después por Brinton, además de sus archivos, están guardados en la Universidad de Pennsylvania, lugar de donde Brinton era originario (Caso, 2014: 423-424).

(en la frontera entre Chiapas y Guatemala); igualmente, identificó una variante que se ubica en la región de la Huasteca, separada geográficamente del resto de los hablantes (confirmando las ideas de Orozco y Berra). Es decir, entre 1864 y 1881 se disponía ya de un mapa general de las lenguas mayas y su distribución geográfica.[28]

NUEVOS MARCOS EPISTEMOLÓGICOS

La manufactura de los mayas produjo un reencuentro y una revalorización de documentos, piedras, monumentos y lenguas habladas, además de su reproducción masiva en libros y réplicas. Todo ello es indicativo de un cambio de época, de un tránsito entre marcos epistemológicos. Eso se puede observar concretamente en el tipo de interés y relación que se establecía con las cosas. Por ejemplo, los textos de los viajeros del siglo XVIII sobre la selva que se encuentra al sur del pueblo de Palenque, actualmente en Chiapas, revelan una visión puesta aún en la evangelización de los gentiles y en la fundación de pueblos en torno a una iglesia. El acercamiento a las piedras estaba enlazado al interés por conocer los vínculos de estos sitios con las narrativas históricas consignadas en la Biblia (Cañizares, 2007) y las ideas de un solo origen común y de un único idioma en el paraíso (Chinchilla, 1993). Los encuentros con los nativos en su gentilidad —en plena era de la ilustración en la Nueva España— (Cañizares, 2007) eran mediados por palabras, caricias y regalos (entre ellos, cuentas de vidrio). Pero esos encuentros y esos intereses fueron cambiando paulatinamente.

[28] Publicaciones previas habían ya intentado dar cuenta de las lenguas y su clasificación. Dupaix, haciendo notas de su viaje por Tabasco, Yucatán y Guatemala, y con base en información proporcionada por el oficial Juan Galindo (ya referido como uno de los visitantes de Palenque), sugirió que había una continuidad entre la lengua maya hablada con variantes en Yucatán, Tabasco y por la tribu de lacandones cerca de Palenque, las lenguas que se hablaban en el Petén; algunas habladas en la altiplanicie guatemalteca, y otras en Belice (Dupaix, 1834: 67-73, 74-78). Pimentel, en un primer estudio sobre lenguas indígenas, dice que el maya o yucateco "se habla en todo el estado de Yucatán, Isla del Carmen, pueblo de Montecristo en Tabasco, y del Palenque en Chiapas" (Pimentel, 1865; capítulo "El Yucateco o Maya: 3").

Primero, la circulación misma de personas y objetos estaba cambiando. Además de sal, telas de algodón y herramientas de metal, acompañadas de abalorios y caricias, hubo entonces interés también en la construcción de rutas navegables en los ríos y de rutas para sacar chicle y madera —empresas que se convertirían en grandes negocios en esta región en las décadas siguientes— (De Vos, 1988) o incluso en la posibilidad de construir canales interoceánicos, como en una de las últimas expediciones en que participó Catherwood. También era el tiempo de la llegada de nuevos cultivos a la región de montañas de media altura: el café, no es extraño que Berendt terminara su vida en una finca cafetalera de su propiedad en Cobán, Guatemala (Caso, 2014). Las piedras de la selva tropical y los indios gentiles no eran objeto de intentos de evangelización o de observación para entender su origen en la Biblia, sino que empezaron ser pensados como población y territorio de los estados emergentes y sus fronteras, además de convertirse en piezas de la herencia cultural (de la nación, o americana) para los reorganizadores del mapa mundial y sus fronteras.[29]

Se trata de una era en la que las piedras y las edificaciones y tallados se volvieron objetos de aprecio para sociedades de anticuarios y coleccionistas en distintas metrópolis, como Nueva York, Boston y Chicago (Palacios, 2012; Evans, 2004), o en varias capitales europeas. En algún momento Stephens imaginó la posibilidad de que se pudieran sacar de esta zona algunas de las esculturas, transportándolas completas o cortadas en partes, o de hacer moldes de yeso con otras para llevarlas a los puertos del Atlántico para embarcarlas a Nueva York, donde se podría construir algo semejante al Museo Británico de Londres, con su Partenón griego (Stephens y Catherwood, 1969 [1941]).[30] Se trata de la mitad del camino en la formación de las

---

[29] Se trata de reciprocidades que contrastan con las que analiza Mujica (en este volumen) y que implican otros objetos, otras sinapsis de las burocracias y los ciudadanos (incluyendo grandes empresarios filantrópicos) y otro tipo de beneficios.

[30] Algunos autores han interpretado este gesto como una muestra del compromiso de Stephens con las ideas sobre el destino manifiesto y la doctrina Monroe, que ponían a los "americanos" como los designados para explorar y apropiarse del continente, disputando ese derecho a los estados e imperios europeos (los cuales ya estaban explorando diversos sitios del Oriente medio y cercano, del Mediterráneo y del

grandes colecciones de objetos de piedra y otros materiales y la creación de los formatos de conocimiento que representan los museos, con sus clasificaciones por áreas, periodos y pueblos (museos y colecciones que ya existían en Europa y empezaban a formarse en América).[31] Hablamos también de otros objetos en formato de textos, sus copias en libros, y de ediciones ilustradas; también de imágenes, en dibujo (Waldeck y Catherwood) y fotos (De Charnay y Le Plongeon). Los coleccionistas iban poniendo su interés en estos objetos (transmutados en fetiches) encontrados en distintos lugares, principalmente parroquias, bibliotecas o colecciones privadas *in situ*, o bien en las metrópolis de los imperios coloniales de los Habsburgo y los Borbones o de los estados e imperios emergentes. El capitalismo de imprenta, del que habla Anderson (1991), también desempeñaba así un papel destacado en estas nuevas formas de imaginar, a partir de la edición masiva de réplicas y su distribución por el mundo.[32] Como otro resultado, surgirían especialistas y especialidades (incluyendo la ciencia llamada antropología).

Por otro lado, la manufactura de los mayas surgió en un momento de reordenación de las unidades políticas y sus relaciones, es decir, en el momento mismo de la formación de los estados. Stephens hizo su viaje respaldado con credenciales diplomáticas de un país en formación, Estados Unidos, dos décadas antes de la Guerra de Secesión. Viajaba además con el respaldo de ser agente comercial de compañías en expansión (la información que pudiera colectar, diplomática, política y comercial, era muy importante para gobiernos y empresas). Transitaba también en una amplia región que vivía tumultos y agitación, producto de la reordenación de las fronteras y los estados emergentes.

norte de África, para trasladar piezas y ponerlas en colecciones y museos, o traficarlas en un mercado emergente de arte, antigüedades y piezas arqueológicas) (Palacios, 2012; Evans, 2004).

[31] Tal es el caso del Museo Peabody de arqueología y etnología americanas de la Universidad de Harvard, fundado en 1864 (Watson, 2001), y cuyo ícono es la imagen de un dios del maíz de una escultura de Copán, Honduras.

[32] La historia de la reproducción masiva se expresa también en otros procesos, como las réplicas de la moda y la marca que circulan en los mercados marginales (véase el análisis del "comercio informal" o *business* de textiles en la Ciudad de México, en Parra, en este volumen).

Cruzó Belice (colonia británica), Honduras y Guatemala en un momento de conflictos entre las tropas de Francisco Morazán, quien desde San Salvador promovía la unidad centroamericana, y las de Rafael Carrera como jefe de Estado en Guatemala. Llegó hasta la península de Yucatán, donde la élite local daba vida a un movimiento intelectual y político de separación de México, además de que estaba a pocos años del inicio de una gran rebelión —llamada entonces "guerra de castas"— que mantendría una región del suroriente bajo la influencia de un ejército rebelde independiente del mexicano por varias décadas (y muy cerca del territorio colonial británico). No sólo se trataba de que las naciones se estuvieran disputando los territorios, y con ello los objetos y poblaciones como parte de sus posesiones y su pasado, sino de una disputa que ocurría con seguridad, como se aprecia en las palabras del agrimensor José María Esquinca, quien habla de conservar las piedras para la historia de la nación (en 1826) (De Vos, 2003: 54). *Se trata sobre todo de una emergente forma de pensar y reorganizar el mundo: por estados nacionales.*[33] Es parte de una trans-

---

[33] La noción de cultura y el nacionalismo han estado ligados estrechamente en algunas de las versiones de la formación de los estados nacionales. Es eso lo que se trata de decir con la idea de que el nacionalismo fue parte de la forja del nuevo orden mundial y sus disputas: no es solamente que los exploradores, viajeros y coleccionistas fueran agentes de un Estado nacional emergente y de una competencia entre las potencias europeas y Estados Unidos (Palacios, 2012); me refiero más bien a la aplicación de un modelo de nación como cultura, que ha sido la base para pensar casi a cualquier población del mundo. Castañeda elabora esta idea de la siguiente manera: "el objeto imaginario llamado cultura existe no tanto allí afuera en las comunidades localizadas geométricamente en el espacio, sino en las producciones textuales (o espacio discursivo) de las prácticas antropológicas. Por 'cultura' me refiero a un modo generalizado de imaginar las identidades y las diferencias de las comunidades. Nuestros ancestrales (proto)antropólogos fueron los 'originales', pero no son más los únicos portadores-de-cultura. En sus viajes llevaron este concepto, categoría, constructo de 'cultura' alrededor del globo y lo plantaron de tal modo que las comunidades del mundo (de cualquier dimensión) han empezado, o podrían empezar (no importa si de forma desigual y diferente) a mirar la realidad e imaginarse a sí mismas *en términos de este filtro*, el siempre impugnado concepto de cultura. Desde este ángulo, nuestro objeto etnográfico de estudio sería la transculturación de la cultura [...] lo cual incluye la intervención de la antropología en el mundo" (Castañeda, 1999: 36; traducción mía).

formación epistemológica que sigue hasta el presente, que implica concebir el mundo moderno como conformado por estados nacionales y que supone, a su vez, la existencia de "pueblos" como grandes poblaciones homogéneas "culturalmente", "ligadas a territorios históricos", frente a otros sitios de población estilo *melting pot*.[34]

Los mismos personajes de esta historia eran viajeros transfronterizos y muchas poblaciones que encontraban eran también parte de esa historia de reorganización política global. Berendt, por ejemplo, salió de una unidad alemana fracasada después de las llamadas rebeliones de 1848. Su historia es de una travesía desde Nicaragua hasta Veracruz, en México, y entre parroquias y bibliotecas desde Guatemala hasta los Estados Unidos (Caso, 2014). Las fases siguientes de esta historia involucran también a viajeros y exploradores aficionados que llegaron con la ocupación del Imperio austrohúngaro en México, con la intervención francesa, viajando como enviados de una empresa británica en México, como en el caso de Waldeck (Poblett, 1999: 73), o vinculados con la economía de las fincas de café en Guatemala, y que financiaban con el comercio del grano y con otras fuentes sus inquietudes de arqueólogos y epigrafistas amateur (Caso, 2014). También están involucrados intelectuales locales, algunos ya referidos (curas, inspectores, comerciantes y agrimensores), como Justo Sierra O'Reilly (1814-1861), yucateco y miembro de un grupo de intelectuales que discutían la separación de la península de México, quien tradujo y publicó partes del libro de Stephens para un diario local.[35] Las fronteras de los estados nacionales, mucho más en una fase de forja de algo nuevo, se mostraban como son: fluidas y cambiantes.[36]

En resumen, la gran narrativa de los mayas (como muchas otras

---

[34] Es una parte de ese amplio proceso histórico de reorganización de los modos de dominación a los que se refieren Agudo y Estrada (en este volumen), que implica, entre otras cosas, la permanente redefinición de los márgenes (Megchún, en este volumen), de las reciprocidades (Mujica, en este volumen) e incluso la producción y redefinición de la "naturaleza" (Rauchecker, en este volumen).

[35] La traducción se publicó años después con un título anacrónico: "En busca de los mayas".

[36] Al igual que las distinciones entre Estado y sociedad, o entre público y privado, las fronteras son menos líneas fijas y más resultados inciertos y disputados de interacciones y negociaciones (véase Agudo y Estrada en la introducción a este libro).

referidas a las civilizaciones antiguas) se fue forjando en este ambiente. La idea de una única antigua civilización quizá estaba ya depositada en los textos coloniales, pero sería en la era de las ediciones a gran escala, de la reproducción y la réplica, y de la creación de salas de exhibición, cuando esa gran narrativa alcanzaría un público mucho más amplio. Igualmente, estamos frente a la forja de nuevos fetiches: la valoración de piedras y edificaciones antiguas (como patrimonio histórico propio o como herencia de civilizaciones exóticas), de textos impresos en piedras, piel y papel, y de lenguas habladas en distintas poblaciones. Es también el punto de origen de posteriores museos, instituciones universitarias y cátedras para el estudio de las colecciones de objetos y de narrativas etnográficas.[37] Estos formatos de la publicidad de la cultura también darían paso a nuevas empresas, como el turismo; de la misma manera, esos objetos se volverían símbolos políticos del nacionalismo, de la etnicidad y de la movilización política.[38]

CONCLUSIÓN: CONTRA EL DUALISMO EPISTEMOLÓGICO

Las grandes conexiones entre piedras/escrituras/personas que forman las narrativas de los mayas no parecen venir de donde se esperaría que vinieran, de esas selvas tropicales o de esas cordilleras centroamerica-

[37] Se trata de los orígenes de lo que Castañeda ha denominado "La teoría Coca-Cola de la cultura": "Coca-Cola ofrece una forma de teorizar este acercamiento en la investigación: en el capitalismo monopolista, dos bienes (la hoja de coca y la nuez de cola) son importadas de la periferia; son transformadas en un producto que entonces —después de un asombroso éxito comercial en el centro, el cual definitivamente asocia el concepto a su sitio metropolitano de producción y consumo— es exportado de vuelta a la periferia donde suplanta varias bebidas indígenas en contextos que van de la recreación a lo ritual. [...] La analogía no es que la Coca sea cultura, sino que la cultura es como la Coca. Y lo que falta [...] es un análisis histórico de los complejos aparatos que producen, comercian, distribuyen, diseminan, y consumen Coca y este concepto" (Castañeda, 1999: 37; traducción mía).

[38] Uno de los primeros casos de esta era, después del periodo de los criollos americanos referido por Cañizares (2007), fue el de Justo Sierra O'Reily, quien se interesó por la obra de Stephens y publicó su traducción al español, aunque estuvo igualmente en favor de la extradición de indios mayas rebeldes de la guerra de castas a Cuba.

nas. Por el contrario, tienen su origen en impulsos intelectuales, formatos literarios y tecnologías científicas que tienen poco más de 150 años de existencia. En primer lugar, la gran narrativa de los mayas es producto de una actividad intelectual específica, expresada en formatos literarios, museográficos, cartográficos, censales, en carreras y especialidades universitarias. En segundo lugar, la narrativa está conectada también con la historia de fundaciones como Peabody, Carnegie, Wenner-Gren, Ford o Rockefeller, estrechamente relacionadas con otras empresas con intereses en esas y otras regiones del mundo —empresas que dejaron huella en la vida de los pueblos vinculados con las plantaciones agropecuarias, con el comercio de hilos, tintes e instrumentos de metal y plástico, y más recientemente de armas, de aparatos de radio y televisión y de servicios turísticos con "artesanías", "sitios arqueológicos" y "reservas naturales". Finalmente, la narrativa de los mayas está asociada a la fundación de los estados nacionales y a las configuraciones geopolíticas y económicas que desde hace 200 años incrustaron de distintas maneras a estas regiones del centro de América y a sus habitantes en dinámicas de formación de estados. Quienes han resumido esa historia de la manufactura de los mayas la llaman *descubrimiento* o *desciframiento* (Coe, 1995, 1999; Cañizares, 2007; Drew, 2002); yo quisiera hablar mejor de la *manufactura* de los mayas, destacando su historia social. El enfoque en la producción de la narrativa permite a su vez cuestionar el dualismo epistemológico de ciertos análisis antropológico-políticos contemporáneos. ¿Podemos seguir pensando esa historia en términos dualistas, estilo centro *vs.* periferia?

Diversos conflictos políticos contemporáneos en América Latina han sido dibujados en los medios y en el análisis sociológico y antropológico con una pluma dualista: por un lado, se habla de una cultura occidental con sus múltiples instituciones, entre ellas el capitalismo, el Estado-nación y el colonialismo; por otro lado, se habla de una diversidad de unidades sociales que son imaginadas como si estuvieran todavía fuera de las lógicas de esa cultura y sus instituciones, con fronteras antiguas y claramente definidas, y como si, en cambio, estuvieran embebidas exclusivamente por algo proveniente de las profundidades de una historia precolonial o, en todo caso, de la sobrevivencia y la resistencia centenaria frente al mundo colonial y poscolonial. Eso pasa en diversos puntos de América Latina: en Brasil, Viveiros de Castro busca ontologías alternas —y por ello contrastantes con "Occidente"— en las profundidades del Amazonas (Viveiros de Castro, 2010); en Bolivia, la política étnica y la búsqueda de concepciones alternativas al desarrollo, identificadas con el "buen vivir", han llegado a extremos de lo que Cuelenaere y Rabasa llaman "pachamamismo" (Cuelenaere y Rabasa, 2012); en Guatemala se estudia la emergencia de un movimiento pan-mayista que confronta también la cultura occidental y el colonialismo (Warren, 1998); mientras que en México aparecieron muchas de estas versiones como formas de interpretar el levantamiento zapatista de 1994 y los proyectos de autonomía. ¿De dónde proviene esa mirada dual, esa epistemología que se piensa a sí misma a veces del sur, otras como subalterna, y otras como emergiendo del trópico? Mi idea es que proviene de impulsos intelectuales incrustados en la lógica de la epistemología del presente y sus tecnologías (universidades, museos, parques arqueológicos, rutas turísticas y libros; es decir, de formas de pensar y de producir verdad en masa) que actúan a la par y como parte importante de la formación de los mercados, los estados, las naciones y sus fronteras.

¿Hasta dónde el primitivismo contemporáneo que exalta lo que está supuestamente fuera de "Occidente" no es extensión reformulada de dualismos como naturaleza/cultura, barbarie/civilización, tradición/modernidad? El dualismo epistemológico es uno de los mayores problemas que debemos confrontar en la comprensión de la historia del presente y en el planteamiento de nuevos problemas para la construcción de sociedades y relaciones en un mundo cada vez más conectado e intersecado. En este sentido, una mirada más detallada a las historias de estados, naciones y etnias abriría espacios tan diversos y cambiantes que cualquier visión dualista terminaría por eclosionar. Esto implica cuestionar las formas de la epistemología del presente en la academia y sus emanaciones, como la idea de Estado y de sociedades fuera del Estado, o estados fuertes y débiles en una escala lineal y única (Agudo y Estrada, este volumen); es decir, implica hacer una crítica de la epistemología política. La historia específica de la manufactura de los mayas busca servir como mirilla del caleidoscopio social que forman todos esos objetos/personas como abalorios o cristales, antiguos y nuevos, pulidos y crudos, de diversas formas y colores —cuestionando aquellas narrativas que han terminado por congelarlos en un arreglo simple y dualista.

Finalmente, la manufactura de los mayas participa de las figuraciones de naciones y etnias propias del nacionalismo y el romanticismo que se reelaboran hasta el presente y terminan objetivadas en libros, museos, así como del tráfico de documentos antiguos y piezas arqueológicas. No es irrelevante que esta invención ocurra a la par de la formación de los estados nacionales en México y Centroamérica, con diversos momentos de dictaduras, otros de democracia y otros más de revolución y antiimperialismo: es parte del mismo proceso que crea y define poblaciones, territorios, tradiciones y fronteras. En este trabajo se propone que la idea de una civilización maya es producto de la historia del mundo contemporáneo, en este cruce de procesos políticos, simbólicos y científicos, y no de la persistencia o continuidad de un remoto pasado (que apenas empezamos a entender en su complejidad).

4
EL ESTADO Y LA IZQUIERDA POLÍTICA EN URUGUAY: SOBRE LA RECUPERACIÓN POLÍTICA DE LA "MATRIZ INSTITUCIONAL"

Carlos A. Gadea

INTRODUCCIÓN

Es necesario observar las características históricas y las prácticas concretas de la actuación política de un país para poder comprender el sentido y el significado de lo que se puede definir como "izquierda política". Existe un "repertorio cultural" que denota comportamientos, posicionamientos y prácticas particulares que parecen definir las características de la cultura política de un país. Por ejemplo, quien quiera comprender la reciente política argentina y aquello que se ha denominado como propio de un proceso político de "izquierda" (el "kirchnerismo") no puede dejar de observar lo que ha sido el influjo del "peronismo" (devenido en "justicialismo") como matriz fundadora de una cultura política particular y de un accionar institucional que sobrepasa los partidos y, no en pocas ocasiones, hasta el mismo sistema político. Todo parece indicar, tal cual lo mencionaba Leis (2006), que nos estaríamos enfrentando a una cultura política caracterizada por procesos cíclicos de "recuperación" y "alejamiento" de la matriz peronista, de una forma institucional y de un comportamiento político y social que supone la integración de las grandes masas a la participación política desde un compendio un tanto "clientelista" y claramente subordinado al aparato estatal y a los destinos gubernamentales del momento (Escudé, 2004).

Otro ejemplo, tal vez más complejo, puede ser el propio fenómeno del "lulismo" en Brasil (Gadea, 2013). Éste ha sido motivo de análisis por parte de muchos investigadores, en la medida en que pareció "aproximarse" a la matriz "populista" originada bajo las presidencias de Getúlio Vargas,[1] o "alejarse" debido a una gestión política definida como novedosa y particular. De hecho, la pregunta que muchos se han planteado es si los mandatos del presidente Luiz Inácio "Lula" da Silva se pueden entender como propios de un "neopopulismo" con ciertas facetas de "desarrollismo social" o, por el contrario, como inherentes de una práctica política que ha innovado en el campo político tradicional. Ciertamente, las dos interpretaciones tienen alguna validez empírica, pero lo fundamental es entender que el lulismo, en todo caso, no podría haber emergido y tomado forma electoral si no hubiese existido un "repertorio cultural" y una cultura política en el país que internalizó la posibilidad de legitimar, políticamente, un conductor carismático y un líder de masas.

Estas miradas, sin duda, se corresponden con una perspectiva epistemológica sobre el proceder político en la región, que prefiere estar atenta a lo que las historias políticas de los países parecen hacer evidente: que más allá de anticipar ciertas "novedades" en la práctica de una determinada forma de ejercer el poder desde la "izquierda", lo que se percibe son más "continuidades", la recuperación de matrices políticas que han sido fundacionales y relacionadas con la cultura política de cada región o país. El caso de la izquierda política (Frente Amplio) en Uruguay no escapa a esta constatación. Quien se proponga analizar las características actuales de su proceder político, de su discurso y de su concepción sobre el Estado no se sorprenderá con actitudes y posicionamientos que no parecen alejarse de una matriz política e histórica diseñada en los comienzos del siglo xx. Es sobre esto que hablaremos a continuación.

El Frente Amplio, como fuerza política, fue quien dio rostro electoral a un conglomerado de sectores políticos de izquierda que obtuvieron importante protagonismo durante los convulsionados años sesenta en Uruguay. Se fundó el 5 de febrero de 1971, de la mano de integrantes de partidos políticos históricamente de izquierda del país, como el Partido Comunista y el Partido Socialista, así como por integrantes de diversos movimientos políticos de izquierda y algunos

---

[1] Gobernó Brasil en dos periodos presidenciales: de 1930 a 1945, y de 1951 a 1954.

sectores vinculados a los sindicatos de trabajadores. También se originó por motivación de algunos líderes políticos disidentes de los denominados "partidos tradicionales" (los más viejos partidos del continente, el Partido Colorado y el Partido Blanco o Partido Nacional), descontentos con los posicionamientos adoptados por sus dirigencias partidarias durante los años sesenta. Este conglomerado de sectores políticos y sociales dio forma a una fuerza política que, posteriormente a la represión y la proscripción política sufrida durante el régimen cívico-militar (1973-1985), ha gobernado el país desde 2005 hasta la actualidad.

Una de las más importantes características de este nuevo sector político indica que, aparentemente, habría operado como un eficiente actor político en la historia reciente del país, al permitir que se retomara la "matriz institucional" y la "cultura democrática" diseñada a comienzos del siglo XX bajo el proceso político denominado "batllismo": una etapa histórica conocida por la gestión de gobierno de las dos presidencias de José Batlle y Ordóñez,[2] quien pertenecía al tradicional Partido Colorado. Por "matriz institucional" se comprende la materialización de las reglas del juego político históricamente elaboradas, que diseñan un principio de legitimación institucional y consenso social acerca de los medios por los cuales se deben conseguir las metas políticas y el acceso al poder, así como las propias funciones y competencias de cada actor político involucrado en la gestión del poder y la vida social en general. La historia política y social uruguaya demuestra cómo su "matriz institucional" estaría íntimamente relacionada, por ejemplo, con un "relato tradicional [que] presenta el orden político como una derivación o extensión del Estado y al orden social como una creación desde el Estado" (Rico, 2005: 31). La preeminencia de sus componentes institucionales (con el Estado como figura central) describiría una matriz política que habría construido a la propia sociedad moderna uruguaya por medio de la permanencia de ciertas reglas de juego políticas invariablemente reconocidas por todos. Se trató, sin duda, de un modelo de organización de la realidad social

---

[2] José Batlle y Ordóñez fue presidente de Uruguay entre 1903 y 1907, y entre 1911 y 1915.

que concentró un enorme protagonismo para la variable política o institucional, para un poder estatal cuya narrativa legitimadora supuso su asimilación al propio orden político democrático del país. Como bien diría Rico (2005), la "centralidad del Estado" caracterizaría a la sociedad política del Uruguay: sería el Estado quien daría origen y organizaría el orden social; éste quedaría asimilado en la evolución de la modernización del mismo orden estatal, al conformarse una relación de asociación o mutua identidad. Fue a comienzos del siglo XX, bajo el "batllismo" y el Partido Colorado, cuando esta matriz tomaría forma, conjuntamente con importantes cambios sociales y de su cultura política; tal matriz eventualmente sería disputada por diversos actores y sectores políticos en la actualidad.

En ese sentido, lo que se presenta a continuación tiene por objetivo analizar en qué medida se puede considerar que el actual Frente Amplio, la izquierda política uruguaya, con su accionar y práctica institucional, representa, de hecho, la continuación de la agenda política y de gestión de gobierno, en contextos históricos diferentes, del otrora Partido Colorado, y que no necesariamente ha contribuido a elaborar, en profundidad, una nueva cultura política en el país. Así, ¿sería el Frente Amplio el Partido Colorado del siglo XXI? ¿Le correspondería el papel de recuperar esa "matriz institucional" histórica del país?

EL CONTEXTO

Al observar la trayectoria política y social de un país como Uruguay, es habitual buscar explicaciones para su supuesta eficiente institucionalización política en la existencia de una cultura democrática internalizada ampliamente por su población. El relato de la "excepcionalidad" política (Rico, 2005: 177) en el contexto regional, asociado a una serie de episodios históricos y sociales, así como a elementos de la naturaleza (su geografía, fertilidad del suelo, clima templado), ha sido constitutivo de una semántica cultural que pudo, a través de las generaciones, interiorizarse en los uruguayos como rasgo de la identidad nacional y la propia idea sobre la democracia en el país. Esa "excepcionalidad", cuidadosamente transmitida desde finales del siglo

XIX en las escuelas y los colegios del país, descansa en una diversidad de elementos políticos y sociales, en los caprichos de la naturaleza y en la propia historia; por ejemplo, en el carácter "fronterizo" desde épocas coloniales; en su capital Montevideo como "puerto natural" (diferente del puerto de Buenos Aires); en la inmigración europea, concomitante a la escasa población "nativa" indígena; en el menor peso del conservadurismo de la religión y de la Iglesia en la vida política y social, y en el "mito" de la revolución popular liderada por José Artigas en los inicios de las luchas contra España, Portugal, Brasil y Buenos Aires. Como bien argumenta Rico (2005: 177), estos atributos de la "excepcionalidad" constituyeron un "*continuum* histórico" de las instituciones políticas, donde todo fenómeno emergente de la sociedad se incorporaría por "agregación" o "ampliación" a la matriz original, sin, necesariamente, modificarla o cuestionarla.

Pero esta característica del Uruguay se alimenta, sin duda, de la histórica distribución de un capital cultural y social consolidado en modelos modernizadores (económicos y políticos) y racionalizadores (sociales y culturales) supuestamente "exitosos". Un Estado que "protegería" a sus ciudadanos y una consecuente "sacralización de las instituciones" (y de sus valores coadyuvantes) acabarían por convertirse en los dos pilares más notables de esa cultura presumiblemente moderna. Orgullosos de tal reconocimiento, los uruguayos, tenderían históricamente a dar solución a sus "desajustes" políticos y sociales coyunturales a partir de la eventual operacionalización de sus instituciones, aportando, de esta manera, otras características verdaderamente significativas para su cultura política: un acentuado conservadurismo y un excesivo ideario de seguridad, certeza y confianza en las instituciones (Rama, 1987). En la actualidad, esta dinámica institucional y la confianza que la acompaña parecen sobrevivir aunque con ciertos reparos. La etapa histórica y política iniciada con la denominada "apertura democrática" de 1985 puede ser vista como portadora de una serie de señales que cuestionaron algunos de los postulados histórico-institucionales clásicos. Posteriormente, una crisis económica profunda (como la vivida durante 2002 y 2003) y un paulatino y progresivo deterioro de las condiciones de vida material y cultural condujeron al Uruguay a una disyuntiva institucional y política compleja, así como a un inevitable revisionismo de su exagerada autoestima legitimada en la creencia de ser una sociedad democrática, tolerante frente a la diferencia y presuntamente igualitaria.

Con la apertura democrática, en la mitad de los años ochenta, la tradición política y la estabilidad institucional no pudieron ocultar ciertos problemas que, con el pasar del tiempo, se tradujeron en un desencanto cada vez más visible, principalmente de los más jóvenes. Por ejemplo, vale recordar cómo en el ambiente democrático de aquellos años (1985-1989) varios movimientos sociales y culturales (de derechos humanos, juveniles, de asociaciones de barrio, comunitarios, ambientalistas, entre otros) ganaron expresividad, manteniendo cierta autonomía frente al sistema político; aunque la falta de imaginación y una percepción de la práctica política restricta a los canales institucionales más clásicos de expresión hayan conducido a su desaparición o, en algunos casos, a su "absorción" por parte de sectores y de partidos políticos de izquierda (Perelli y Rial, 1986). Esa tendencia acabó por determinar uno de los problemas iniciales con el proceso de democratización política: aquel que se refiere a la incapacidad (y a los intereses prácticos) de un sistema político que no encontró otra vía de expresión que no fuera la de buscar una reacomodación de la nueva situación social —surgida en el ambiente cultural y político de redemocratización, dentro de la normatividad y la institucionalidad política preexistente—, en lugar de intentar generar una nueva normatividad para la nueva situación real de poder social (Krischke y Gadea, 2000).

Realizando un ejercicio de memoria, se percibe que una de las señales más agudas de esto está representada en la campaña de represión policial ejecutada durante el primer gobierno de la redemocratización política, el del presidente Julio María Sanguinetti (1985-1989), del Partido Colorado, que, por medio de "razzias", detenciones indiscriminadas y un discurso de supuesto combate al consumo de drogas, consiguió generar entre la población más joven un creciente descontento con las características políticas y culturales que el país parecía ir asumiendo (Bayce, 1989). Si el clima político indicaba "apertura" y una agitada participación social, en el ámbito cultural el clima no parecía ser semejante a pesar del "agite juvenil" en torno al rock nacional. No obstante, si el movimiento político era un hecho incuestionable, éste presentó una reconfiguración que acabó por reafirmar las estructuras políticas tradicionales, las estructuras partidarias y los alineamientos políticos del periodo anterior a la dictadura cívico-militar. Aquellas señales que desde el ámbito cultural, de manera fundamental, indicaban una eventual transgresión política, simplemente eran ignoradas o excluidas, combatidas desde escenarios institucionales y formales de la vida política. En algunas situaciones estas señales culturales adquirían nuevas formas, de cierta manera reformuladas dentro de una fuerza política en crecimiento y, hasta aquel momento, también crítica de la histórica institucionalidad política del país: el Frente Amplio, la izquierda política uruguaya. Sustentado en el mito de una historia política estable, el sistema político uruguayo demostraría, una vez más, que parte de un principio de regulación y orden normativo que sólo atribuye derechos representativos y de expresión a aquellos representantes electos mediante elecciones políticas nacionales. De este modo, todos los intereses sociales surgidos eran definidos como grupos de presión "clientelizables" y eventualmente deslegitimados, a no ser que se sometiesen a la "mediación" del partido político o del Estado (Rico, 2005).

Se puede comprender que la denominada "apertura democrática" en el Uruguay dio sus últimos pasos en 1989, con el plebiscito convocado para dejar sin efecto la "ley de caducidad de la pretensión punitiva del Estado" (que permitía amnistiar a militares y policías vinculados con actos de violación a los derechos humanos durante el periodo del gobierno cívico-militar, entre 1973 y 1985). Como es ya sabido, el llamado "voto amarillo" (por el color de las papeletas, y en favor de la ley) triunfaría sobre el "voto verde" (apoyado por la intensa militancia de muchos jóvenes que no necesariamente estaban vinculados a algún sector político partidario de izquierda), ocasionando un complejo proceso de saturación de los debates políticos generados en torno a las características generales de la "democracia reemergente". La efervescencia social generada por la movilización en favor del "voto verde" iba a dar lugar, paulatinamente, al vaciamiento del debate político y a cierta apatía frente a la participación social en temas políticos generales. Fuerzas sindicales algo cansadas y debilitadas a pesar del crecimiento del nivel de conflictividad social, una izquierda política anestesiada (pensando, incluso, en el impacto simbólico de la caída del Muro de Berlín) y muchos jóvenes militantes ingresaron en un nuevo clima social y cultural. Por los años noventa una creciente indiferencia política y la crisis de la militancia tradicional de izquierda se manifestaron como síntomas claros de ese nuevo ambiente sociocultural. No obstante, un "alivio" para éstos vino con el triunfo electoral del Frente Amplio en Montevideo. Tabaré Vázquez, un médico oriundo del Partido Socialista, fue electo intendente de Montevideo, dando inicio a la primera administración política del sector de izquierda del país (1990-1995). Posteriormente, en 2004, sería electo para la presidencia de la República; después, en 2009, la continuidad del Frente Amplio en el gobierno nacional se materializó con el triunfo electoral de José "Pepe" Mujica. Desde 2015 el Frente Amplio gobierna el país, luego de una nueva asunción a la presidencia de la República del médico socialista Tabaré Vázquez.

LA CUESTIÓN

Es cierto que la izquierda política uruguaya, simbolizada en el Frente Amplio, se transformó a finales de los años noventa en la fuerza política mayoritaria en el país. Nuevos sectores políticos y sociales terminaron aglutinando fuerzas para la conformación de una propuesta electoral ecléctica que, hasta el año 2005, se resumió en el denominado Encuentro Progresista-Frente Amplio-Nueva Mayoría. Sería esta propuesta la que llevaría al primer presidente de izquierda del país, Tabaré Vázquez, al gobierno nacional, para luego de 2005 fundirse, finalmente, en la estructura política del Frente Amplio.

Fue simple percibir que aquella propuesta electoral de fines de los años noventa era bastante diferente de aquella que se observaba años atrás, pues había abandonado viejos clichés y comportamientos políticos de enfrentamiento directo con las "agencias del capitalismo mundial", como el Fondo Monetario Internacional y el Banco Interamericano de Desarrollo. De apariencia más pragmática y con alguna experiencia adquirida por la administración política de la intendencia de Montevideo, Tabaré Vázquez propuso políticas de integración económica del pequeño país en el contexto regional y global, incentivando, por ejemplo, el desarrollo y la profundización del Mercosur. Era perceptible la constatación de una evolución programática e ideológica, caracterizada por el claro abandono de una retórica y plataforma discursiva relacionada con el desarrollismo, el antiimperialismo y críticas directas a la "oligarquía local", para pasar a adquirir una visión "progresista" y de típico reformismo gradual (Yaffé, 2005). De cierta manera, la alianza con nuevos sectores políticos, sumada a la experiencia política de dos décadas de actuación, terminaría en un proceso de "tradicionalización" del partido, suponiendo la moderación del "centro político" y la identificación de gran parte del electorado como la opción política más alineada a la "matriz institucional" histórica del país. Lo que incluso se debe resaltar es que la propia indiferencia política creciente en gran parte de la población y el deseo coadyuvante por reducir la rigidez de la burocracia y la institucionalidad históricamente consolidada serían factores que, entre otros, permitieron ese rápido crecimiento de la izquierda política uruguaya, una identificación por gran parte de la ciudadanía como alternativa política posible ante el descrédito de los partidos políticos tradicionales (Colorado y Blanco) y sus gestiones de gobierno durante los años ochenta y noventa. No fue necesariamente el desarrollo de una "conciencia política", de la militancia en crecimiento y la politización de los jóvenes lo que estaría sustentando el crecimiento electoral de su fuerza. Aquellos que desde una visión política de izquierda creyeron en esto vieron con una mirada vieja los nuevos contextos políticos y sociales del país. De hecho, no ha sido la capacidad de convocatoria a la participación política en torno a la militancia tradicional de la izquierda uruguaya lo que determinó el crecimiento potencial del electorado de izquierda. Por eso este fenómeno debe ser observado como parte de ese clima de "desencanto" de fines de la década de los noventa y comienzos del 2000, desafío novedoso que iba a tener que lidiar con la lógica político-institucional del país.

Observando la evolución concreta del voto del Frente Amplio en el año de su fundación, 1971, se constata que obtuvo 18% de la preferencia electoral, y creció a 21% en las elecciones de 1984 en el contexto de la apertura democrática. En 1994 obtendría 29% de los votos; en 1999 experimentó un vertiginoso crecimiento al obtener 39% de las preferencias de la ciudadanía. No obstante, ese alto porcentaje no le permitió acceder al Poder Ejecutivo, ya que, por reglas electorales del país, en balotaje perdería frente a la unión electoral de los dos partidos tradicionales del país. Estas nuevas reglas electorales habían sido introducidas por la reforma constitucional de 1996, que establecía la posibilidad de celebrar una "segunda vuelta", o balotaje, entre los dos candidatos más votados, si ninguno de ellos había llegado a una mayoría absoluta. Así, en aquel 1999 se impondría una alianza política entre los dos partidos políticos tradicionales que terminaría retardando la llegada al gobierno nacional del creciente Frente Amplio. No hay duda de que esta reforma pretendía en su momento contener el avance de las fuerzas políticas de la izquierda uruguaya, tal como lo mostró la interpretación de muchos. Aquella alianza bipartidista se había originado como reacción inmediata tras sufrirse un cambio sustancial en el esquema bipartidista histórico del país, y más si se considera que aquel Frente Amplio todavía no era, por aquellos años, el que posteriormente se dejaría visualizar: más moderado ideológicamente y menos alejado de las reglas del juego electoral del país. No obstante, resulta igualmente importante destacar que esta misma reforma constitucional de 1996 tendría la curiosa virtud de generar una nueva forma de bipartidismo, tal cual se percibiría en las próximas contiendas electorales y, por qué no, hasta una propia transformación del comportamiento electoral de los uruguayos, tendientes a polarizarse, en consecuencia, en torno a dos nuevos ejes políticos.

Así, sería en las elecciones nacionales próximas, en 2004, cuando el Frente Amplio triunfaría, en primer turno, con 50.45% de los votos. Ciertamente, se trata de un significativo triunfo político de la izquierda, pero que fundamentalmente indicaría un cambio crucial en el comportamiento político y electoral del país: el histórico Partido Colorado obtendría el peor resultado de su larga historia: apenas alcanzó 10% de los votos. La crisis electoral del Partido Colorado se iba a tornar sintomática de sus cíclicos devaneos programáticos y la ausencia de liderazgo legítimo a los ojos de su tradicional elector. Por eso, tan importante cuanto el triunfo del Frente Amplio ha sido la crisis política vivida por el Partido Colorado. Muchos, incluso, se preguntarían si, de hecho, fue la migración de votantes del Partido Colorado hacia el Frente Amplio una explicación sólida acerca del triunfo electoral de la izquierda en el país. Ciertamente, una respuesta afirmativa no permitiría explicar la totalidad de este complejo fenómeno, pero sí darnos una idea del cambio importante en el comportamiento electoral de los uruguayos.

Si en todo caso fuera posible sustentar esta tesis, resultaría interesante recordar, entonces, que la supuesta migración de votantes del Partido Colorado hacia el Frente Amplio puede ya rastrearse en las mismas elecciones de 1971, momento de la propia fundación de la fuerza política de izquierda. Si se toma como ejemplo el circuito electoral del departamento de Canelones, tradicional bastión electoral del Partido Colorado, se puede observar que en aquella elección de 1971 este sector político tradicional había obtenido 43.4% de votos, mientras el Frente Amplio, 11.3%, y los otros partidos (principalmente el Partido Blanco o Nacional), 45%. Si se contrasta este dato con los resultados electorales de las elecciones anteriores, de 1966, se puede constatar que el Partido Colorado había obtenido 51.2% de los votos, las fuerzas de izquierda de aquel momento (Frente Izquierda de Liberación: nombre con el que participaron el Partido Comunista, Partido Demócrata Cristiano y Partido Socialista) apenas habían alcanzado 4.8%, mientras las otras fuerzas políticas (considerando, principalmente, al Partido Blanco o Nacional), 44%. De esta forma, mientras los considerados "otros partidos" se mantuvieron prácticamente inalterables en su porcentaje de preferencias electorales, el Partido Colorado había perdido casi 8% de los votos de 1966 a 1971, que, es posible deducir, claramente irían a sumarse a la nueva fuerza política de izquierda, el Frente Amplio. De la misma manera, si se observan los resultados electorales de aquel fatídico evento electoral para el Partido Colorado de 2004, es posible, asimismo, sustentar de manera más matizada ahora la tesis de la migración de votos hacia el Frente Amplio. En aquellas elecciones, y considerando el mismo circuito electoral del departamento de Canelones, el Partido Colorado había obtenido un magro 9% de los votos; el Frente Amplio, 54.7%, y los otros partidos (nuevamente considerando como principal el

Partido Blanco o Nacional), 36.3%. Si contrastamos estos datos con los de las elecciones inmediatamente anteriores, de 1999, se observa que el Partido Colorado había obtenido 33.3% de las preferencias electorales, el Frente Amplio, 39.3%, y los otros partidos, 27.4%. Es decir que, de una elección a la otra, el Partido Colorado había perdido 24.3% de votos, muchos de los cuales migraron a los "otros partidos", 9%, mientras 15% lo había hecho hacia el Frente Amplio. Ciertamente, la pérdida de los votos "colorados" no fue, exclusivamente, a sumarse a los votos del Frente Amplio, aunque sí es posible suponer que una interesante mayoría lo había hecho. Estos resultados en el circuito de Canelones son sintomáticos de los cambios electorales en el resto del país, incluso considerando que este circuito electoral había sido históricamente un fuerte reducto del Partido Colorado.[3]

De esta forma, y más allá de estas reflexiones en torno al comportamiento electoral, es posible realizar una consideración que puede parecer a contramano de lo que supuestamente sería observable y esperado de la izquierda política (y de la cultura política en general), al no pretender ocultarse un aspecto estructural del proceso político e histórico del pequeño país. Así, en las condiciones políticas actuales, es posible suponer que esa izquierda política terminó materializando, en gran medida, la continuidad político-institucional de una forma de actuar y de definir las tareas del Estado tal cual había sido realizada por el Partido Colorado en su momento de mayor influencia en el país (1905-1929). El Partido Colorado, bajo las presidencias de José Batlle y Ordóñez, a comienzos del siglo xx fue portador de una actuación política que no sólo amplió derechos sociales a la ciudadanía, sino que, también, dio cuerpo a una estructura estatal que luego se consideraría de vanguardia para su época, iniciando políticas de fuerte sentido socialdemócrata (Nahum, 1998).[4] En grandes líneas el

---

[3] Todos los datos citados se obtuvieron del Banco de Datos de Política y Relaciones Internacionales de la Facultad de Ciencias Sociales de la Universidad de la República Oriental del Uruguay (UdelaR). Agradezco al doctor Daniel Chasquetti la gentileza de cederlos.

[4] Las gestiones financieras (creación de bancos), industrial (creación de empresas de energía eléctrica y teléfonos en 1912) y comercial del Estado se constituyeron en

Partido Colorado encarnaba los intereses de la amplia ciudadanía uruguaya mediante el diseño de una estructura social en cuya base se situaba una amplia clase media de funcionarios, empleados de comercio, obreros de fábricas y profesionales, y es justamente con estas características como la "matriz institucional" fue tomando forma.

No obstante, se trató de una "matriz" que no gozó en todo momento de pleno apoyo y adhesión política, como se podría suponer al recordarse los propios conflictos iniciales de la identidad política del país entre las "divisas" a comienzos del siglo xx. En realidad, los descontentos emergieron cuando, fundamentalmente, crisis económicas representaron un verdadero cuestionamiento hacia ella. Así sucedió inmediatamente después del gobierno de Luis Batlle Berres,[5] del Partido Colorado, cuando en las elecciones nacionales de noviembre de 1958 el Partido Blanco o Nacional obtendría su primer triunfo electoral. La fragmentación interna del Partido Colorado, la crisis económica de mediados de los años cincuenta y la erosión de la imagen política del presidente Batlle contribuyeron para que, por primera vez, "los blancos" comandaran el Poder Ejecutivo. Este triunfo vino acompañado en 1952 de una reforma constitucional que instituiría una forma colegiada en el gobierno nacional y que suponía la participación en el Poder Ejecutivo de aquellos candidatos más votados por cada partido: el Consejo Nacional de Gobierno. Por esto, tanto el triunfo del Partido Blanco como la propia reforma constitucional representaron un claro gesto por introducir algunas modificaciones en la estructura política e institucional del país, al pretender sustituir la figura política del presidente de la república por un colegiado. Recelosos de un presidente con amplios poderes, muchos sectores del Partido Blanco veían con desconfianza un Ejecutivo unipersonal.

un elemento definitivo de la relación entre la sociedad y el Estado a comienzos del siglo xx. En el ámbito social, la "ley del divorcio" es de 1913, la de "ocho horas de trabajo" de 1915, y la que otorga el derecho al sufragio femenino es de 1932. Entre otras acciones de gestión de gobierno, ese perfil político e ideológico se conoce, históricamente, como "batllismo".

[5] Luis Batlle Berres (sobrino nieto de José Batlle y Ordóñez) gobernó el país entre 1947 y 1958; su gestión se recuerda en el Ejecutivo nacional como "neobatllista".

El gobierno del Partido Blanco (1959-1967) estaría marcado en lo político por serias fracturas internas (igual que el propio Partido Colorado) con tendencias políticas, por un lado, más conservadoras, y liberales, por otro, y por el surgimiento de algunas voces más acordes con reformas económicas y sociales más alineadas a las preocupaciones de las amplias capas medias de la población. Durante sus dos mandatos, llevó adelante políticas de liberalización económica, de eliminación de subsidios a la producción agrícola, de devaluación de la moneda, de reducción de los impuestos a las importaciones; de esta manera protagonizó un fuerte alineamiento con el Fondo Monetario Internacional en lo referente a su política económica. Una simple observación parecería sugerir que terminó tomando medidas que fueron a contracorriente de lo inmediatamente realizado por el antecesor, Luis Batlle Berres, con la intención de reactivar la economía y salir de la recesión. El propio sistema político colegiado fue objeto de críticas, ya que carecía de la efectividad necesaria en la toma de decisiones rápidas y concretas. Por esto, en 1966 muchos sectores políticos, acompañados por el propio deseo de la población en general, presentarían proyectos de reforma constitucional, dando marcha atrás al sistema político unipersonal (un presidente), y retornando, así, a una práctica política electoral que estaba ampliamente internalizada por la ciudadanía.

Es probable que este interregno del Partido Blanco o Nacional en el gobierno pueda considerarse una suerte de cuestionamiento al "aura socialdemócrata" del país, ayudado por la crisis económica de mitad de los años cincuenta y el desgaste y la fragmentación al interior de los dos partidos tradicionales. No obstante, si, de cierta manera, la "matriz institucional" y política pareciera protagonizar una primera crisis política con este proceso histórico vivido durante los años sesenta, es oportuno aclarar que no necesariamente representaría la materialización de su crisis social, es decir, de su cuestionamiento en la propia cultura política del país, las adhesiones políticas y el comportamiento electoral, incluso porque habría otras situaciones en que esa "aura" sería igualmente puesta a prueba con otros momentos históricos. Además de la presencia "blanca" se puede mencionar, justamente, la que se vislumbraría con el ascenso del colorado Jorge Pacheco

Areco en 1967 a la presidencia de la república luego de los dos gobiernos del Partido Blanco. Con Pacheco Areco se iba a dar continuidad (de manera más intensa) a un proceso de "desmantelamiento" de la cultura política instaurada desde José Batlle y Ordóñez y ya en crisis desde los años cuarenta (Bayce, 1989: 21), que tendría su fatal desenlace con la dictadura cívico-militar de las décadas de los años setenta y ochenta. Con Pacheco Areco se había comenzado a perfilar, de forma clara, una retórica política autoritaria y autocrática que confirmaría la decadencia de un accionar partidario característico del Partido Colorado. Se puede decir que el Partido Colorado, a partir de este momento, asumiría una identidad política "conservadora" y menos condescendiente con las necesidades de las grandes masas de la población trabajadora. Pacheco Areco había desarrollado una política que dejaba al desnudo el liberal "batllismo" histórico, generando descontentos al interior de la fuerza política. Así, el electorado considerado más "progresista" del Partido Colorado se sentiría huérfano de un espacio político que dialogaba con una vida política y con códigos de comportamiento ciudadano enraizados electoralmente. Para muchos, la singular "aura socialdemócrata" fue aparentemente abandonada en los años sesenta, cediendo espacios que oscilaban entre sindicatos de trabajadores, movimientos políticos de una izquierda todavía tímida cuantitativamente y, de cierta manera, entre algunos movimientos sociales y políticos que, incluso, apelaron a la lucha armada para "tomar el poder" a fines de los años sesenta e inicios de la década de los setenta.

De acuerdo con este razonamiento, cuando se escucha que la izquierda política actual debe tomar medidas que busquen reducir las desigualdades salariales, dar acceso a determinados derechos sociales y discutir la necesidad de una amplia reforma del aparato estatal, parecería estar asistiéndose a un *continuum* histórico-temporal que transfiguraría al otrora Partido Colorado (y su "batllismo" político constitutivo) en el actual Frente Amplio, una especie de retorno a ciertas prácticas que se aproximan a aquellas que formaron parte del "batllismo" de comienzos de siglo XX y del "neobatllismo" de los años cincuenta. Evidentemente, no son sólo los discursos o iniciativas políticas concretas los que permiten decir que, en cierto sentido, el

Frente Amplio es la continuación del Partido Colorado en evidentes situaciones históricas distintas. Es, también, el lugar que asumió en el repertorio electoral y político del país, el cual tomó como propio un discurso que habría sido patrimonio del tradicional Partido Colorado y una forma de definir el Estado en absoluto distante de la centralidad atribuida históricamente. De esta manera es posible observar que el sistema político y la institucionalidad del libre juego democrático consiguen retornar a sus fuentes: a una estructura político-partidaria que da continuidad a un "ser nacional" que encontró abrigo en la fuerza política de izquierda actual: el ecléctico Frente Amplio. Así, la bipolaridad política continuaría vigente: desplazado a un tercer lugar dentro de las preferencias electorales en las elecciones de 2004 y de 2009, el Partido Colorado parecería insistir, todavía, en la búsqueda de su identidad política perdida que, en gran medida, fue encontrada por aquellos que supieron captar el capital político y social histórico del país: la dirigencia frenteamplista.

LAS EXPERIENCIAS

Como bien sustenta Bayce (1989), la consolidación de una primera cultura política formal y moderna en Uruguay es contemporánea a una afirmación tardía del Estado, en sincronía con una modernización social obtenida por una dirección estatal "desde arriba", con retórica liberal y expansión democrática. Durante la gestión del presidente José Batlle y Ordóñez fue evidente que el país gozaba de ciertas ventajas comparativas respecto de otros países de la región, principalmente cuando se comprende que entre los uruguayos no existía el antagonismo que dividiría a la ciudadanía y que, eventualmente, podría amenazar el Estado. En todo caso, las luchas entre grupos políticos y las demandas disidentes eran relativas a la "coparticipación en la gestión gubernamental", a las garantías frente al fraude electoral o contra los abusos de corrupción en la administración pública. En el país no se habían construido, todavía, partidos o grupos de interés que cuestionasen "visiones de mundo", del Estado y de los intereses corporativos, como sí se habían manifestado en otras regiones del continente.

Por eso, los intereses que dividían a la ciudadanía amenazaban al gobierno, y no al Estado (Bayce, 1989: 13). Esto conduce a considerar que en Uruguay es a partir del Estado como se construyó una institucionalización política (respeto al marco legal), una modernización social (por ejemplo, en la expansión de una escuela pública laica y obligatoria) y una democratización liberal (derechos y libertades políticas) con relativo éxito, únicamente cuestionadas después de los años sesenta (con el Movimiento de Liberación Nacional, Tupamaros,[6] y posteriormente con la dictadura cívico-militar).

Junto con una gestión política que otorgaba una amplia diversidad de derechos políticos, sociales y económicos a la población, bajo la premisa de que para el desarrollo de una sociedad el Estado debe controlar los aspectos centrales de la economía (tornándose una entidad cuya función principal sería la redistribución de la riqueza), lo que se conoce históricamente como "batllismo" tendió a elaborar un discurso de construcción de "consensos políticos" y, así, inhibió los conflictos internos del Partido Colorado; de la misma forma, redujo las asperezas con el Partido Blanco, de fuerte arraigo en el medio rural. Colorados y Blancos (o "nacionalistas", como también se los llamó) se integrarían al discurso "institucionalista" del presidente Batlle y Ordóñez, que enfatizaría la "paz social", el respeto a los derechos individuales y, en especial, la sumisión de la ciudadanía a la "Ley".[7] Es desde este momento que, justamente, se puede desprender la serie de "mitos" característicos del "imaginario político" uruguayo hasta los años setenta. En tal sentido, Perelli y Rial (1986: 22) afirmarían, de manera interesante, que son cuatro "mitos" los que se pueden mencionar con mayor destaque. En primer lugar, el "mito de la medianía" o de la "estabilidad social". Como se mencionó, a comienzos de siglo XX se había creado un Estado "asistencial" y protector de los sectores subalternos de la sociedad, que propiciaba la creación de capas medias

---

[6] Se trata del nombre del conocido movimiento político armado de izquierda que actuó en el Uruguay en los años sesenta y comienzos de los setenta.

[7] Esta "integración" al discurso institucionalista no se dio sin antes haberse producido considerables conflictos políticos y armados. Se destaca el levantamiento armado liderado por Aparicio Saravia (del Partido Blanco o Nacional) en 1904, a un año de la asunción a la presidencia de José Batlle y Ordóñez.

y de los valores culturales que les son propios. La estabilidad social alcanzada sería muy alta, y favorecería el predominio de la visión política de los sectores medios de la sociedad, en detrimento de las capas subalternas, a las que muchas veces se asistiría con desconfianza. Hubo, entonces, una aceptación implícita del marco de acción sociopolítico legitimado y vigente, y cuyos sectores altos de la sociedad conseguían verlo como funcional a sus intereses prácticos. En segundo lugar, aparece el "mito de la diferenciación" cultural. En este sentido, la "identidad uruguaya" era comprendida como "especial" en el contorno de los países de la región. Política, cultural y "étnicamente" diferenciado del resto de los países latinoamericanos, el país asumiría su pretendida "superioridad" por lo avanzado de su legislación, por la homogeneidad de su población (con prevalencia de los "blancos" sobre los indígenas) y por la integración social adquirida (la "asimilación" de los migrantes europeos fue de notoria importancia). El uruguayo se vería "europeizado", más allá de estar lejos de Europa y de sus guerras e inestabilidad política, y de América Latina, cuyos países no podían ofrecer la misma asistencia y protección a sus ciudadanos. El tercero es el "mito del consenso", el de la "ley impersonal" que se impone (Perelli y Rial, 1986: 23). Se trata de un imaginario político que se nutre del "mito de la democracia", del "mito del orden", coadyuvante a la sustentación del Estado de derecho y del respeto a las reglas. La democracia era tomada como "regla de juego" político; no obstante, sin la inevitable capacidad de excluir el clientelismo y el apadrinamiento político en instancias importantes de la vida social del país. El cuarto sería el "mito del país culturoso" (Perelli y Rial, 1986: 24).

> Cuando se puso en marcha el Estado asistencial, uno de los objetivos fundamentales fue lograr que la masa subalterna tuviese, en primer término, acceso a una total alfabetización, que sus capas medias fueran lo suficientemente educadas como para distinguir a este país precisamente por ese hecho: por el alto grado de su cultura, mediocre, pero suficientemente niveladora e igualadora. Era ésta una forma "económica" de hacer aumentar el auto-respeto de esas clases medias, de afirmar sus valores, y tratar que éstos permearan al conjunto de la sociedad (Perelli y Rial, 1986: 24).

Estos cuatro "mitos" confluirían en la enorme importancia dada al Estado como organizador y gestor de la vida colectiva del país; al mismo tiempo, en considerar de gran importancia la clásica noción de "sociedad amortiguadora" (Real de Azúa, 1984), "tipo ideal" que denota, en el caso de Uruguay, la preexistencia de un capital social que estaría permitiendo que los eventuales conflictos sociales emergentes no pudiesen llegar a "explotar" debido a compromisos o acuerdos que *a priori* se han instituido por el conjunto de la sociedad. "Amortiguando" las demandas o energías políticas más "radicales", la "idea de sociedad" prevalecería en la operacionalidad de los "mitos" arraigados en las prácticas políticas y sociales cotidianas.

Así, a una "sociedad amortiguadora" que "racionaliza las diferencias" y evita los "catastrofismos", "extremismos" o "revoluciones" le corresponde un sistema político estructurado por "agregación de intereses", basado en "equilibrios mutuos", "favores clientelísticos", la "juridización de las relaciones sociales" o el "adelantamiento de la legislación social". Así, los rasgos de una "sociedad de iguales" e "hiperintegrada" serán causa y consecuencia, a la vez, de las formas de movilidad social de tipo "meritocrática" y/o "migrante". O, la sociedad "construida desde el Estado" tendrá su correlato político en el Estado "de compromiso" (Rico, 2005: 185).

Por lo anterior, la tesis de la "sociedad amortiguadora" de Real de Azúa (1984) sobre Uruguay se sustenta en la histórica importancia atribuida a la cultura política propia de los sectores medios de la población. Esto resulta evidente, como afirman Perelli y Rial (1986: 39), cuando se percibe que la supuesta "acción anticipatoria" de las demandas sociales por parte del Estado no únicamente apuntaron a crear la sensación de "plenitud" y conformidad por parte de la ciudadanía, sino también a afirmar valores propios de los sectores medios, oscilantes entre la "utopía" y el "conservadurismo". Ciertamente, acentuar los valores de "clase media", que permearían al conjunto de la sociedad, significó diluir eventuales conflictos de clase o de grupos, tensiones sociales diversas y críticas procedentes de la esfera cultural, y materializó en la figura del Estado un papel central en la protección de la sociedad. Aquí radica, en gran medida, el principal gesto favorable para el establecimiento de un proyecto "anticipatorio" de país, de "estilo consensual" en el relacionamiento político, que conduciría, en definitiva, a una fuerte "batllistización" de la propia sociedad uruguaya (Perelli y Rial, 1986: 40). Lo que ejemplifica esta cuestión es que no sólo se debe comprender el proceso histórico constitutivo de la sociedad política del país como inherente de la esfera política e institucional, lugares clave de los destinos colectivos en materia de los derechos y de la consolidación de la ciudadanía. Por "batllistización" de la sociedad se debe entender la "internalización" de una narrativa político-cultural que acepta el "paternalismo" estatal (considerado como antecesor de la existencia de la propia —y eventual— sociedad civil), y de una "sensibilidad tolerante", laicista y de fuerte perfil universalista, contenidos culturales que funcionarían como "imaginario colectivo" en la ciudadanía. No obstante, con las crisis de prosperidad económica en la década de 1950 (en la medida que la matriz productiva del país, sustentada en la exportación de materias primas originadas de la explotación ganadera, no estaba adecuada a la competitividad del mercado internacional después de la Segunda Guerra Mundial), el Estado protagonizaría una insuficiencia creciente en la capacidad de satisfacer las demandas de la sociedad. Como resultado, las demandas parecieron "corporativizar la sociedad", lo que generó una necesidad ciudadana de competir por la escasez de los favores políticos. Así, a la "descorporativización de la sociedad civil intentada por Batlle y Ordóñez por medio de una politización de lo privado sucede una re-corporativización de la sociedad civil y una privatización de lo político" (Bayce, 1989: 21) que condujo al Estado a perder fuerza y autonomía respecto de la sociedad: en contraposición, el Estado incrementaría su "clientelismo" bajo otras características, tal vez hasta más perversas, que culminarían deslegitimando su papel de "protector" de la población.

Como consecuencia, ciertas transformaciones en el sistema político comienzan a manifestarse. Las simples diferencias políticas empiezan a ser tratadas como antagonismos construidos al interior de los partidos políticos tradicionales del país. Eventuales posicionamientos "progresistas" y "conservadores" se manifestarían en el Partido Colorado y en el Partido Blanco, generando así una verdadera crisis del "imaginario batllista" político y social. De esta manera, una evidente deslegitimación del Estado y, obviamente, del gobierno, y una "clientelización" política cada vez más recurrente (los denominados "Clubes Políticos", histórica base de acción partidaria, desempeñaron un papel central en esto) dieron el tono de los nuevos tiempos de la democracia uruguaya en los años sesenta. Sin embargo, lo más destacado iba a manifestarse en la correlación históricamente construida entre la esfera institucional y la cotidianidad de la población: la aparente "desbatllistización del Estado" tendría como correlato la permanencia del "batllismo" en el imaginario social de los uruguayos: una narrativa que concentraría, eficientemente, los "mitos" estructuradores del moderno Estado y su ciudadanía "diferenciada". Por tal razón, "entre la 'desbatllistización' del Estado y el batllismo mental de la ciudadanía, acabó por configurar[se], a lo largo del proceso, una disonancia cognitiva fuertemente isotópica. Con la aparición del Estado como alteridad se instauran otras alteridades" (Perelli y Rial, 1986: 42), una crucial fractura de aquel excesivo ideario de seguridad, certeza y confianza en las instituciones, así como el surgimiento de reacciones sociales y políticas de características diversas. En este contexto, la emigración por motivos económicos fue una primera respuesta visible: en una década, el país había perdido 10% de su población, y casi 20% de la población económicamente activa. Por otro lado, el radicalismo político se hizo presente sin contenciones institucionales posibles: en las movilizaciones de gremios y sindicatos de trabajadores y de estudiantes, en la lucha armada de los "tupamaros" y, simultáneamente, en la presencia de grupos políticos de "extrema derecha". Al final de la década de 1960 se diseñaba un país "desbatllistizado" institucionalmente, pero con la supervivencia de redes de sociabilidades cotidianas que actuaban a partir del imaginario "batllista". De manera consecuente, ¿sería la efervescencia política de estos años un gesto por "recuperar" el proyecto político históricamente constitutivo del país, centrado en la figura del Estado, garantía del ejercicio de la ciudadanía y, fundamentalmente, marco de referencia para el desarrollo personal en la esfera privada de los ciudadanos? ¿Cómo la izquierda política se posicionaría, desde su formación, ante este fenómeno político y cultural del país?

LOS ORÍGENES

Para Demasi (2006), el Frente Amplio, en tanto sector político nuevo en el contexto de los años setenta, no pudo haberse originado si no hubiese conseguido captar al sector "batllista" del Partido Colorado, así como al sector más "progresista" del Partido Blanco. Esto se debía, en gran medida, porque a finales de los años sesenta se iba a producir una novedosa "adhesión emocional" del electorado a los sectores políticos, a diferencia de la clásica "tradición partidaria" y la "adhesión racional" a un programa político. Por esto, para muchos "colorados" iba a ser posible invocar figuras políticas del pasado y transfigurarlas, sin resquemores, en posicionamientos políticos de "izquierda", superando, así, algún tipo de barrera partidaria infranqueable. Se tornaría posible invocar a José Batlle y Ordóñez y, por ejemplo, estar fuera del Partido Colorado.

Un factor importante en este movimiento del electorado, y de algunos líderes del "batllismo" en el Partido Colorado, se relacionó con el posicionamiento político asumido durante la presidencia del también "colorado" Jorge Pacheco Areco. Al haber desarrollado una política entendida como "antibatllista", Pacheco Areco permitió un "voto crítico" entre los electores de su partido, un electorado menos dependiente del partido y de sus candidatos que produjo también algo inevitable: sectores "batllistas" abandonarían el partido Colorado, llevándose consigo un capital electoral cualitativamente activo (no obstante, numéricamente de poca expresión). Así, los dirigentes políticos "colorados" Zelmar Michelini, Renán Rodríguez y Hugo Batalla, por ejemplo, fundarían la "Lista 99" dentro del partido Colorado, para después, en 1971, formar parte de la fundación del Frente Amplio junto con otros integrantes del partido: Enrique Rodríguez Fabregat y Alba Roballo, sin olvidar quién ocuparía la presidencia del nuevo sector político de izquierda: el general Líber Seregni.

Sin embargo, el "frenteamplismo", surgido de la amalgama de diferentes sectores políticos, no se consolidaría más allá de los horizontes políticos históricos del país. No fueron los preceptos históricos del Partido Comunista, del Partido Socialista o de otros actores políticos oriundos de otras estructuras ideológicas de izquierda los que darían sustento político a la acción y a la gestión de gobierno en los momentos en que el Frente Amplio tuvo que asumir ese papel. Sin duda, muy importante habría sido la militancia política oriunda de esas estructuras partidarias, por ejemplo, del propio Movimiento de Participación Popular (MMP), liderado por el ex presidente José "Pepe" Mujica en los años noventa y la década siguiente. Es evidente que la ascensión de José Mujica a la presidencia en 2010 tuvo como antecedente la inserción de una agenda política particular bajo la labor militante de algunos sectores de la izquierda política y del Frente Amplio. Pero una cosa es propia de las narrativas políticas que la izquierda construyó para sí al interior del Frente Amplio y otra, muy diferente, sería la manera de actuar en el Poder Ejecutivo del país. El "frenteamplismo" se habría encontrado, continuamente, en la disyuntiva de "comprenderse" en escenarios complejos de la realidad institucional: como propio de la retórica de izquierda o como inherente a justificar medidas de acción político-administrativas que podrían herir sensibilidades en su interior. Pero el "frenteamplismo" subsistiría: para algunos, por ejemplo, en la estética (y la ética) y el discurso de "Pepe" Mujica; mientras tanto, en la práctica, parece materializarse cabalmente en las características de cómo conducir un gobierno y pensar la gestión del Estado sin grandes innovaciones.

Por consiguiente, resulta poco certero deducir que el Frente Amplio deba su crecimiento electoral a su "apertura al centro" político, reduciendo eventuales temores de la población de lo que sería un gobierno de izquierda. El argumento de la supuesta moderación discursiva que el Frente Amplio habría asumido, abandonando las implicaciones de lo que sería una identidad de izquierda, no resulta convincente cuando a este sector político se le intenta comprender e insertar en la historia política del país. Lo que se afirma aquí es que es imposible constatar alguna evidente contradicción entre un Frente Amplio anterior a la década del 2000 y el que se vislumbra en el presente debido a que no se habría manifestado en modo verdaderamente claro un posicionamiento político que condujera expresamente a una transformación de la matriz económica (liberalismo), política (el "estadocentrismo") y social (la "batllistización"). Se trató, en todo caso, de una fuerza política que "asume las mejores tradiciones uruguayas para construir un Uruguay mejor" (Seregni, 1971); un espacio político del electorado que pareció resignificar los "imaginarios nacionales" y su cultura democrática. En definitiva, el relativo éxito político y el incuestionable éxito electoral del Frente Amplio son proporcionales a la aproximación al imaginario político nacional sobre el sentido atribuido al ejercicio de la ciudadanía: a la recuperación política de la "matriz institucional".

De acuerdo con esta línea de argumentación, el ex integrante del movimiento "tupamaros" Jorge Zabalza (2015), en una entrevista de radio, manifestó recientemente que los gobiernos del Frente Amplio habrían contribuido al aumento de los lucros económicos de los bancos y de los productores rurales, sentenciando que el proyecto político que condujo el Frente Amplio en el gobierno estaría agotado. Afirmó, incluso, que en la última elección el triunfo del Frente Amplio no se correspondía con el voto de los ciudadanos por un proyecto, por un programa de gobierno, y sí con el propósito de evitar el avance de los otros candidatos de la oposición: Luis Lacalle Pou (Partido Blanco) y Pedro Bordaberry (Partido Colorado). También afirmó que el Frente Amplio viviría, en la actualidad, ciertas contradicciones políticas internas, como las que evidenciaron las discusiones en torno al TISA (Acuerdo sobre Comercio de Servicio, por sus siglas en inglés) con los Estados Unidos. No obstante, es importante destacar que dichas afirmaciones no pueden trascender una lectura interpretativa del Frente Amplio que se torna necesario abandonar. Atribuirle al Frente Amplio, *a priori*, una identificación política con una visión e ideología de izquierda, esperando, de esta forma, determinadas posiciones en la gestión de gobierno, es propio de un ejercicio analítico también agotado, en primer lugar porque parte de un esquema de representación política que no cuestiona, mínimamente, el binomio derecha-izquierda. ¿Cuál sería, de manera concreta, el "proyecto" político que se agotó? En todo caso, ¿no se habría tratado, simplemente, de una serie de visiones políticas que fueron "atribuidas" como propias de una izquierda política? En efecto, el punto de partida de las reflexiones aquí presentes tiene otra dirección, y trasciende el *a priori* que estaría definiendo una fuerza política de izquierda desde sus narrativas y *clichés* de los últimos 30 años. Por eso, Zabalza sólo había conseguido observar una parte del asunto, sin constatar que el Frente Amplio en definitiva habría tomado para sí aquel espacio político y electoral que daría cuerpo a la "matriz institucional" del país.

EL DESENLACE

En las elecciones de 2014, el Partido Colorado, liderado por Pedro Bordaberry, sufriría un nuevo revés político. A pesar de los intentos, en los últimos años de renovación del viejo Partido Colorado la candidatura de Bordaberry apenas pasaría 12% de las preferencias electorales. Esto evidenció no únicamente una crisis electoral concreta, sino también una crisis al interior de un partido que no conseguía articularse política y electoralmente desde la elección nacional de 2004. No pareció surtir efecto la tarea de Bordaberry de "hacer retornar" el voto "colorado" y "batllista" al partido. Por lo contrario, terminaron abriéndose nuevas y visibles fracturas: por ejemplo, con la resistencia al predominio de Bordaberry en el partido por parte de viejos líderes, como Tabaré Viera y José Amorín Batlle; con la deserción de un joven diputado que había sido un fuerte aliado en el comienzo de su candidatura, Fernando Amaro, y con el alejamiento del conocido político Ope Pasquet de sus filas políticas. Con esto, se diseñaba un movimiento interno de inflexión política significativo en la búsqueda por tornar posible un renacimiento de la "tradición batllista". Evidentemente, se ha comprendido que el Partido Colorado debería recuperar una identidad política perdida (o abandonada) con el diagnóstico de que el Frente Amplio habría ocupado "su" espacio electoral, sus bases sociales, que alguna vez fueron "coloradas" y "batllistas". Así, parece evidente que el fracaso "colorado" es el resultado del desplazamiento hacia el Frente Amplio del "aura socialdemócrata" histórica del Uruguay; aunque no únicamente esto: el Frente Amplio no simplemente desplazó al Partido Colorado de su lugar tradicional en el eje izquierda-derecha, además lo vació de sus bases sociales clásicas, de las preferencias de la población urbana, de aquellos menos favorecidos de las periferias, y de todos aquellos que permanentemente hacen referencia a la vocación por justicia social en el protagonismo del Estado.

Con el ciclo político de gobiernos del Frente Amplio, desde 2005 pareció instalarse un dilema analítico significativo que tiene en el centro de las preocupaciones al Partido Colorado y al propio Frente Amplio. Cuál sector político y electoral ocupa aquel espacio que materializaría la "matriz institucional" del país y se convierte en el punto de partida para comprender el presente y el destino político de Uruguay. Por el momento, todo indica que el Frente Amplio encarna la narrativa constitutiva de un "ser nacional", coadyuvante a una narrativa sobre el Estado que aún se presenta legítima frente a las miradas de la ciudadanía uruguaya. Se trata, ciertamente, de un dilema que se vincula con aquella sentencia de que la construcción de la sociedad se dio desde el Estado, con las formas de inclusión social vistas "desde arriba". Como afirma Rico (2005: 176), el paradigma estadocéntrico es una forma de institucionalizar la sociedad y sus sujetos a partir de las narrativas del Estado, de construir discursivamente el sentido social por medio de la capacidad de limitar la autonomía social en los marcos de la autoridad de lo estatal-instituido. Rico continuaría diciendo que:

> Tal "estatalización" de lo social, lejos de ser un mero posicionamiento teórico, incidirá directamente en los procesos políticos reales, a la hora de determinar y limitar, por el Estado y la clase gobernante, los márgenes de la protesta social, la capacidad instituyente de los sujetos no estatales, los límites de la politización y el conflicto social. Así sucedió en los años sesenta y setenta del siglo pasado, camino al autoritarismo; y así sucedió, luego, a la salida de la dictadura, hacia fines de los años ochenta y principio de los noventa (Rico, 2005: 177).

Conflictos sociales diversos no faltaron durante estos últimos años en Uruguay. Los gremios de la educación, entre otros sindicatos del país, por ejemplo, se han movilizado y demostrado descontentos en varias situaciones políticas. Más allá de una evaluación sobre la pertinencia de estas iniciativas y críticas originadas al desempeño del gobierno del Frente Amplio, interesa observar cómo la actuación de la izquierda política en el Ejecutivo Nacional se alineó a la tarea de redireccionar, disciplinadamente, a la sociedad movilizada contra las reglas del juego que históricamente pautaron el comportamiento en los conflictos y demandas sociales. Reglas que no únicamente revelan la legitimidad de un orden democrático estrictamente representacional por parte de "políticos profesionales", sino también cómo, para la ciudadanía uruguaya, todavía pervive la idea de que todo conflicto emergente se interpreta como "contra el Estado", en lugar de adjudicarle una crítica directa al gobierno. Esto muestra la internalización que tuvo la "batllistización" en la cotidianidad. Para ser más claros, todo conflicto social que se dirigiera contra determinada posición o acción del gobierno sería, en realidad, comprendido como sintomático de un cuestionamiento al Estado históricamente "construido por todos", de una crítica visceral de la "autoridad de lo estatal-instituido", como diría Rico (2005: 177). El Frente Amplio inmediatamente digirió este proceso, y lo asimiló en su forma de gestión de gobierno. Por eso, resulta poco importante, bajo esta "matriz", quién ocuparía, coyunturalmente, el espacio político del gobierno. En cambio, sí importa si el interés es observar medidas políticas concretas, matices sobre formas de conducción política acerca de temas puntuales. Es comprender que toda acción gubernamental, incluso las menos legítimas a los ojos de la ciudadanía —como cuando las fuerzas policiales son accionadas para reprimir conflictos sociales que estarían "fuera de control"—, adquiere su legitimidad al encarnar la defensa de un Estado de derecho que se sustenta en el viejo imaginario "batllista": en un Estado que ha sustituido la ausencia de una "nación fundacional", y sobre todo en un "ideal de democracia" que se define a partir de la articulación de los espacios políticos y sociales con el Estado, y no con base en su eventual autonomía. Así, la "matriz institucional" uruguaya, el Estado y la sociedad se funden en un mismo contenido político, aquel que nació con José Batlle y Ordóñez, con el Partido Colorado en el siglo xx. Tal vez, entonces, ya sea el momento de comprender que ese contenido político ha adquirido su forma actual en una nueva fuerza política, el Frente Amplio, la "izquierda *à la* uruguaya" del Partido Colorado.

5
LA ESTRUCTURA TERRITORIAL Y FUNCIONAL DEL ORDEN POLÍTICO COMO FILTRO SIMPLIFICADOR DE PROBLEMAS POLÍTICOS: EL CASO DE LOS AGROQUÍMICOS EN ARGENTINA

Markus Rauchecker

INTRODUCCIÓN

La función primordial del Estado moderno es establecer un orden social (O'Donnell, 1993: 1356-1360) que transforma los órdenes preexistentes para homogeneizarlos a través del territorio nacional y hacerlos legibles y, de esta manera, controlables por el Estado (Lefebvre, 2009 [1978]; Scott, 1998). Defino la (re)producción del orden por el Estado como un proceso permanente, dinámico e inconcluso que es interdependiente del desarrollo de los otros órdenes. Este ordenamiento político[1] que realiza el Estado no sólo abarca la sociedad y la economía, sino también la naturaleza (Whitehead, Jones y Jones, 2007). El análisis del Estado en ciencias sociales ya no se enfoca únicamente en la interrelación entre sociedad, economía y el Estado como interlocutor y lugar de la negociación de esa interrelación, sino que está creciendo la investigación sobre la interrelación entre el mundo no humano y humano intermediado por el Estado (Rossotto Ioris, 2014: 35-39; Whitehead, Jones y Jones, 2007).

En la bibliografía se encuentran dos procesos característicos del ordenamiento político, como lo entiendo aquí. El primero es la producción del espacio por actores estatales en el sentido de territorialidad (*territoriality*) (Sack, 1986). El segundo es la categorización de fenómenos según una cierta función por actores estatales (Foucault, 2005

---

[1] En este trabajo uso el término *ordenamiento político* exclusivamente para denominar las acciones que realiza el Estado para ordenar la economía, la sociedad y la naturaleza.

[1970]; Scott, 1998, y Whitehead, Jones y Jones, 2007). Según Mark Whitehead, Rhys Jones y Martin Jones (2007), los dos procesos son interdependientes.

Es importante destacar que el Estado mismo no es un actor monolítico, sino un orden político que se compone de varios actores estatales en diferentes niveles territoriales y áreas políticas que se interrelacionan según ciertas normas (Duchacek, 1970). Este orden político puede ser incoherente y contradictorio y puede tener lagunas, pero hay que tener en cuenta que esta multitud de entidades estatales está encubierta por una idea unificadora del Estado (Abrams, 1988 [1977]). Para analizar cómo el Estado ordena la sociedad, la economía y la naturaleza observo la estructura del orden político y las negociaciones que se desarrollan en su interior entre coaliciones de actores. Estas coaliciones pueden agrupar al mismo tiempo actores estatales y no estatales, según intereses en común que disuelven la distinción entre lo público y lo privado (Sabatier, 1993).

James Scott (1998) argumenta que el Estado sólo puede identificar ciertos aspectos de los problemas políticos y, por ende, únicamente puede regular estos aspectos. Pero este proceso no sigue un plan general y no está desarrollado por el Estado como un actor monolítico, sino por una multitud de actores estatales y no estatales (Li, 2005). Sostengo que este proceso está estructurado por la diferenciación territorial o funcional del orden político en niveles estatales con límites territoriales y áreas políticas. El ordenamiento político varía dependiendo del foro del Estado en donde se toman las decisiones al respecto; es decir, dependiendo de la dimensión territorial o funcional que tiene tal foro. La asignación de un problema a un determinado foro en un nivel estatal y un área política depende de la definición de este problema (Baumgartner y Jones, 1993).

Para profundizar en estos argumentos, analizaré los conflictos por el uso de agroquímicos en el marco de la introducción y la expansión del modelo global de la agricultura biotecnológica en Argentina, el tercer productor mundial de plantas transgénicas (James, 2014). Las disputas por el uso de agroquímicos en zonas periurbanas en la región pampeana y del norte de Argentina llevaron a la extensión de la regulación de agroquímicos de los niveles nacional y provincial al nivel municipal. Mientras tanto, los niveles nacional y provincial no avanzaron en el tema (Rauchecker, 2015: 302-304). Por esto elegí como estudio de caso un conflicto que resultó en una ley municipal de agroquímicos. Analizo la disputa por el uso de agroquímicos en la zona periurbana del municipio de San Francisco, en la provincia de Córdoba (para un análisis detallado del caso, véase Rauchecker, 2015), porque hubo debates autóctonos en torno a las competencias territoriales y funcionales de la provincia y del municipio. Los casos posteriores, en su mayoría, copiaron o usaron no sólo los argumentos, sino también el texto de la ley municipal de agroquímicos de San Francisco, y de esta forma se divulgaron los argumentos de los adversarios del uso de agroquímicos a otros conflictos municipales, provinciales y nacionales. Para la investigación utilicé diferentes tipos de materiales, como entrevistas, documentos de los actores relevantes, artículos de periódicos y normas legales, todos examinados con el Análisis Cualitativo de Contenido (Mayring, 2010).[2]

Voy a exponer en el análisis que la definición del uso de agroquímicos como problema político es la base del ordenamiento político. Los defensores y los adversarios del uso de agroquímicos lo definen de forma diferente como una práctica necesaria para la agricultura o como un problema para la salud y el medio ambiente. La definición es clave porque determina la asignación del problema político a un

[2] Las normas legales y sentencias judiciales citadas a lo largo de este capítulo se encuentran en el apartado "Documentos" de la bibliografía general del volumen. Las entrevistas se enumeran a continuación, con las identidades de los entrevistados expresadas mediante su afiliación o cargo:

Entrevista 1: Activista de Voz Ciudadana, San Francisco, 29/11/2012.

Entrevista 2: Ex asesor letrado de la Municipalidad de San Francisco, San Francisco, 20/04/2012.

Entrevista 3: Presidente de la Sociedad Rural de San Francisco, San Francisco, 25/04/2012 y 12/11/2012.

Entrevista 4: Ex presidente de la Sociedad Rural de San Francisco, San Francisco, 25/04/2012.

Entrevista 5: Ex concejal de San Francisco, San Francisco, 20/04/2012.

Entrevista 6: Ex intendente de San Francisco, San Francisco, 12/11/2012.

Entrevista 7: Ex secretario de Salud y Medio Ambiente de la Municipalidad de San Francisco, Ciudad de Córdoba, 27/11/2012.

nivel estatal (provincial o municipal) y un área política (economía/ agricultura o salud/medio ambiente). La investigación muestra que esta asignación lleva a diferencias en el tratamiento del problema político y el ordenamiento político resultante, porque las competencias funcionales y territoriales, las normas legales y principios legales relevantes y las entidades estatales involucradas cambian de un nivel estatal a otro y de un área política a otra. Además, las competencias de las entidades estatales como las del municipio de San Francisco están sujetas a diferentes interpretaciones según la definición del problema. La competencia territorial del municipio sobre el espacio periurbano varía según la función de tal espacio al ser destinado a la producción agrícola a gran escala o al resguardo ambiental.

En el trabajo resalto que la división territorial y funcional del orden político —que requiere de la asignación de un problema político en ciertos niveles estatales y áreas políticas— genera una focalización en determinadas características territoriales y funcionales de las preguntas políticas y, de esta manera, se ignora su complejidad y se obstaculiza su solución integral. Esto no significa que de esta forma el orden político cree espacios de ilegibilidad, como postula Deborah Poole (2006) en su análisis del Estado neoliberal, sino que la legibilidad que logra el orden político es necesariamente parcial. Es más, todos los órdenes funcionan según sus propias lógicas y perspectivas. La interdependencia de los órdenes económico, social, ambiental y político significa que el último retoma problemas de los otros órdenes y los procesa de una forma limitada, y luego los demás órdenes se adecúan al ordenamiento político desde su propia lógica limitada, por ejemplo, lo económico según las reglas del mercado.

EL ORDENAMIENTO POLÍTICO TERRITORIAL O FUNCIONAL

Para acercarme al concepto *ordenamiento*, del cual lo político es sólo una forma entre varias, uso dos acepciones diferentes de orden: *a)* como algo definido en contraposición a la continuidad, y *b)* como antítesis del desorden.

En su libro *Las palabras y las cosas* (*The Order of Things*, 2005 [1970]), Michel Foucault ve la necesidad humana de dividir el mundo y sus fenómenos continuos en categorías para entenderlos mejor. De esta forma, los humanos y, especialmente, la ciencia crean una diferenciación entre partes de fenómenos continuos que después se interrelacionan entre ellos en un sistema según reglas arbitrarias, que Foucault llama *orden*. Por lo tanto, el orden es socialmente construido y no preexistente en las cosas como en la naturaleza. En la misma dirección argumenta James Scott (1998) cuando dice que el Estado moderno tiene que simplificar el mundo social caótico mediante categorizaciones arbitrarias para hacer los fenómenos sociales variados legibles y, por lo tanto, controlables.

En contraste, Mark Neocleous (2000) muestra cómo se crea el orden social del Estado capitalista por medio del poder policial iniciado en el desorden después de la disolución del orden feudal. Los fundamentos del orden social fueron, por un lado, la definición de la delincuencia con base en la ociosidad y, por otro, la definición de las normas según el trabajo productivo. Por lo tanto, el orden se diferencia del desorden por el cumplimiento de las normas legales impuestas por el poder coercitivo del Estado (Neocleous, 2000): "es un orden en el sentido de que múltiples relaciones sociales están interconectadas a base de normas y expectativas estables (aunque no necesariamente aprobadas)" (O'Donnell, 1993: 1356).[3]

A pesar de las diferencias, las aproximaciones tienen puntos en común. Un orden se basa en la diferenciación de sus partes y en la interrelación de éstas según reglas y normas. La diferenciación y la interrelación son socialmente construidas de forma arbitraria. Un orden no es fijo, sino flexible y dinámico en el tiempo, porque un orden, sus reglas y su aplicación se desarrollan continuamente (Foucault, 2005 [1970]; Neocleous, 2000; O'Donnell, 1993; Scott, 1998). De acuerdo con lo anterior, es una característica inherente al orden estar limitado, primero, a captar todas las partes, por ejemplo, de la naturaleza (Foucault, 2005 [1970]), y, segundo, por la restricción del orden social

---

[3] Todas las citas directas en este artículo que provienen de un idioma diferente al español fueron traducidas por el autor.

en términos territoriales y funcionales y, además, por la violación de sus normas (Neocleous, 2000; O'Donnell, 1993). Por ende, un orden tiene un carácter expansivo. Esta definición de *orden* tiene la ventaja de que se puede aplicar a la sociedad, la economía, el Estado y también a la naturaleza. Aunque el mundo no humano parece ser diferenciado del mundo humano, el *orden* de la naturaleza que propongo aquí siguiendo a Foucault (2005 [1970]) y a Scott (1998) es socialmente construido y es un elemento en la interrelación entre el mundo humano y el no humano.

Para investigar la validez de los argumentos del artículo no basta con analizar sólo los órdenes sociales, sino que es necesario indagar en su construcción y su (re)producción permanente e inconclusa por el Estado. En la (re)producción del orden —que llamo ordenamiento político— el Estado se relaciona con los otros órdenes de la sociedad, la economía y la naturaleza, y los transforma. Siguiendo la porosidad y la flexibilidad de los límites entre los órdenes planteados por Timothy Mitchell (2006), el ordenamiento político causa un entrelazamiento mayor de los mismos. Hay que tener en cuenta que los órdenes de la sociedad, la economía y la naturaleza también son dinámicos y, por ende, pueden causar cambios en el ordenamiento político. Por lo tanto, éste y los otros órdenes son interdependientes.

En la literatura se encuentran dos formas del ordenamiento político a las que llamo territorial y funcional (Whitehead, Jones y Jones, 2007). Es decir, el Estado divide en partes tanto su territorio nacional como los fenómenos que se desarrollan dentro de este territorio. De esta forma, el Estado crea un orden territorial —un sistema interrelacionado de diferentes espacios demarcados— y un orden funcional —un sistema de funciones de cosas, seres vivos no humanos y también de los espacios—.

Defino la producción de un orden territorial según el concepto *territorialidad* (*territoriality*) de Robert Sack (1986), por su posible aplicación a amplios fenómenos empíricos. Sack (1986: 19) lo define así: "como un intento de un individuo o grupo de afectar, influenciar o controlar gente, fenómenos y relaciones delimitando y ejerciendo control sobre un área geográfica". Según Sack, hay numerosas formas de territorialidad ejercidas por diferentes actores. Las diferentes formas del ordenamiento del espacio por órdenes políticos diversos (por ejemplo, entre los indígenas y las colonias ingleses en América del Norte) (Sack, 1986: 6-15), y también por lo político y lo económico (Lefebvre, 2009 [1978]) están en disputa. En este trabajo me enfocaré en el ordenamiento político de la sociedad, la economía y la naturaleza producido por el Estado para crear un sistema de territorios entrelazados. Un ejemplo es el plan del ordenamiento territorial de la zona metropolitana de la ciudad de Córdoba, en el cual el parlamento provincial distinguió territorios para usos económicos (agricultura, industria y minería), para urbanización y para la protección del ambiente en forma interrelacionada (Ley 9.841/2010 de la provincia de Córdoba).

El ordenamiento político territorial es jerárquico en el sentido de que genera jerarquías entre espacios en el mismo nivel estatal (horizontal) pero también entre los niveles territoriales del Estado (vertical) (véanse Lefebvre, 2009 [1978]; Sack, 1986). El ordenamiento político territorial se desarrolla de la misma manera en los diferentes niveles del Estado (nacional, provincial y municipal, en el caso argentino). La división horizontal y vertical del territorio nacional, siguiendo las normas legales sobre la competencia territorial de las entidades estatales, es la base del orden territorial interno del Estado. A pesar de la división territorial interna del Estado, su orden territorial es delimitado por las fronteras con otros territorios nacionales que tienen sus propios órdenes territoriales internos.

La base de un orden funcional es la categorización arbitraria del mundo humano y el no humano, eliminando la continuidad de sus fenómenos. Los fenómenos complejos son prensados en categorías simplistas, al otorgarles cierta función social. Mediante la categorización de las cosas, como las plantas y animales, la ciencia crea un orden de la naturaleza (Foucault, 2005 [1970]). Este ordenamiento es utilizado por el Estado, por ejemplo, en museos de historia natural y en el monitoreo ambiental realizado por instituciones científicas parcialmente estatales con el fin de implementar un orden de la naturaleza en su territorio nacional —la naturaleza nacional (Whitehead, Jones y Jones, 2007: 75-84, 149-163). Según Scott (1998), la categorización no sólo sirve al Estado para leer mejor los fenómenos sociales y ambientales, sino que también tiene efectos en los fenómenos mismos:

Los funcionarios públicos pueden con frecuencia promover la aceptación de sus categorías e imponer sus simplificaciones porque el Estado, de todas las instituciones, es el mejor equipado para insistir en tratar a la población según sus esquemas. Estas categorías, que pueden haber comenzado como invenciones artificiales de topógrafos del catastro, empadronadores, jueces o policías, pueden terminar convirtiéndose en categorías que organizan la experiencia cotidiana de la población precisamente porque están arraigadas en instituciones creadas por el Estado que estructuran esta experiencia (Scott, 1998: 82-83).

Whitehead, Jones y Jones (2007: 60-68) no ven únicamente la influencia del Estado en los otros órdenes como, en su caso, la naturaleza, sino también el efecto de otros órdenes en el orden político. Tomando el ejemplo de los Países Bajos, las necesidades sociales con respecto a la protección de las inundaciones llevaron a una estructura política local con un alto grado de autonomía. En la misma dirección, los autores del *policy analysis* argumentan que la diferenciación funcional de la sociedad continúa en la diferenciación funcional del orden político en diferentes áreas políticas como agricultura y protección del medio ambiente (Blum y Schubert, 2011; Janning, 2011; Schneider y Janning, 2006), las cuales componen el orden político funcional.

Un ejemplo de Gran Bretaña, discutido por Whitehead, Jones y Jones (2007: 112-114), muestra cómo pueden entrelazarse los ordenamientos políticos territorial y funcional: la distinción entre la llanura en el sureste de la isla británica percibido como zona núcleo de la agricultura del país, y el altiplano en el oeste y norte de la isla, poco apto para la agricultura y visto como espacio con naturaleza digna de protección. En este ejemplo vemos cómo el Estado produce un orden territorial con base en ciertas funciones de los territorios involucrados. Pero también los autores muestran cómo el orden político crea funciones de territorios, como la necesidad de la protección del ambiente del altiplano al fundar parques naturales.

Queda claro que el propio orden político está estructurado según un orden territorial y funcional, que defino como sistemas interdependientes de entidades territoriales en diferentes niveles del Estado y sistemas de áreas políticas. Las dimensiones territorial y funcional del orden político se entrecruzan de la siguiente manera: el orden político contiene varios niveles estatales y en estos niveles hay varias entidades estatales territoriales, como provincias o municipios, las cuales contienen varias áreas políticas y, al mismo tiempo, estas áreas políticas pueden extenderse a través de los niveles estatales. El orden político territorial y funcional está estructurado por las competencias territoriales y funcionales que varían entre las entidades estatales (Rauchecker, 2015). Por la variación de estas competencias es relevante saber qué entidad estatal constituye el foro que tiene el poder de decisión para una medida del ordenamiento político. Por ende, la regulación del mismo problema político puede divergir dependiendo de si la realiza la secretaría de agricultura o la de ambiente, por ejemplo.

¿Cómo se llega a la decisión sobre el ordenamiento político en una cierta arena política? Es importante destacar que políticas (*policies*) y *policy bundles*[4] pueden ser movidos dentro del orden político de una entidad territorial o funcional a otra involucrando otros actores estatales y normas legales (Baumgartner y Jones, 1993; Rauchecker, 2015). Los actores se mueven dentro del orden político con base en la definición de un problema político, que Frank Baumgartner y Bryan Jones (1993) llaman *policy image*:

> Los foros políticos son los lugares institucionales en donde son tomadas las decisiones legítimas respecto de una cierta cuestión. La autoridad para elaborar la política a seguir no es asignada automáticamente a unos foros en concreto […] Así como pueden cambiar las imágenes [de una cuestión política] con el tiempo, también pueden hacerlo los foros. Además, como una cuestión puede a veces tener múltiples imágenes, puede caer dentro de las jurisdicciones de varios foros […] En este proceso de búsqueda de un foro más favorable para la consideración de una cuestión [política], la manipulación de la imagen es un elemento clave. Cuando los actores que quieren extender la cuestión intentan atraer la atención de un nuevo

---

[4] Un *policy bundle* es un paquete de políticas en el sentido de normas legales sobre un tema, como la regulación de agroquímicos (Rauchecker, 2015).

grupo de responsables de la política, deben explicar por qué la cuestión es apropiada para ser considerada en ese foro (Baumgartner y Jones, 1993: 32, 36).

AGRICULTURA BIOTECNOLÓGICA Y EL CONFLICTO POR EL USO DE AGROQUÍMICOS EN ARGENTINA

La agricultura biotecnológica es el segundo cambio fundamental de la producción agrícola después de la Revolución Verde en los años cuarenta y cincuenta del siglo pasado. La agricultura biotecnológica nace en los años ochenta y se basa en un paquete de tres tecnologías interdependientes: *1)* semillas transgénicas resistentes a uno o más herbicidas que producen una proteína contra insectos, *2)* los herbicidas correspondientes y *3)* la siembra directa (Bisang, Anlló y Campi, 2008; Campi, 2011; Pellegrini, 2013: 19-26). La tecnología vinculante de este paquete tecnológico son los herbicidas, porque posibilitan el uso eficiente de las semillas transgénicas y se usan en la siembra directa para limpiar los lotes en vez de sacar las malezas arando la tierra. Por eso la nueva agricultura no sólo es una revolución transgénica como indica la bibliografía (por ejemplo, Bisang *et al.,* 2008; Campi, 2011), sino también una revolución de agroquímicos (Rauchecker, 2015: 134). De hecho, el uso de semillas transgénicas tuvo la supuesta meta de reducir el uso de agroquímicos, pero tuvo el efecto contrario al causar un uso de agroquímicos mucho mayor debido a la emergencia de malezas resistentes (para el caso argentino, véase Benbrook, 2005; Binimelis, Pengue y Monterrosco, 2009; Pengue, 2004; para el aumento del uso de agroquímicos en Argentina, véase la gráfica 5.1).

El modelo global de la agricultura biotecnológica y el uso del mismo paquete tecnológico se expandió especialmente en América del Norte y del Sur. La comparación de datos de 2014 y de 2005, el año cuando empezó el conflicto por el uso de agroquímicos en San Francisco, muestra que, a nivel mundial, los países con mayor área dedicada a cultivos transgénicos son Estados Unidos (2005: 49.8; 2014: 73.1 millones de hectáreas), Brasil (2005: 9.4; 2014: 42.2) y Argentina (2005: 17.1; 2014: 24.3), y que, en conjunto, plantan la mayoría

GRÁFICA 5.1. *Uso de agroquímicos en Argentina según tipos, en millones de litros o kilogramos, 1993-2013**

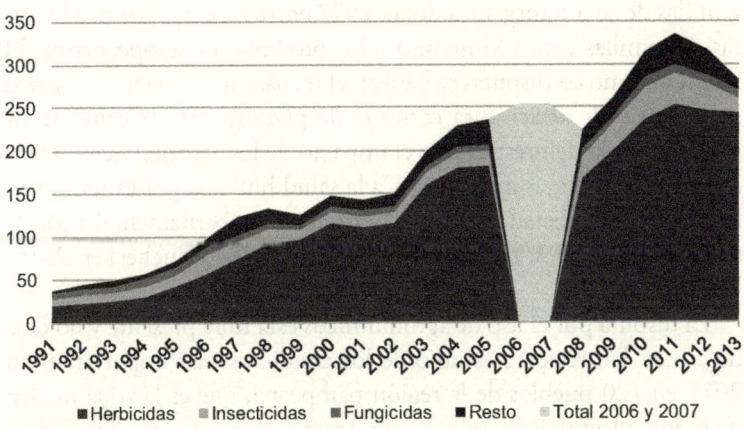

FUENTE: Elaboración propia. Datos: Grupo de Reflexión Rural, 2006; Iniciativa para la Integración de la Infraestructura Regional Suramericana, 2011; Kleffmann Group, 2010, 2011, 2012, 2013; Pampas Group, 2014; Ramírez, 2007.

*Para 2006 y 2007 sólo hay datos totales sin distinción de los grupos de agroquímicos.

del área mundial con semillas transgénicas (2005: 90; 2014: 181.5) (James, 2005; 2014).[5]

El caso argentino demuestra que hay varios efectos socioeconómicos y socioecológicos de la agricultura biotecnológica. A partir de ellos surgen conflictos sociales y políticos por los cuales se negocia la adaptación del modelo global a Argentina. Los conflictos más importantes giran, primero, en torno a la redistribución de los ingresos altos entre los actores de la cadena de valor de los productos de semillas transgénicas, el resto de la sociedad y el Estado como interlocutor y actor con intereses propios; en concreto, el conflicto por las retenciones a la

[5] Los datos provienen de una fuente problemática, porque el International Service for the Acquisition of Agri-Biotech Applications (ISAAA) es una asociación de *lobbying* en favor del uso de semillas transgénicas que es acusada por inflar los datos para mostrar el desarrollo positivo de la agricultura biotecnológica. Pero falta una fuente alternativa (Motta, Poth y Rauchecker, 2016: 4).

exportación de la soja en 2008 y 2009 entre el gobierno nacional y los productores agropecuarios, y el conflicto por las regalías al uso de semillas de soja transgénica desde 1997 entre las empresas productoras de semillas como Monsanto y los productores agropecuarios. El segundo ramo de disputas se basa en el rechazo a los efectos negativos del modelo de agricultura como el desplazamiento de campesinos (indígenas), la deforestación y el impacto de los agroquímicos al medio ambiente y, más importante, a la salud humana por grupos locales de vecinos (afectados) y organizaciones no gubernamentales (ONG) ambientales locales, regionales e internacionales (Rauchecker, 2015: 146-174).

La disputa por el uso de agroquímicos está muy presente y no deja de crecer. Un reciente estudio de los conflictos más importantes en 2011 en 120 pueblos de la región pampeana, que es la zona núcleo de la agricultura biotecnológica en Argentina, revela que el enfrentamiento por los agroquímicos fue el más extendido: estuvo presente en 37.5% de los pueblos (Cloquell *et al.*, 2014). Estos conflictos elevaron el número de leyes municipales de agroquímicos de tres en 2006 a 104 en 2013 (Blog Nogal de Vida, 2013), aunque es una parte muy pequeña de pueblos agrarios que tienen el mismo problema. En estas leyes municipales observo dos cambios en la regulación de agroquímicos: primero, la extensión de la regulación de agroquímicos de los niveles nacional y provincial al municipal (cambio territorial) y, segundo, de las áreas políticas de economía y agricultura a medio ambiente y salud y, más tarde, a planeamiento urbano y ordenamiento territorial (cambio funcional) (Rauchecker, 2015; véase el cuadro 5.1). Mientras se observan estos cambios en la regulación del uso de agroquímicos a nivel municipal, no hay casi ningún cambio en los niveles provincial y nacional (Rauchecker, 2015: 302-304). El cambio funcional de la regulación de agroquímicos también se dio anteriormente en otros países como Estados Unidos (Baumgartner y Jones, 1993; Bosso, 1987).

El caso del conflicto por el uso de agroquímicos en San Francisco, que analizo en este capítulo, empezó en 2005 y sigue hasta la actualidad. Hasta ahora tuvo dos fases principales. La primera se extendió desde las primeras demandas de vecinos de barrios periféricos, agru-

CUADRO 5.1. *Cambios territoriales y funcionales de la regulación de agroquímicos*

Áreas políticas Niveles estatales	Situación de salida	Primera fase	Segunda fase
	Economía y agricultura	Planeamiento urbano y ordenamiento territorial	
		Salud y medio ambiente	
Nación			
Provincias			
Municipios		Cambio territorial y funcional	Cambio funcional

FUENTE: Adaptado de Rauchecker (2015: 7).

pados en la iniciativa Voz Ciudadana fundada en 2005, por una regulación de agroquímicos más estricta, hasta la promulgación de la ley municipal 5.531 en 2006, que restringía el uso de agroquímicos y prohibía su uso en una zona de 500 metros a partir de la planta urbana que fue aprobada por unanimidad en el Concejo Deliberante de San Francisco, y que no fue vetada por el intendente del municipio. La segunda fase incluye la falta de implementación de la ley municipal y varios intentos de reformarla por parte de actores en favor y en contra del uso de agroquímicos. Limito el análisis empírico a la primera fase del conflicto por tener debates más ricos respecto a los argumentos conceptuales del artículo.

En el caso se enfrentan dos grupos de actores, uno en contra y otro en favor del uso de agroquímicos. El núcleo de los actores en contra es el grupo de vecinos Voz Ciudadana, que reúne a vecinos de diferentes clases sociales y barrios periféricos de San Francisco posiblemente afectados por las fumigaciones. Voz Ciudadana trabaja con ONG ambientales, investigadores de ciencias naturales y abogados de varias universidades argentinas, y cuenta con el apoyo de la oposición en el Concejo Deliberante y de una concejala del gobierno municipal. La Sociedad Rural de San Francisco, que agrupa una parte de la élite local como los actores agrícolas (propietarios de tierras, productores agropecuarios y otros empresarios), representa a los actores en favor del uso de agroquímicos. La apoyan el gobierno municipal, los actores sociales y económicos locales más importantes como la Iglesia católica y los actores de la cadena de valor de la agricultura biotecnológica, además del gobierno provincial. Mientras Voz Ciudadana pide una regulación municipal de agroquímicos más estricta, la Sociedad Rural de San Francisco defiende el *statu quo* de la ley provincial de agroquímicos que no protege a la población del herbicida más usado en la agricultura biotecnológica: el glifosato. Los dos grupos de actores no sólo piden la regulación por diferentes niveles estatales, sino también por diferentes áreas políticas: Voz Ciudadana argumenta con base en normas legales de la política de salud y el medio ambiente, y se dirige a los actores estatales correspondientes. La Sociedad Rural de San Francisco plantea sus argumentos con base en normas legales de la política económica y agraria, involucrando a los actores de estas áreas políticas en la discusión.

Para mostrar la diferencia entre las regulaciones provincial y municipal de agroquímicos comparo la ley vigente de la provincia de Córdoba desde 2004 y la ley municipal de 2006, que es el resultado del conflicto analizado y que representa las demandas políticas de Voz Ciudadana. Los agroquímicos se clasifican según su clase de toxicidad, empezando con la clase I, la cual reúne los más tóxicos, hasta la clase IV, los menos tóxicos. Las distancias mínimas desde la zona urbana, además, se orientan en la forma de aplicación de los agroquímicos, que puede ser terrestre o aérea. La ley municipal introduce una zona de 500 metros a partir del límite de la planta urbana en la cual no se puede aplicar ningún agroquímico, y distancias mínimas más extensas en comparación con la ley provincial (véase el cuadro 5.2). Tomamos el ejemplo del herbicida glifosato, el agroquímico más usado y criticado en Argentina. Al pertenecer a la clase IV, el glifosato se puede

CUADRO 5.2. *Distancias mínimas para el uso de agroquímicos en la provincia de Córdoba y la municipalidad de San Francisco*

Clase de toxicidad / forma de aplicación	Provincia de Córdoba	Municipalidad de San Francisco
III + IV / Terrestre	Sin límite	500 m
I + II / Terrestre	500 m	1 500 m
III + IV / Aérea	500 m	2 000 m
I + II / Aérea	1 500 m	2 000 m

FUENTE: Elaboración propia. Datos: provincia de Córdoba, Ley 9.164/2004: art. 58-59; municipalidad de San Francisco, Ley 5.531/2006: art. 3-6.

fumigar directamente al lado de las casas según la ley provincial. Por lo tanto, Voz Ciudadana rechaza la ley provincial por inútil, para proteger la salud de la población en los barrios periféricos, e insiste en una regulación municipal más estricta (entrevista 1).

CONFLICTO POR EL USO DE AGROQUÍMICOS EN EL ESPACIO PERIURBANO DE SAN FRANCISCO

Competencias funcionales y territoriales de la provincia y del municipio

Por la disputa entre una regulación de agroquímicos por la municipalidad de San Francisco —pedida por Voz Ciudadana— o por la provincia de Córdoba —justificada por la Sociedad Rural de San Francisco—, las competencias funcionales y territoriales del municipio y de la provincia se convirtieron en el centro de interés. Es decir, es importante qué y en dónde la municipalidad y la provincia pueden regular. Al mismo tiempo, las competencias funcionales y territoriales son las reglas del orden político funcional y territorial y un punto de entrelazamiento de las dos dimensiones del orden político.

Antes de entrar en detalle, es necesario resumir las características básicas del federalismo argentino. Desde 1989 el Estado argentino está conformado por tres niveles (nación, provincias y municipios)

con autonomía para dictar sus propias leyes (Hernández, 2003: 336-340). Esta autonomía legislativa está limitada por las competencias de los tres niveles estatales en diferentes áreas políticas. A pesar de que existen competencias exclusivas de un nivel estatal, la mayoría de las competencias son concurrentes entre dos o tres niveles del orden político (Abalos, 2010: 214-232).

Miramos sólo las competencias en las áreas políticas relevantes en la discusión, que son economía, agricultura, salud y medio ambiente. En Argentina estas áreas políticas suelen formar parejas como economía/agricultura y salud/medio ambiente porque están tratadas por una misma entidad estatal y se basan en las mismas normas legales. Mientras la provincia de Córdoba tiene potestad decisoria en economía/agricultura y salud/medio ambiente, la municipalidad de San Francisco sólo tiene competencia en salud/medio ambiente (Provincia de Córdoba, Constitución, 2001; Provincia de Córdoba, Ley 8.102/1991). Teniendo en cuenta que la regulación de agroquímicos hasta 2005 fue ubicada en el área política de economía/agricultura en los niveles nacional y provincial, una extensión de la regulación de agroquímicos al nivel municipal requiere el cambio del área política porque el municipio no tiene poder de decisión en ella. Esto se basa en la posibilidad de mover *policy bundles* como la regulación de agroquímicos de un área política a otra.

La pregunta de la competencia territorial de la provincia y especialmente del municipio es más compleja. Esto se debe a la definición variable de la jurisdicción de los municipios en la provincia de Córdoba con base en la prestación de servicios públicos. En la ley se dice al respecto: "El radio de los Municipios comprenderá: *1)* La zona en que se presten total o parcialmente los servicios públicos municipales permanentes. *2)* La zona aledaña reservada para las futuras prestaciones de servicios" (Provincia de Córdoba, Ley 8.102/1991: art. 7).

Dada la definición del radio municipal, la municipalidad tiene competencia territorial en su zona urbana y zonas aledañas previstas para futuras urbanizaciones. Los servicios públicos no son especificados en las normas legales. En la entrevista, el ex asesor letrado de la municipalidad de San Francisco da ejemplos como barrido, limpieza y provisión de agua (entrevista 2). Además, la jurisdicción sobre la zona 2 fue controvertida entre los municipios y las nuevas comunidades regionales desde 2005 hasta 2006 (Provincia de Córdoba, Ley 9.206/2004: art. 7; Provincia de Córdoba, Ley 9.354/2006). Fuera de las jurisdicciones de los municipios, las comunidades regionales ejercen las mismas competencias funcionales que los municipios (Provincia de Córdoba, Ley 9.206/2004: art. 10a), pero nunca tuvieron una relevancia real (entrevista 2).

De forma interesante, el debate entre los adversarios y los defensores del uso de agroquímicos, que analizo más adelante, se basó en estos aspectos legales y no en la jurisdicción territorial de la municipalidad de San Francisco fijada en 1977 y vigente hasta 2009 (municipalidad de San Francisco, Ley 1.920/1977; Provincia de Córdoba, Ley 9.663/2009).

Las competencias territoriales y funcionales de las entidades estatales se entrecruzan en la relación de las normas legales de los diferentes niveles estatales que varían de un área política a otra. Esto fue un punto clave en la discusión de las competencias de la provincia y del municipio en el caso empírico. Ahora bien, para las competencias concurrentes entre dos o más niveles estatales rigen diferentes formas de relación de las normas legales de los niveles estatales. Para mi análisis son importantes dos formas: la supremacía de normas legales de niveles estatales de mayor importancia y el presupuesto mínimo. La primera es la forma más común en Argentina y significa que una norma legal de un nivel estatal superior quiebra la norma legal del nivel inferior. Es decir, una norma legal de un nivel estatal inferior no puede ir más allá que una norma legal de un nivel superior. La segunda, el presupuesto mínimo introducido en la Constitución de Argentina de 1994 en el artículo 41, invierte esta lógica porque significa que la nación dicta leyes generales y permite que las provincias y municipios puedan hacerlas más específicas con sus propias leyes. Pero las provincias y municipios sólo pueden hacer esto si respetan la base mínima de la ley nacional. Mientras en las áreas políticas de economía y agricultura rige la supremacía de las normas legales de niveles estatales superiores, en las áreas de salud y medio ambiente rige el presupuesto mínimo. Es el punto clave para entender la discusión entre los defensores y adversarios del uso de agroquímicos en el caso analizado.

Es importante poner de relieve que este marco legal abre espacio a una flexibilidad de aplicación y a diferentes interpretaciones. La aplicación y la interpretación están sujetas a las negociaciones entre coaliciones de actores y las respectivas relaciones de poder.

Definición del uso de agroquímicos como problema político

Para su definición del uso de agroquímicos, los defensores parten de la narrativa del sector agrícola como base económica de Argentina y, especialmente, de las ciudades chicas de la Pampa, como San Francisco (Cloquell *et al.*, 2014; Gras y Bidaseca, 2010: 29-35): "Ésta es una zona que está en el medio de La Pampa que todas [...] las poblaciones viven esencialmente o principalmente de la producción agropecuaria y fueron nacidas y fundadas en base a los colonos que venían a hacer las compras a las ciudades, a los pequeños poblados, y así fueron creciendo las ciudades en esta zona. Pero bueno, ahora se olvidan un poco de todo eso" (entrevista 3).

Esta narrativa no sólo se encuentra entre los productores agropecuarios y en la Sociedad Rural de San Francisco, también se escucha en voz de políticos y actores sociales locales, incluso de activistas de Voz Ciudadana: "el año 2005 Argentina estaba empezando a salir de la crisis de la mano de la soja. En esta zona, es una zona particularmente beneficiada en lo económico por la soja, porque no sólo está la soja, también está toda la industria de maquinaria agrícola, entonces acá se ve el fruto económico de la soja" (entrevista 1).

Así, los defensores de la agricultura biotecnológica incorporan el uso de agroquímicos como práctica necesaria para una agricultura eficiente y tecnologizada. Cuando los entrevistados hablan de esta agricultura se refieren a la biotecnológica y mayoritariamente al cultivo de soja transgénica:

> El agroquímico cuando nosotros hemos decidido ingresar [...] con la tecnología de siembra directa, cada vez se ha usado más agroquímicos y el país ha logrado producciones récord, llegando a las 100 millones de toneladas de granos. Si vos te fijás en ese sentido que yo te explico, el

agroquímico es necesario y es fundamental para lograr esas producciones, no habría otra forma hoy. No hay otra técnica hoy (entrevista 4).

Estas perspectivas generan una dicotomía entre cosechas récord y abandono de los campos, es decir, todo o nada.

Al definir el uso de agroquímicos como una práctica necesaria de la agricultura, la Sociedad Rural de San Francisco lo coloca únicamente en el mundo de la agricultura y la política agraria, excluyendo otros aspectos del uso de agroquímicos, como su efecto en la salud. De esta manera intenta defender la regulación de los agroquímicos como parte de la política agraria que empezó en Argentina en 1944, la cual dedicó su atención al tema de la sanidad vegetal, es decir, la protección de las plantas comerciales contra las malezas y los insectos (Nación Argentina, Decreto 16.073/1944). La Sociedad Rural de San Francisco se basa parcialmente en las experiencias personales de los productores agropecuarios con los agroquímicos:

> Los productos agroquímicos y fertilizantes que utiliza la actividad rural son adquiridos en el marco legal que los habilita y por lo tanto utilizados correctamente NO constituyen Perjuicio alguno, pues de ser así [...] seríamos los primeros afectados, juntamente con nuestras familias, empleados y terceros que por distintos motivos frecuentan el área rural (Sociedad Rural de San Francisco, 2006: 2).

Los vecinos que piden una regulación de agroquímicos más estricta remiten al problema de la salud por las fumigaciones de agroquímicos cerca de sus casas, partiendo de su experiencia personal:

> [un vecino] me dice: "¿qué podemos hacer con las fumigaciones?" [...] "¿por qué?, ¿qué pasa?" [...] y dice: "mirá, yo cada vez que fumigan ahí en la esquina...", dice: "vengo de Córdoba, tuve que llevar a mi señora y a mi hijo, y me dicen que los problemas que ellos tienen respiratorios es problema por la fumigación y fíjate, ahora de noche, están fumigando ahí en el campo, si vos te fijás...", dice: "queda todo como una nube en suspensión y eso nos hace mal a todos. ¿Por qué no armamos un grupo?", me dice este vecino, "por qué no hacemos algo" (entrevista 1).

Partiendo de la experiencia personal, buscan estudios científicos para comprobarla. No sólo usan estudios ya existentes, sino que solicitan estudios específicos sobre el caso de San Francisco a científicos argentinos. Ante las autoridades municipales presentan 10 estudios científicos para legitimar su posición del peligro del uso de agroquímicos para la salud, mientras que los productores agropecuarios únicamente se basan en dos estudios que no muestran ningún efecto a la salud. Los estudios científicos son clave para cambiar la definición del uso de agroquímicos como una práctica agronómica por la de ser considerados un peligro para la salud (Rauchecker, 2015: 294). Tiene prioridad la protección de la salud de los niños nacidos y por nacer, porque los agroquímicos pueden causar malformaciones, abortos espontáneos y otras enfermedades (entrevista 1). Esta definición del uso de agroquímicos como problema para la salud es extendida después al daño ambiental. Entienden el ambiente sano como base de una vida sana, y, por ende, el foco queda en la salud humana.

La definición del uso de agroquímicos como un problema de salud incluye la priorización de la salud humana sobre cuestiones económicas que son ignoradas por algunos actores:

> el tema económico de ellos [los productores agropecuarios], que el municipio les tendría que [...] haberles dado dinero por la pérdida que no iban a ganar con la soja. Pero yo les decía: "A mí no me importa esa situación, a mí cuenta en que cuidemos la salud; lo otro es un tema económico que lo tendrán que arreglar por otro lado" (entrevista 5).

De tal forma los activistas ubican el uso de agroquímicos en las áreas políticas de salud y medio ambiente.

Las definiciones del uso de agroquímicos como práctica agrícola y como problema de salud no son particulares del caso analizado, sino que se encuentran en el debate sobre la agricultura biotecnológica en Argentina y en otras regiones del mundo, como América y Europa (Rauchecker, 2015; 2016).

*Definición del problema político
y ordenamiento político funcional*

Ahora muestro los efectos de la definición divergente del uso de agroquímicos en la negociación del ordenamiento político funcional entre actores estatales y no estatales. Para respaldar su posición, los dos lados se basan en dictámenes y declaraciones públicas de abogados y ONG que trabajan temas judiciales, como el Centro de Derechos Humanos y Ambiente (CEDHA). Primordialmente, la definición del problema político determina en cuál área política los actores lo ubican. Como ya he explicado, la Sociedad Rural de San Francisco lo coloca en economía y agricultura, y Voz Ciudadana en salud y medio ambiente. Esta asignación lleva a:

1. Diferentes posibilidades de regulación por el municipio y la provincia.
2. Aplicación de diferentes normas legales:
    2.1. Diferentes relaciones entre normas legales de los niveles estatales.
    2.2. Diferentes principios legales.
3. Diferentes entidades y actores estatales involucrados.
4. Y estas características tienen un efecto en el ordenamiento político.

Con respecto al punto 1, el argumento principal de la Sociedad Rural es que la municipalidad no tiene la competencia funcional para regular el uso de agroquímicos, mientras Voz Ciudadana defiende la competencia de la municipalidad para regularlo (Hernández, 2006; Sociedad Rural de San Francisco, 2006). Ambos tienen razón basándose en asignaciones del uso de agroquímicos a diferentes áreas políticas, porque la municipalidad no tiene potestad decisoria en economía y agricultura, pero sí en salud y medio ambiente.

Con respecto al punto 2.1, la Sociedad Rural de San Francisco no sólo niega la competencia de la municipalidad en el tema, sino que además descalifica el proyecto de ley municipal de agroquímicos como inconstitucional por ir en contra de la ley provincial. Los integrantes de la Sociedad Rural afirman que la zona de resguardo ambiental en el proyecto de ley municipal, en la cual está prohibido aplicar agroquímicos, es una nueva herramienta de la política de agroquímicos no prevista en la ley provincial de agroquímicos. Por lo tanto, en su opinión, la ley municipal superaría la ley provincial contradiciendo la prioridad de la norma legal del nivel estatal superior (*El Tiempo*, 2006; *La Voz de San Justo*, 2006, 16 de abril; Sociedad Rural de San Francisco, 2006; entrevista 3).

Voz Ciudadana representa un argumento con una lógica invertida. Sus integrantes se basan en un dictamen del CEDHA (2006) que alega que, con base en el presupuesto mínimo, la ley provincial de agroquímicos sólo fija un fondo, y el municipio puede regular el uso de agroquímicos más estrictamente. Entienden la zona del resguardo ambiental como una extensión de las distancias mínimas a partir de la planta urbana para aplicar agroquímicos fijados en la ley provincial. Hay dos puntos problemáticos en este argumento: primero, los presupuestos mínimos sólo están previstos en la relación entre la nación y las provincias o los municipios, pero no entre provincias y municipios (Nación Argentina, Ley 25.675/2002); segundo, la concreción de los presupuestos mínimos por las provincias y municipios requiere una ley nacional que no existe en la regulación de agroquímicos (Morales Lamberti, 2008). La interpretación del CEDHA y de Voz Ciudadana es confirmada en la ley municipal 5.531/2006 y genera un precedente que es usado y legitimado por leyes municipales y sentencias judiciales posteriores (Cámara en lo Criminal de primera nominación de Córdoba, 2012; Expediente CUIJ 21-00044140-3 2009-2012; Marchiaro, 2011). Es decir, en el conflicto por la aplicación de agroquímicos en San Francisco se genera un cambio en el orden político que tiene relevancia para el ordenamiento político de la sociedad, la economía y la naturaleza en conflictos ambientales en Argentina.

Con respecto al punto 2.2, los productores agropecuarios se enfocan en el derecho al uso de la propiedad privada (Nación Argentina, Constitución, 1994: art. 14, 17) y reclaman la indemnización de la municipalidad de San Francisco para sus tierras, que caen en abandono por la prohibición de fumigaciones (Sociedad Rural de San Francisco, 2006: 3). Aquí aparece la narrativa de la necesidad de agroquímicos para la agricultura, porque dicen que sin agroquímicos no se puede producir nada. A distinción, los abogados constitucionalistas Germán Bidart Campos (1998: 131-132) y Mariana Verónica Sconda (2013: 65) indican la limitación del derecho a la propiedad privada por su función social dando el ejemplo del derecho al ambiente sano en artículo 41 de la Constitución nacional.

Del derecho al ambiente sano y su prioridad se derivan todos los argumentos de Voz Ciudadana. Los seres humanos forman parte del medio ambiente y, por lo tanto, el ambiente sano incluye la protección de la salud humana (Bidart Campos, 1997: 295-302; Rosatti, 2004: 54-56; Sabsay, 2005). Por este principio convergen las áreas políticas de salud y medio ambiente. Este vínculo por el derecho a un ambiente sano es clave para aplicar principios judiciales de protección al medio ambiente, como los presupuestos mínimos y el principio precautorio a la protección de la salud humana contra los efectos negativos de los agroquímicos.

El principio precautorio es importante en el argumento de Voz Ciudadana porque cambia la lógica de comprobar un daño. En la ley nacional de ambiente está escrito: "Cuando haya peligro de daño grave o irreversible la ausencia de información o certeza científica no deberá utilizarse como razón para postergar la adopción de medidas eficaces, en función de los costos, para impedir la degradación del medio ambiente" (Nación Argentina, Ley 25.675/2002: art. 4). Liberada de comprobar el efecto causal entre el uso de agroquímicos y el daño, Voz Ciudadana muestra el efecto negativo de agroquímicos a la salud humana en general y pide una regulación para evitar un posible daño en el futuro. El derecho al ambiente sano y el principio precautorio forman la base de todas las leyes municipales y sentencias judiciales, restringiendo más la aplicación de agroquímicos en Argentina.

Con respecto al punto 3 expuesto anteriormente, los dos grupos de actores se dirigen a actores estatales de diferentes áreas políticas, a pesar de que ambos presentaron sus demandas al intendente y al Concejo Deliberante de San Francisco. La Sociedad Rural de San Francisco contacta representantes de las instituciones de la política agraria de la provincia de Córdoba. Es cierto que el gobierno provincial apoya la posición de los defensores del uso de agroquímicos en declaraciones públicas, pero niega participar activamente en el conflicto político (*La Voz de San Justo*, 2006, 20 de mayo; entrevistas 4 y 6). En el nivel municipal no hay una autoridad estatal en asuntos agrarios que pueda hacerse cargo del tema. Por el contrario, el secretario de Salud y Ambiente de San Francisco recibe las quejas de los vecinos por las fumigaciones y los problemas de salud, y se vuelve una persona importante en el debate porque retoma el tema y lo pone en la agenda política de San Francisco, presionado por la campaña de Voz Ciudadana (entrevistas 1 y 7). Por lo tanto, las competencias funcionales del municipio favorecen la demanda política de Voz Ciudadana, aunque es importante destacar que el intendente y la mayoría de los concejales están en contra de la ley municipal de agroquímicos antes de la votación de la ley (entrevistas 1 y 5).

Con respecto al punto 4, la promulgación de la ley municipal de agroquímicos que se basa en los puntos anteriores significa un cambio importante en el ordenamiento político de la sociedad, la economía y el ambiente. Antes, la regulación de agroquímicos se focalizó en interrogantes agroeconómicos de la sanidad vegetal, ignorando la dimensión social y ambiental del tema. Al contrario, la ley municipal de San Francisco prioriza la sociedad y el medio ambiente frente a la economía. Esta priorización es repetida en otras leyes municipales y sentencias judiciales para otros municipios. En este marco, la ley introduce una nueva herramienta política en la regulación de agroquímicos: la zona de resguardo ambiental cuya función primordial es la protección de la salud humana y el medio ambiente y, como un efecto secundario, la regulación de la actividad agrícola.

Es importante destacar que la asignación del uso de agroquímicos a las áreas políticas de economía y agricultura, o de salud y medio ambiente, se basa en la definición del problema político, y no es predeterminada por las competencias funcionales de las entidades estatales ni en las normas legales. Las dos líneas de argumentación son legalmente válidas y, por la definición aceptada del problema político, se prefiere el camino dentro del orden político. Eligiendo un área política se aplican las características legales y organizativas.

La categorización de problemas políticos complejos en áreas políticas, que es inherente al orden político funcional, da demasiada importancia a un aspecto funcional, tapando la complejidad del problema político. Como la focalización en la sanidad vegetal dejó al lado los efectos sociales y ambientales de los agroquímicos, la ley municipal de agroquímicos de San Francisco ignora la relevancia económica de éstos.

Definición del problema político y ordenamiento político territorial

En esta sección explico cómo la definición diferente de la aplicación de agroquímicos se plasma en dos posibilidades del ordenamiento político territorial del espacio periurbano de San Francisco, presentadas durante el conflicto político. Aquí me interesa el eje de la discusión respecto de la potestad del municipio de regular el espacio periurbano. Ya mencioné que la competencia territorial del municipio no es clara y que se concentra primordialmente en la zona urbana. En disputa está la competencia sobre el espacio periurbano. Las normas legales dan la posibilidad a los municipios de extender su competencia territorial declarando espacios rurales como una zona de urbanización futura. Por lo tanto, el conflicto gira en torno a la frontera entre los espacios urbano y rural, preguntando qué es el espacio periurbano y, especialmente, cuál es su función respecto de la definición del uso de agroquímicos.

La Sociedad Rural de San Francisco declara el espacio periurbano como parte de la zona rural, y enfatiza su función agrícola. Para la producción agrícola eficiente y biotecnologizada, en su opinión el uso de agroquímicos es clave, sin tomar en cuenta sus efectos en la salud y el medio ambiente. Los miembros de la Sociedad Rural trazan una línea clara entre la competencia territorial sobre los espacios urbano y rural que no se encuentra en las normas legales: "En el área urbana es atribución municipal el dictado de normas de sectorización estableciendo destinos específicos, mientras que en el área extraurbana la única actividad que puede desarrollarse es la agropecuaria" (Sociedad Rural de San Francisco, 2006: 3).

De esta diferenciación concluyen que la municipalidad de San Francisco no tiene competencias en la regulación del uso de agroquímicos u otros asuntos en el espacio periurbano: "[La municipalidad] es incompetente para sancionar un instrumento legal que regule la aplicación de productos agroquímicos en inmuebles que se encuentran hasta 500 metros a partir del límite de las plantas urbanas o núcleos poblacionales, porque ese espacio geográfico está fuera del ámbito de su competencia territorial" (Marcellino, 2006: 2).

Voz Ciudadana define el uso de agroquímicos como un problema para la salud humana, y, como solución, propone una zona en la cual esté prohibida la aplicación de agroquímicos. Dentro de esta lógica, el espacio periurbano tiene la función de protección de la salud de la población urbana y no de la población en general. Los fundamentos de la ley municipal de agroquímicos formulados por los adversarios del uso de agroquímicos exponen que: "Por lo expuesto consideramos que la salud de la población correría riesgo si no aplicamos una zona de protección ambiental de 500 m de los bordes urbanos de la ciudad" (Municipalidad de San Francisco, Ley 5.531/2006 – Fundamentos: 10).

Por ende, se otorga una función urbana a este espacio definiendo el uso de agroquímicos no sólo como un problema de salud, sino, además, como un problema urbano. Siendo un problema urbano, el uso de agroquímicos entra en la competencia del municipio: "se pudo determinar utilizando un sentido amplio de lo que es la prestación de servicios [...] se puede determinar que nosotros podíamos llegar [refiriéndose a la competencia territorial del municipio] en definitiva a todos los campos colindantes, que eran los que efectivamente podían afectar a inmuebles donde vivieran personas" (entrevista 2).

Por su función de la protección de la salud de la población urbana, el espacio periurbano se convierte en una parte de la zona urbana en el entendimiento de Voz Ciudadana, el cual aparece en la demanda "No permitamos que se siga fumigando en zonas urbanas" que ya formularon en 2005 (véase figura 5.1).

El ordenamiento político territorial de la ley municipal de agroquímicos consiste en la delimitación de un territorio de 500 metros a partir de la planta urbana, en el cual está prohibido usar cualquier agroquímico. La delimitación uniforme de este resguardo ambiental en toda la zona periurbana de San Francisco no toma en cuenta la extensión espacial de la deriva de las fumigaciones. Por una parte, la ma-

Figura 5.1. *Volante de Voz Ciudadana*

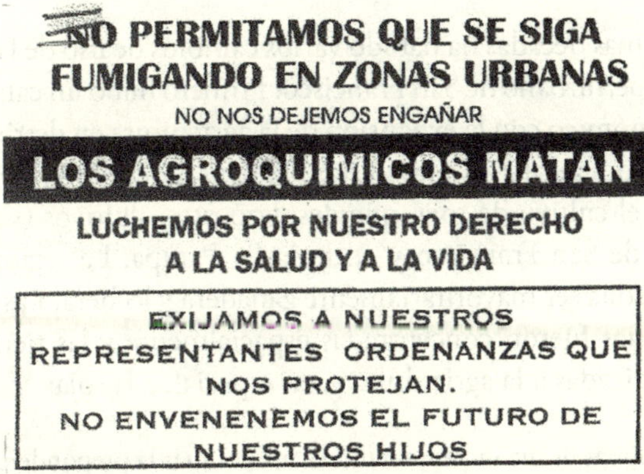

> **NO PERMITAMOS QUE SE SIGA FUMIGANDO EN ZONAS URBANAS**
> NO NOS DEJEMOS ENGAÑAR
>
> **LOS AGROQUIMICOS MATAN**
>
> **LUCHEMOS POR NUESTRO DERECHO A LA SALUD Y A LA VIDA**
>
> EXIJAMOS A NUESTROS REPRESENTANTES ORDENANZAS QUE NOS PROTEJAN.
> NO ENVENENEMOS EL FUTURO DE NUESTROS HIJOS

Fuente: Voz Ciudadana, 2005.

yor fuerza de los vientos en el nordeste y sudeste de San Francisco produce una primera deriva de los agroquímicos durante su aplicación más extensa que en otras partes de la ciudad (Consultora Ambiental Alayquin, 2006). Por otra parte, el alcance espacial de la segunda deriva, es decir, el desplazamiento del agroquímico por vías fluviales, evaporación etc., no está incluido en la delimitación de la zona de prohibición. Por ende, el ordenamiento territorial no capta la complejidad del asunto.

La ley 5.531/2006 incluye también el control de este territorio y lo asigna a la Secretaría Municipal de Salud y Medio Ambiente. Pero todos los entrevistados de Voz Ciudadana y también de la Sociedad Rural de San Francisco confirman que no hay controles (entrevistas 1, 3, 4 y 5). Por esta razón, los vecinos de Voz Ciudadana controlan la zona del resguardo ambiental, pero no tienen las mismas posibilidades técnicas que los controladores del Estado. Controlan a simple vista si hay lugares fumigados. Si detectan violaciones del resguardo ambiental, las denuncian ante la municipalidad y también las publican en los medios locales de comunicación (entrevista 1). La municipalidad nunca sanciona a los que fumigan dentro de la zona. Todos los entrevistados dicen que la presión social es la razón por la cual disminuyeron las violaciones a la ley (entrevistas 1, 3, 4, 5 y 7).

Ordenamiento del espacio periurbano de San Francisco

En las últimas décadas ha habido varios cambios de uso de la tierra en el espacio periurbano de San Francisco. Primero hubo un cambio en el orden económico con la expansión de la agricultura en detrimento de las actividades pecuarias y las tierras baldías (agriculturización) que se centró en el cultivo de soja, que desplazó otros cultivos (sojización) alrededor de San Francisco y en toda La Pampa. La región de San Francisco solía ser mayoritariamente ganadera y lechera. Las actividades pecuarias fueron concentradas espacialmente y las tierras libres fueron dedicadas a la agricultura y, en especial, a la soja:

> de 30 años atrás fue incrementando cada vez más la preponderancia de la soja, cada vez más y te diría que es el principal cultivo de la región. Después bueno... se hacen, generalmente por exigencias de la rotación para no hacer un monocultivo se hace trigo y se hace maíz. Pero todo pensando en la soja. Ahí el cultivo principal, el que dio el movimiento económico y la prosperidad a esta zona en los últimos 20, 30 años fue la soja (entrevista 3).

El cambio del orden económico también tuvo un efecto directo en la zona periurbana de San Francisco, porque el cultivo de soja llegó hasta la zona urbana:

> No, en su momento eran campos ganaderos, después se sembraba soja casi con el límite de la ciudad, simplemente dividía un alambrado, una cerca para que vos..., ¿entendés? Se empezaba la ciudad y se sembraba (entrevista 4).

Con la agriculturización y la sojización apareció el problema de los agroquímicos en la región y en la zona periurbana de San Francisco:

> Sí, especialmente con la siembra directa, que fue prácticamente de la mano una cosa de la otra. Con la siembra directa exige labranza cero y un incremento en las fertilizaciones y en [...] control de maleza. Entonces ahí realmente hubo un incremento de la utilización de agroquímicos, sí, muy importante (entrevista 3).

Acá te fumigaban, hasta la puerta de la casa sembraban soja, estaba la soja... la gente que vivía en el borde, abría la ventana y tenía ahí la soja. Y todo eso se terminó, se terminó. En esta zona, de todos los 500 metros del borde urbano se terminó la soja (entrevista 5).

En la segunda cita hay una descripción de un segundo cambio, esta vez político. La ley 5.531/2006, que introduce una zona de prohibición de aplicación de agroquímicos a 500 metros de la planta urbana, implementa un ordenamiento político nuevo del uso económico, social y ambiental de la tierra. Este ordenamiento político de la zona periurbana se dio en varios municipios de la provincia de La Pampa. En el caso analizado la pregunta de otros usos no fue parte de la disputa antes de la ley. Después, los propietarios de los campos dieron diferentes respuestas que se adecuaban al ordenamiento político. Cultivan alfalfa para forraje sin el uso de agroquímicos, dejan los campos en abandono o los venden para hacer loteos. La Sociedad Rural de San Francisco reitera la improductividad de los campos sin el uso de agroquímicos:

> Éstos, al estar en disyuntiva entre tener un campo improductivo (problemas de enmalezamiento, seguridad, incendios de pastizales, basura etc.) o hacer un loteo, desestimando la parte productiva, indudablemente optaron por esto último (Sociedad Rural de San Francisco, 2012: 1).

En los años posteriores a la ley, la zona urbana creció por la gran cantidad de loteos que se efectuaron, lo cual otorgó una función social a la zona periurbana. Pero con la extensión de la zona urbana se desplazaron la zona periurbana y la zona de resguardo ambiental, lo cual generó nuevos conflictos entre Voz Ciudadana y la Sociedad Rural de San Francisco. Voz Ciudadana reclama que regresaron animales como sapos y pájaros al espacio periurbano gracias a la zona de prohibición del uso de agroquímicos, que significaría un cambio en la naturaleza (entrevista 1).

Los cambios de la zona periurbana de San Francisco muestran el entrelazamiento del orden económico, social, ambiental y político. Los cambios de la agriculturización, y especialmente la sojización, hicieron necesario el debate político sobre el uso de agroquímicos que dio lugar a un nuevo ordenamiento político de la zona periurbana en la ley municipal de agroquímicos de San Francisco, priorizando el aspecto de la salud humana y el medio ambiente a expensas del económico. El ordenamiento político indujo cambios en el orden económico, social y ambiental en los cuales se produjeron cambios de cultivos, abandono de tierras, una creciente urbanización y el regreso de animales silvestres.

CONCLUSIONES

El análisis del conflicto por el uso de agroquímicos en San Francisco revela cómo la categorización del mundo humano y no humano en su dimensión territorial y funcional por el orden político depende de su estructura territorial y funcional, y de dónde se toman las decisiones sobre un determinado problema político. Fue necesario mirar detrás de la idea unificadora del Estado para poder visibilizar las incoherencias y las contradicciones del orden político que generan efectos en el ordenamiento político. La disputa principal en el caso analizado gira en torno a la definición del uso de agroquímicos como práctica necesaria de la agricultura o como problema para la salud humana y el medio ambiente. En toda la serie de argumentos de la Sociedad Rural de San Francisco y de Voz Ciudadana esta diferencia es perceptible, pues la definición del problema político determina su asignación a un cierto nivel estatal y una cierta área política. La Sociedad Rural de San Francisco coloca la regulación de agroquímicos en el nivel provincial y en la política económica y agraria, mientras Voz Ciudadana pide una regulación municipal de agroquímicos, ubicándola en el área de salud y medio ambiente.

El orden político está caracterizado por diferentes competencias de los niveles estatales en áreas políticas que dan una primera estructuración. La provincia de Córdoba tiene potestad en economía/agricultura y salud/medio ambiente, pero la municipalidad de San Francisco sólo en los últimos. Entonces la primera pregunta que surge en el conflicto es si el municipio tiene la competencia funcional para regular el uso de agroquímicos dependiendo del área a la cual fue asignado el problema político (economía/agricultura o salud/medio ambiente).

En las áreas políticas se aplican diferentes relaciones entre las normas legales de los niveles estatales y diferentes normas legales. Mientras la Sociedad Rural de San Francisco argumentó la supremacía de las normas legales del nivel estatal superior, Voz Ciudadana sostuvo que el municipio puede crear una ley propia más estricta que la ley provincial de agroquímicos utilizando como base el principio de presupuestos mínimos. Además, en las áreas políticas rigen diferentes principios legales. Los productores agropecuarios se basaron en el derecho al uso de su propiedad privada, mientras los vecinos afectados recurrieron al derecho al ambiente sano. De esta forma se enfrentan el interés privado y el bien común. Fue importante el principio precautorio de la política ambiental para Voz Ciudadana porque posibilitó la restricción del uso de agroquímicos comprobando un peligro para la salud en general y no en casos concretos.

La estructura organizativa territorial y funcional del orden político fue relevante, ya que no existía una entidad estatal encargada de la política agraria en el nivel municipal. Esto fue una desventaja para la Sociedad Rural de San Francisco, porque las autoridades provinciales de la política agraria no quisieron meterse en el conflicto político. Por el contrario, Voz Ciudadana tuvo una persona de contacto con el secretario municipal de Salud y Medio Ambiente, el cual retomó el tema y lo situó en la agenda política de San Francisco.

Los aspectos expuestos tuvieron un efecto en el contenido del ordenamiento político, lo que finalmente generó cambios mayores. Anteriormente la regulación de agroquímicos fue entendida desde una perspectiva agroeconómica que no tuvo en cuenta los aspectos sociales y ambientales. La ley de agroquímicos de San Francisco, como otras leyes municipales y sentencias judiciales posteriores, da prioridad a la sociedad y al medio ambiente en lugar de a la economía. Esto se muestra en la función de la zona de prohibición de agroquímicos, que es la protección de la salud humana y del medio ambiente, y la regulación de la actividad agrícola sólo es un efecto secundario, pues ambos ordenamientos políticos se enfocan en un solo aspecto de un problema complejo.

Las dos definiciones del problema político condujeron hacia dos interpretaciones diferentes de la zona periurbana a partir de una concepción compartida de la competencia territorial del municipio como mayoritariamente urbana. Lo que está en disputa es si el espacio periurbano es parte de la zona rural o urbana. La Sociedad Rural de San Francisco argumentó que la actividad en el espacio periurbano es la actividad agrícola y, por lo tanto, este espacio es rural y la municipalidad no tiene competencia territorial. Por el contrario, Voz Ciudadana pide una zona de resguardo ambiental en la cual está prohibido el uso de agroquímicos, para proteger la salud de la población urbana, y, por ende, el espacio periurbano tiene una función para la zona urbana que legitima la competencia territorial del municipio.

En el análisis fue evidente que la delimitación funcional y territorial del problema del uso de agroquímicos simplificó un problema complejo. En vez de tratar los aspectos económicos, sociales y ambientales, la ley municipal de agroquímicos únicamente se dirigió al efecto del uso de agroquímicos en la salud humana y al medio ambiente. De forma parecida, el uso de agroquímicos fue reducido a la extensión espacial de la deriva durante la aplicación, ignorando la dispersión espacial de los agroquímicos después de la aplicación, que es mayor. Con la zona de resguardo ambiental de 500 metros desde la planta urbana, la ley introdujo un límite territorial al problema. En las palabras de Foucault, el ordenamiento político puso límites funcionales y territoriales arbitrarios a un fenómeno continuo. Uno de los objetivos de este trabajo ha sido mostrar que la diferenciación territorial y funcional del orden político conlleva una determinada simplificación de la complejidad territorial y funcional de los problemas. Y, es más, la limitación y simplificación funcional y territorial difieren según la orientación funcional y territorial del foro en la que se genera. La elección de una determinada perspectiva para tratar un problema político no genera ilegibilidad, sino que es parte de la simplificación de un problema que posibilita la legibilidad. La delimitación territorial y funcional de una cuestión puede variar en el tiempo, como lo muestra el cambio de perspectiva en la regulación de agroquímicos desde la agroeconómica hasta la de salud y medio ambiente. Esta flexibilidad del orden político en el tratamiento de problemas políticos abre un espacio de negociaciones entre las diferentes interpretaciones de los actores y las relaciones de poder existentes (para un análisis de las relaciones de poder en el caso empírico, véase Rauchecker, 2015). El resultado de una negociación puede ser revertido posteriormente si cambian las interpretaciones y las relaciones de poder. La investigación de los cambios del uso del espacio periurbano de San Francisco mostró que, en la interdependencia de los ódenes económico, social y ambiental, el orden político tiene el papel del intermediario que por su propia estructura funciona como un filtro de problemas complejos, simplificándolos en su dimensión territorial y funcional. El ordenamiento político genera una reacción de los órdenes económico, social y ambiental, los cuales aplican sus propias lógicas, por ejemplo, las reglas del mercado a la nueva situación que posibilita desarrollos no deseados por los actores estatales.

6
POLÍTICA DE BAJA INTENSIDAD: USO ESTRATÉGICO DE LOS LÍMITES ESTATALES EN UN CONTEXTO DE MILITARIZACIÓN. EL CASO DEL EJIDO EMILIANO ZAPATA EN LA SELVA LACANDONA, CHIAPAS

Rodrigo Megchún Rivera

A comienzos de los años ochenta fue instalado un pequeño campamento guerrillero en la selva Lacandona, cerca de Laguna Miramar. Los habitantes de los ejidos Emiliano Zapata y Benito Juárez Miramar, establecidos alrededor de la laguna tres lustros atrás (véase el mapa 6.1), fueron de los primeros en la región en sumarse al entonces grupo guerrillero. Como parte de esa trayectoria el ejido Emiliano Zapata fue, durante cierto tiempo, una localidad de suma importancia para el Ejército Zapatista de Liberación Nacional (EZLN). Así, por ejemplo, en los meses que siguieron al alzamiento de 1994, en la localidad se ubicó parte de la comandancia zapatista, que permaneció en el lugar hasta febrero de 1995, cuando el Ejército Mexicano entró a la zona e instaló un cuartel militar —el más grande de la región— a 500 metros del poblado, en tierras pertenecientes al vecino ejido de San Quintín. Para 1996 la mayoría de los pobladores de Emiliano Zapata había renunciado al EZLN (no sólo, ni principalmente, por la presencia de los militares), con lo que estos sujetos también fueron de los primeros en la región en dejar las filas de dicha organización.[1] En relación con la entrada de los militares, un poblador de Zapata recordó,

> Viera usted cuando vino [el Ejército]. Por eso le dio miedo a la gente. Helicóptero pues venía como zopilote, salía otro, salía otro, subían avio-

[1] La renuncia al EZLN por parte de los habitantes del ejido fue paulatina: para 2008-2009 la última —y solitaria— familia zapatista del ejido dejó la organización (Megchún, 2016: 204ss.).

MAPA 6.1. *Localidad de estudio y ejidos colindantes*

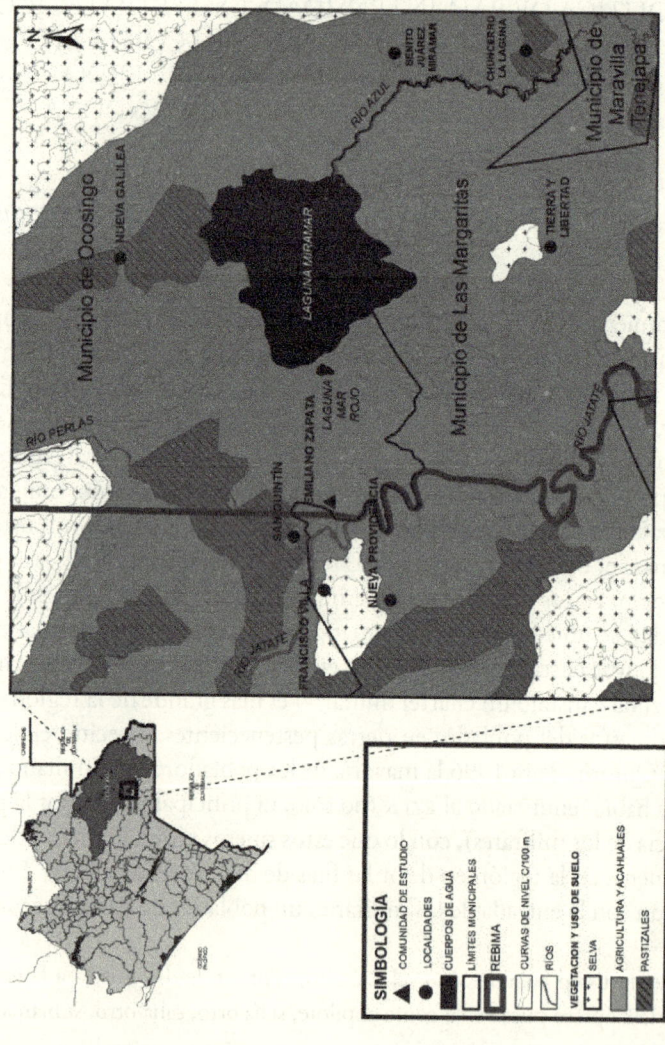

FUENTE: INEGI, 2011, "Carta de uso del suelo y vegetación", escala 1:250 000. Elaboración propia.

nes grandes, de esos que tiran bomba [...] Bajan los aviones, *uuummm*, y pasa ahí en la pista de San Quintín, y otro está tirando los soldados, puro paracaídas [...] Pero un ratito negra, 5 000 soldados bajaron, hasta no entraban ahí. En un ratito ya está el puesto de encañonada aquí cerca de mi casa. Otro aquí, otro allá. Ahí está el puesto del cañón donde están apuntando. Llenó San Quintín, rapidito empezaron a atrincherar para sus defensas.[2]

Aunque la posición militar fue tomada con celeridad, la permanencia del cuartel en San Quintín no puede calificarse de momentánea: en febrero de 2017 el enclave castrense cumplió 22 años de haber sido instalado.

El presente trabajo pretende explorar el modo en que los pobladores del ejido Emiliano Zapata buscan delimitar la intervención gubernamental en el ámbito de este ejido[3] o de la comuni-

---

[2] Para preservar el anonimato, en ningún testimonio presentado se refiere el nombre del emisor. En los testimonios introduzco conexiones y comentarios entre corchetes, particularmente en los casos en que los entrevistados recrean conversaciones. Cuando la narración recrea tales diálogos, empleo comillas para indicar lo dicho por cada una de las partes. Todas las entrevistas fueron sostenidas en español, segunda lengua de los pobladores de Emiliano Zapata (cuya lengua materna es el ch'ol, o el tzotzil). A ello se deben las peculiaridades en el español de los entrevistados.

[3] Debido a que la configuración del ejido resulta central en el presente trabajo, presento enseguida una descripción muy general de éste para un lector poco familiarizado con el ámbito. A muy grandes rasgos, el gobierno del México posrevolucionario buscó incidir en la estructura agraria del país —particularmente entre 1935 y 1975— mediante la dotación de tierra a campesinos carentes total o parcialmente de la misma (el reparto ejidal), o bien que poseían títulos de propiedad anteriores a las Leyes de Reforma decimonónicas, y que habían sido despojados de sus tierras (la restitución de bienes comunales). La mayor parte de las tierras entregadas en México ocurrió mediante el reparto ejidal (Warman, 2001: 70). Tanto los ejidos como las comunidades agrarias correspondían (al menos hasta antes de 1992, cuando la ley agraria fue reformada) a propiedades sociales. Es decir, la tierra era poseída por un grupo específico de campesinos ("los ejidatarios"), al grado en que no podía ser vendida, rentada, ni hipotecada, sino que debía dedicarse a actividades agropecuarias, como parte de un régimen tutelado por el Estado. Este régimen incluía formas organizativas específicas: la asamblea ejidal (máximo órgano de decisión al interior del ejido, conformado exclusivamente por los sujetos con derechos agrarios); el comisariado ejidal (grupo rotativo de ejidatarios, integrado por presidente, secretario y te-

dad[4] a partir de una serie de encuentros y desencuentros sostenidos tanto con los militares del vecino cuartel como con autoridades encargadas de la impartición de justicia —el Ministerio Público (MP) estatal—. En el texto se presenta una serie de conflictos que, a mi juicio, resultan ilustrativos de *1)* la específica formación estatal regional con la que se vinculan los pobladores; *2)* la dilución de fronteras entre la "población" y "el Estado", toda vez que los habitantes de la localidad pueden asumir funciones de gobierno, incluso de cara a representantes de la última entidad; *3)* los mecanismos y categorías a los que en determinado momento apelan los sujetos para vincularse o distanciarse del personal de gobierno, como ser ejidatarios o encontrarse en una

---

sorero —y suplentes—, quienes se encargaban de las gestiones con las autoridades públicas); el consejo de vigilancia (cuya función era servir de contrapeso al comisariado ejidal). Por medio del reparto ejidal fueron conformadas distintas categorías de sujetos: los solicitantes (grupo de campesinos a los que aún no se había resuelto determinada demanda de tierra), los ejidatarios (mayoritariamente hombres, "jefes de familia"), los avecindados (quienes suelen vivir en la cabecera del ejido pero sin tener derechos legales sobre la tierra, generalmente parientes de los ejidatarios). Para profundizar en este terreno pueden verse, entre otros, Warman (2001) y Torres (2009).

[4] Recientemente se acostumbra poner una nota aclaratoria en los textos la primera vez que se menciona a "la comunidad" para deslindarse de cualquier visión romántica que suponga armonía, consenso total, solidaridad permanente, y establecer en cambio que el término se emplea al seguir a poblaciones locales (generalmente en el seno de ejidos o comunidades agrarias), las que hablan de "comunidad" para aludir a la organización y gobierno local. Precisión elemental a la que me adhiero. En efecto, "la comunidad" implica distintos cargos rotativos (agente municipal, policías, comité escolar, comité de salud), instancias de toma de decisión (principalmente la asamblea comunitaria), acuerdos y reglas ("la ley interna"), incluso un sentido de pertenencia. En el caso de Emiliano Zapata la diferencia entre "el ejido" y "la comunidad" radica en que el primero se refiere al conjunto de sujetos con derechos agrarios (140 titulares, que poseen los bosques y terrenos agropecuarios que conforman el ejido), mientras la segunda está conformada por la totalidad de los habitantes del poblado: aproximadamente 200 familias nucleares (lo que incluye a las 140 familias de ejidatarios, más las familias de los avecindados), quienes suman poco más de 900 pobladores. Como se verá en el texto, el ejido y la comunidad se sobreponen en diferentes ocasiones: aunque todos los ejidatarios forman parte de la comunidad, no todos en la comunidad son ejidatarios. Para un interesante análisis de distintos "sentidos de comunidad" en ejidos de la Lacandona puede verse el trabajo de Cano (2013: 115ss.).

región con presencia zapatista. Los conflictos que se describen —por momentos funestos— no pretenden ser la historia general de relación entre los pobladores y el personal castrense o del Ministerio Público (MP) sino, a lo más, episodios de tal vinculación, que arrojan cierta luz sobre las cuestiones recién numeradas.

En términos de las características de la investigación, debo indicar que el trabajo se basa exclusivamente en los testimonios, valoraciones e interpretaciones de los pobladores de Emiliano Zapata, de modo que no está presente la voz y perspectiva de los militares (ni de los agentes del MP). Esto se debe a que el artículo se desprende de una investigación más amplia, realizada entre 2010 y 2015, sobre los vínculos de los pobladores de Emiliano Zapata con un conjunto de políticas agrarias y ambientales (Megchún, 2016). La presencia militar en la zona es tan amplia que, aun sin tener como objetivo directo de la investigación la relación de la población con el personal castrense, en la pesquisa tuve noticias de distintos incidentes producto de ese contacto. Sin duda, el trabajo hubiera ganado mucho en profundidad y precisión de haber integrado la versión de los militares. Pese a no haberlo hecho, considero que el interés que el texto puede despertar radica, para decirlo en términos de Abrams (1988 [1977]), en que presenta distintas imágenes de los pobladores en relación con el Estado y su personal, las cuales forman parte, para plantearlo ahora a tenor con Roseberry (2002), de un campo contencioso conformado por la entidad y los sujetos. Lo que resulta de esta discusión no es una nítida distinción entre gobernantes y gobernados, sino el modo en que el ejercicio de gobierno puede acercar a las partes.

¿QUÉ HACEN LOS ANTROPÓLOGOS EN LA REALIDAD?

La vida de los militares puede ser dura. Señalo esto a partir de una anécdota que tuvo lugar como parte de nuestro acercamiento a la región. En diciembre de 1999 mi pareja (Hadlyyn Cuadriello) y yo estuvimos cerca de una semana en el ejido Rosario Río Blanco (ubicado aproximadamente a 30 kilómetros de Emiliano Zapata), en la cañada de Las Margaritas. Al salir del ejido caminamos durante varias horas hasta el poblado de La Realidad, que entonces era un importante bastión zapatista. En los dos días anteriores ningún transporte había salido de La Realidad con rumbo a la cabecera municipal de Las Margaritas, de modo que los pasajeros se habían acumulado. Luego de esperar algunas horas, por fin llegó un camión de redilas que nos sacaría de la Lacandona. Todos subimos apresuradamente. Por escasos centímetros —o por exceso de viajeros, según se vea—, la puerta del camión no cerraba: "que se baje el gringo", fue el clamor colectivo. O sea yo. Traté de explicar a estos compañeros que yo no era "gringo" sino evidentemente "mexicano". "De todos modos bájate", fue su respuesta. Me indigné: me sentí discriminado. En parte por ello, cuando en el retén zapatista no autorizaron a los conductores de una combi proseguir su camino hacia San Quintín, lo que los obligaba a dar media vuelta y regresar a Las Margaritas, les pedí que nos llevaran. "Sólo a ustedes dos", contestaron. De nuevo la discriminación pero ahora a la inversa.

En cuanto nos instalamos en la parte posterior del vehículo (carente de toda ventana) y éste se puso en movimiento, caímos en la cuenta de nuestro error. El vehículo transportaba enseres militares (botas, ropa, lámparas). Hadlyyn y yo nos miramos, sin saber qué hacer o decir: nos habíamos subido a un vehículo militar en el principal poblado zapatista: no parecía una buena idea. Nuestros anfitriones rompieron el silencio, "¿y qué hacían en La Realidad?" "De vacaciones", atiné a decir. "No inventen", atajó uno de ellos (en realidad usó otra expresión), y añadió: "de vacaciones se va a Acapulco, Cancún, pero ¿aquí?" "Es que somos antropólogos", respondió ella, "así son las vacaciones de los antropólogos". Ahorro al lector la explicación que dimos sobre qué es la antropología y para qué pudiera servir (argumento que buscaba reforzar, para justificarnos, el extraño proceder y condición de "los antropólogos"). Nuestros interlocutores no eran militares: se trataba de dos desertores del Ejército que, de cualquier forma, seguían vinculados al personal castrense, ya que vendían, de campamento en campamento como pudimos constatar, los enseres que requerían los soldados mientras estaban acantonados: pasta de dientes, navajas, cuerdas, mudas camufladas, etc. Al final, los comerciantes nos condujeron hasta el centro de Comitán (incluso se compadecieron de nuestra condición de "estudiantes de antropología" y nos invitaron a comer). En verdad fueron amables. En el trayecto nos contaron que "no sólo los antropólogos pueden pasarla mal", también la vida de los militares podía ser muy difícil: la lejanía de la familia, el maltrato de los superiores, la obligación permanente de obedecer. Por lo cual ellos habían desertado. Nos dijeron que en los campamentos de la región sucedían muchas contingencias: accidentes fatales, encarnizadas peleas entre el personal militar, incluso suicidios (por causas de índole sentimental, aunadas al rigor de la milicia). Pero la institución nunca hacía pública esa información, "ni siquiera a los familiares". Comenzamos a ver a los soldados con otros ojos. Particularmente, al llegar a uno de los campamentos (entre La Realidad y Las Margaritas visitamos unos seis o siete), cuando un soldado buscó interrogarnos cuando supo que veníamos del bastión zapatista: "¿y ahí en La Realidad todos son barbones, todos están encapuchados?" Supongo que se imaginaba a los zapatistas como los guerrilleros cubanos de finales de los cincuenta, o en una permanente representación de sí mismos. Su escaso entendimiento de la situación no dejaba de ser ilustrativo de la composición del ejército. Del juego de espejos que puede resultar "el Estado".

CABOS SUELTOS: LA VENDEDORA DE ALCOHOL

Sea por lo duro del trabajo, el perfil de quienes componen la institución,[5] u otros motivos, en la región los soldados tienen fama de ser

[5] El grupo de los militares de San Quintín básicamente está integrado por hombres procedentes de otras regiones de Chiapas, o bien de otros estados de la República. (La incorporación al cuartel de jóvenes de la región es minoritaria y muy reciente: 2014-2015.) Por las dimensiones del cuartel, algunos soldados han llevado a vivir ahí a su familia nuclear, mientras otros, los menos, se han casado con mujeres de la región. Los soldados cuentan con un ingreso fijo (hacia 2014, entre $8 000 y $10 000 pesos mensuales para los soldados de menor rango), el cual representa una suma considerable para el promedio de ingresos de la zona (regionalmente el día de trabajo se paga en promedio en $150 pesos). Con relativa frecuencia los soldados son rotados a distintos cuarteles, de modo que el personal vuelve a San Quintín cada determinado tiempo.

grandes consumidores de alcohol. Este consumo ha sido uno de los principales factores de conflicto entre el personal militar y los habitantes de Zapata y de San Quintín (por no decir de la región). Para empezar, "por acuerdo comunitario" en estas localidades está prohibido "vender trago" (salvo a los turistas en el caso de Zapata). El alcohol puede ser consumido abiertamente pero no puede comerciarse, bajo el supuesto de que ofrecerlo aumentaría su uso, y con ello los conflictos sociales que la bebida suele ocasionar. Lo cual no ha impedido a algunos pobladores enfrascarse en el lucrativo negocio de la venta de aguardiente y cerveza. Según los pobladores de Zapata, los de San Quintín no han podido controlar la venta porque "son muchos habitantes" (aproximadamente 1 700), lo que dificultaría dar seguimiento a las normas, que es un argumento bastante relativo. En el caso de Zapata la venta de alcohol ha sido posible, durante determinados periodos, mediante sobornos a las autoridades de la comunidad (específicamente a los "agentes municipales"),[6] o bien porque los agentes han evitado tener conflictos con sus vecinos y no han hecho lo suficiente por impedir la actividad. De modo que en este caso la cercanía de quien desempeña la autoridad ha implicado, hasta cierto punto, dificultades en el cumplimiento de la normatividad comunitaria. Al retomar parte del análisis de Poulantzas (1969 [1968]) y de Estrada Saavedra (2014b), cabe indicar que también en este nivel las reglas (en términos del segundo autor, "la política") pueden ser empleadas en función de determinados intereses y valoraciones de los sujetos ("lo político").

El cuartel fue instalado en San Quintín mediante decreto expropiatorio del 5 de abril de 1999, firmado por el presidente de los Estados Unidos Mexicanos (Ernesto Zedillo) y el secretario de la Refor-

[6] Según la Ley Orgánica Municipal del estado de Chiapas (artículo 51, 2011), los agentes municipales son representantes de los ayuntamientos en las localidades. Se trata de un cargo trianual, designado por la asamblea comunitaria (y ratificado por las autoridades del municipio), cuya principal función es mantener el orden al interior de la localidad en caso de conflictos. La instancia está compuesta por el "agente municipal", un secretario y un tesorero, así como un grupo de "policías" a cargo del primero. Como la totalidad de los cargos asignados por la comunidad, se trata de un puesto sin goce de sueldo.

ma Agraria (Arturo Warman). El terreno expropiado, "por causa de utilidad pública, consistente en los medios empleados para la defensa nacional o para el mantenimiento de la paz pública" (*DOF*, 23 de abril de 1999), tiene una dimensión aproximada de 49 ha, por las cuales la totalidad de los ejidatarios de San Quintín (190 capacitados)[7] recibieron una indemnización de $295 531.20 pesos (aproximadamente $31 500 dólares, al tipo de cambio de entonces). En relación con esta expropiación, rumores contados por los habitantes de Zapata señalan que la medida fue producto de la negociación entre las autoridades ejidales de San Quintín y el personal militar.

[Los de] San Quintín nunca quisieron entrar en la organización del EZ. Entonces para que no entrara el EZ a chingar en San Quintín [luego del alzamiento...] el comisariado permitió que los militares hicieran su campamento ahí [en 1995]. Claro que le dieron un buen dinero al comisariado, le dieron $90 000 pesos de ese tiempo para que [les] diera permiso a los militares. Ya después [en 1999] lo enamoraron bien al comisariado y le hicieron que firme un papel [de donación del terreno...] pero no fue acuerdo de la asamblea general, solamente acuerdo del comisariado y el consejo de vigilancia, los que firmaron un papel donde (supuestamente) la comunidad aceptó donar el terreno. Entonces los militares ya sacaron su documento [el decreto expropiatorio], y ahora los de San Quintín ya no pueden entrar.

Aunque nada firme puedo decir sobre el presunto vínculo entre las autoridades ejidales y los militares, es notorio que los sujetos frecuentemente planteen un contubernio entre las autoridades locales y las oficiales en los casos de contacto. En otros encuentros semejantes (por ejemplo, en los vínculos entre las autoridades ejidales y los gestores ambientales) se sospecha —cuando no se afirma— que las primeras suelen adquirir una serie de códigos y procedimientos de las segundas, particularmente en términos de la captura de recursos como parte del desempeño de funciones. En el contexto de una movilización popular,

---

[7] El ejido San Quintín mide 4 821 ha, una vez descontadas las 49 ha de expropiación a nombre del ejército mexicano.

Estrada Saavedra (2016a) ha analizado como parte de la "cultura política" la gran desconfianza que suele haber en los contactos de los dirigentes o representantes grupales (en su caso, gremiales) con autoridades gubernamentales a partir de la influencia corruptora que estas últimas pueden tener. En muchas ocasiones los representantes (quienes necesariamente requieren negociar con las autoridades públicas) son considerados coludidos con aquéllas. En parte por ello los dirigentes de grupos movilizados suelen hacer una sobrerrepresentación de su distancia con las autoridades mediante discursos más o menos incendiarios, como si a la presunción de un excesivo acercamiento correspondiera una exageración de la distancia, con lo cual la negociación política puede tornarse un juego de espejos: necesario para moverse entre distintos ámbitos (el poder local, el estatal), pero del que no se debería olvidar la advertencia: las cosas reflejadas están más cerca de lo que aparentan. En todo caso, quizás el meollo del análisis no sea determinar la distancia o la cercanía entre las partes sino, al retomar a Abrams (1988 [1977]), entender la necesidad, la predilección, el uso y el simbolismo de los distintos grados de cercanía.

Entre 1995 (cuando los militares tomaron esta posición) y 2000, los soldados de San Quintín estaban instalados en un precario campamento. Sin embargo, en esta última fecha concluyó la construcción de las instalaciones que actualmente integran el conjunto: complejo habitacional para el personal y sus familiares, edificios administrativos, área de vehículos, patio de ceremonias, enfermería, área de internet, entre otros. En la construcción algunos habitantes de Zapata encontraron una fuente temporal de empleo como ayudantes de albañilería (la gran mayoría de los pobladores se dedican a actividades agropecuarias). Al observar el cuartel en imágenes satelitales disponibles en la red,[8] puede indicarse que el área construida abarca poco más de una hectárea de instalaciones, por lo que no es exagerado plantear que el cuartel (al que está adscrito el 38º Batallón de Infantería) tiene capa-

---

[8] Google Maps, "San Quintín, Chis." Consultado el 28 de abril de 2014. Disponible en https://www.google.com.mx/maps/place/San+Quint%C3%ADn,+Chis./@16.4045331,-91.3502168,1541m/data=!3m1!1e3!4m5!3m4!1s0x858cae38b02 2b039:0x4ab33e98a2515f47!8m2!3d16.4058299!4d-91.3458299?hl=es-419

cidad para albergar a cientos de efectivos. Su dimensión sobresale además al considerar el tamaño y la población de los ejidos vecinos. A decir de la dueña de un restaurante en San Quintín, antes de que el cuartel estuviera concluido varios pobladores de ese ejido hicieron buenos negocios con los militares, al proporcionarles hospedaje, comedores, abarrotes, incluso trago. No obstante, con esta presencia también surgieron algunas complicaciones: pleitos entre soldados y jóvenes de la localidad, robos esporádicos a las casas por parte de algunos militares, soldados que "enamoraron" a algunas jóvenes y después "las abandonaron" al resultar embarazadas. Este tipo de conflictos también se presentó en Zapata, aunque en menor proporción que en San Quintín. Ante el incremento de estas situaciones, en los primeros años 2000 en ambas localidades se prohibió —de modo relativamente independiente— tanto proporcionar hospedaje a los soldados como el que deambularan uniformados en la localidad durante sus horas de descanso: sólo podrían hacerlo "vestidos de civil". A mi modo de ver, estas medidas hicieron pesar el ámbito local mediante la combinación del control al interior de los ejidos y la demarcación de límites al personal del cuartel. Para impedir que los militares vivieran en las localidades, la medida recayó sobre los propios habitantes, quienes serían sancionados en caso de hospedar a soldados, mientras que la restricción a los militares de circular uniformados en las horas fuera de servicio fue alcanzada mediante negociaciones con la autoridad del cuartel (la que aparentemente sólo aplicó una norma oficial ya existente).[9] Estas prohibiciones nunca se cumplieron cabalmente,[10] pero sin duda disminuyeron la intensidad de los contactos. (Con ello la mayoría de los establecimientos que proporcionaban servicios a los militares vieron disminuidas sus ganancias.) A estas interdicciones se sumó la ya existente prohibición general de venta de alcohol en los ejidos.

En el contexto de estas restricciones, en los primeros años 2000 una pobladora de Emiliano Zapata (madre de familia, abandonada

---

[9] La "prohibición" local no impide que los militares atraviesen los poblados, uniformados y con equipo bélico, en sus desplazamientos oficiales.

[10] Siempre ha habido, por ejemplo, habitantes que, pese al riesgo de ser multados, deciden rentar un cuarto a los militares, al tiempo en que algunos soldados están casados con mujeres del poblado y pueden vivir en casa de sus suegros.

por su marido) encontró una buena fuente de ingresos en la venta de alcohol a los soldados. Aunque varios pobladores vendían alcohol entre los pobladores, ella era la única que lo hacía con los militares. Esto es, si algunos habitantes transgredían las normas comunitarias al vender trago a sus vecinos, la mujer parecía transgredirlas doblemente al vender alcohol... a los soldados. Durante años, los agentes municipales no hicieron gran cosa por impedir a estos vendedores continuar con el negocio. La noche del sábado 29 de abril de 2006 tuvo lugar un pleito a pedradas en la localidad entre militares (clientes de la señora) y bebedores del ejido (junto a otro vendedor de alcohol). El saldo fue de un poblador gravemente herido, quien tuvo que ser hospitalizado en Comitán. Así narró el suceso el vendedor involucrado:

> Ella vendía cerveza con los militares, y como yo también vendía cerveza, pero sólo con la gente del pueblo. Estos [cuatro pobladores de Zapata] llegaron [a media noche a buscar alcohol...] Levanté pues, a darle trago, pero uno se fue con la señora (a comprar bebida) y cuando lo veo ya lo estaban golpeando los militares. Eran 16 militares contra uno [...] Rápido le tronaron su cara con piedra. Yo también les eché [piedra] a ellos, contestaron con piedra. Con trusa estaba yo durmiendo antes, en mi casa. Aprovecharon y [...] trataban de agarrarme en nuestro coyolito [genitales], pero gracias que en aquel tiempo estuvimos en entrenamiento del EZLN (a principios de los noventa), no pudieron.

El pleito acabó con un herido de gravedad del lado de los pobladores y algunos vidrios rotos. Al día siguiente los habitantes apelaron a la normatividad, por lo que buscaron encarcelar a la vendedora de alcohol, quien había huido a Comitán. A su vez, el vendedor de quien presenté el testimonio se dirigió al cuartel a cobrar a los responsables el vidrio roto de su camioneta que el pleito había ocasionado: "sólo me dieron $1 500 pesos, pero por eso [por cobrar] me buscaron delito". En efecto, algunos días después la vendedora de alcohol regresó al poblado con una demanda de violación contra cuatro pobladores de Zapata (el vendedor de alcohol referido, dos de los bebedores noctámbulos y un cuarto poblador que no participó en el pleito). En la denuncia ante las autoridades judiciales, "la misma hija" de la señora fungió como testigo, mientras que presentó como prueba "un trapo que habían manchado con sangre".[11] Con esta argucia la vendedora pasó de ser una de las principales responsables del pleito a "reírse" de los involucrados del poblado, quienes, a su decir, "se pudrirían en la cárcel". Paralelamente, el que hubiera un poblador lesionado a manos de militares motivó la intervención del Centro de Derechos Humanos Fray Bartolomé de las Casas. Con celeridad, los soldados lograron librarse de responsabilidades al dar una indemnización al herido.[12] Para algunos pobladores del ejido, la vendedora fabricó el delito por instrucciones directas de los militares, prácticamente como una cortina de humo para ocultar el pleito. Para otros, lo hizo por decisión propia para continuar con la venta de alcohol al personal castrense. Comoquiera que fuera, luego de la denuncia la vendedora no tuvo ninguna sanción por el pleito y pudo mantener su negocio durante algunos años más.[13]

He tratado de sintetizar este intrincado caso aunque creo que he dejado varios cabos sueltos. Independientemente de que no pretendo adjudicar determinada responsabilidad a alguna de las partes, de esta cruda situación quisiera destacar algunos elementos: *1)* Todo parece indicar que en el presente caso el conflicto de los pobladores con los militares (la serie de eventos que el pleito desencadenó) no necesariamente es producto de un conjunto de cálculos o, digamos, de una

[11] No pretendo determinar si la violación tuvo o no lugar, únicamente presento la versión de la mayoría de los pobladores (a excepción de la señora y su hija), según la cual el delito fue inventado.

[12] Para el sujeto lesionado el pleito tuvo consecuencias duraderas. Al entrevistarlo refirió que los soldados le quebraron un hueso de la cara, lo que "hasta la fecha" le causa algunas molestias. En los días siguientes a la agresión los soldados lo indemnizaron con $5 000 pesos, con la condición de que desistiera de denunciarlos ante derechos humanos. Él aceptó. A decir de otros pobladores, "los del 'Frayba' le recomendaban que al menos pidiera una mayor indemnización", pero él desistió. Según el sujeto, para la recuperación tuvo que gastar $22 800 pesos, por lo que vendió su "derecho ejidal" a un vecino. Desde entonces un primo le presta un pedazo de tierra para sembrar y mantener a su familia.

[13] En relación con la demanda de violación, algunos meses después del pleito dos de los acusados del ejido fueron encarcelados en Ocosingo durante dos y tres años respectivamente, quienes tuvieron que transitar el sinuoso camino de abogados, procedimientos legales y sobornos para obtener su liberación.

"estrategia de guerra de baja intensidad", sino del corrosivo contacto cotidiano entre militares y pobladores. *2)* Una vez que el pleito tuvo lugar, comenzó, para decirlo en términos de Estrada Saavedra (2014b), cierto uso político de la política: no, por supuesto, ignorar las leyes (por ejemplo, agredir impunemente a los pobladores), sino emplearlas estratégicamente (*v. gr.*, adelantarse a la organización de derechos humanos en el pago de la indemnización).[14] Incluso al grado de fabricar delitos (como presuntamente hizo la señora), en este caso, ¿qué más accesible que apelar a la vulnerabilidad de la mujer, generalmente objeto de agresiones en contextos de enfrentamiento, para condenar a determinadas personas? *3)* Como plantea Gledhill (2000: 205ss.), en ocasiones los conflictos locales pueden ser potencializados por pugnas más amplias (por ejemplo, la que tiene lugar entre el gobierno mexicano y el EZLN), y a la inversa: no sólo algunos pobladores suelen estar dispuestos a retomar los proyectos, iniciativas e intereses de las autoridades, sino que en ocasiones los pobladores también pueden impulsarlos de *motu proprio*. Comunidades de suyo polarizadas pueden ver incrementada su conflictividad en el engarce de conflictos "locales" y conflictos "externos", cuyas fronteras resultan así diluidas. En este marco, no considero adecuado circunscribir el pleito entre la señora y las autoridades del ejido como estrictamente "local": en la disputa se dirimía también parte de la relación de los habitantes con el personal castrense.[15]

EL DEDO Y LA LLAGA

Luego del pleito, la vendedora pudo continuar con su negocio durante seis años más, hasta 2012 (periodo en que yo realizaba trabajo de campo en el ejido), cuando un habitante del ejido vecino Miguel Hidalgo y Costilla murió a las afueras de Zapata, por sobredosis del alcohol que había comprado con ella. Quien ese año fungía como

---

[14] Semejante al ladrón analizado por Weber (1999 [1922]: 26), los infractores no necesariamente ignoran ni repudian la norma: aun sin respetarla pueden reconocerla y orientar su acción en función de la misma.

[15] *V. gr.*, si los soldados recibirían, o no, una sanción por lesionar a un poblador, o si podrían continuar con el consumo de alcohol en determinado punto del ejido.

agente municipal retuvo a la vendedora durante dos días en la cárcel comunitaria hasta que, de conformidad con las normas seguidas en la región, la mujer pagó una indemnización a los familiares del difunto. En respuesta, una vez más la señora buscó en el sistema de justicia externo un contrapeso a las reglas y autoridades locales:[16] acusó a las autoridades de la comunidad ante el MP en Ocosingo por "privación ilegal de la libertad". La vendedora daba la impresión de jugar a su favor con los límites del gobierno local, en cuanto las autoridades de la comunidad no tienen atribuciones —al menos no precisas— de detención. El agente municipal fue respaldado por la comunidad, cuyos integrantes le asignaron recursos del fondo comunitario para contratar a un abogado. Con todo, que un habitante de otra localidad falleciera le dio a la actividad y proceder de la señora un carácter regional.

A finales de 2012 a la vendedora se le juntaron los problemas: a la indemnización a los familiares del difunto y al juicio que sostenía con el agente municipal de Zapata, se sumó el ser detenida por las autoridades de San Quintín por transportar alcohol en ese ejido —paso obligado hacia Zapata— sin autorización. Como parte de las prácticas locales de gobierno, el agente municipal de San Quintín y sus policías: detuvieron a la señora, la fotografiaron con "las pruebas del delito", le impusieron una multa de $15 000 pesos (que se destinaría al fondo comunal) y la sentenciaron: "si no vas a pagar, te mandamos al EZLN, ya no al MP sino al EZLN". Adicionalmente, y no sin paradojas, acompañados por las autoridades de Zapata demandaron a la señora ante el MP por "venta clandestina" de alcohol. En palabras del entonces agente municipal de Zapata:

> Nosotros acudimos a la Delegación de Gobierno en Ocosingo, donde nos van pidiendo la fotografía, y sí tomamos la foto (junto con las autoridades de San Quintín). En ese momento lo presentamos, y como ya tiene antecedentes la señora en el MP, lo empezaron a ojear [...] Y luego ya nos dijeron "váyanse al Juzgado en Primera Instancia a pedir orden de aprehensión para la señora porque ya es mucho lo que está haciendo".

---

[16] Las que pueden imponer normas no necesariamente vigentes en los otros niveles de gobierno, como la prohibición absoluta de vender alcohol.

En su capítulo en este volumen, Agudo Sanchíz hace un interesante análisis de determinadas fotografías y listas de asistencia como constancias de actos (sobre todo encuentros con funcionarios) que resultarían inscritas en una "lógica de monitoreo recursivo [...] difícil de explicar en términos funcionales", a partir de su irrelevancia "para las necesidades del Estado". Y, junto con Ferguson y Gupta (2002), concluye: "lo que realmente logran estos 'rituales de la vigilancia y la regulación' es '*representar* y *encarnar* la jerarquía y la abarcabilidad estatales'". En el presente caso, la fotografía de la señora con el alcohol fue el elemento de prueba para las autoridades del MP en Ocosingo. Un tanto sorpresivamente, estas últimas solicitaron fotos de los hechos, que las autoridades de Zapata y San Quintín pudieron producir como parte de su propia búsqueda por alcanzar la omnipresencia y omnisciencia estatales. El verbo empleado por el narrador difícilmente puede ser más preciso: las autoridades comenzaron a *ojear* la evidencia. Esto es, los representantes del Estado tuvieron que observar lo que las partes referían. Una vez satisfecho el criterio de "prueba", los funcionarios sentenciaron: "esta señora ya es mucho lo que está haciendo". No pretendo plantear que el procedimiento fue preciso (como se sabe, las fotografías pueden ser fácilmente editadas), sino, junto con Agudo Sanchíz (*loc. cit.*) y Asad (2008), destacar parte de los mecanismos que permiten alcanzar la racionalidad estatal: es mediante prácticas como la presente que la operación del Estado se presenta como neutra, objetiva, protocolaria. Sin embargo, en el presente caso inmediatamente fue puesto en marcha otro proceder gubernamental: el soborno. A decir del ex agente municipal de Zapata involucrado, para que la demanda contra la señora procediera tuvieron que dar un pago al personal del Juzgado de Primera Instancia ($1 000 pesos); una vez cubierto, la señora recibió un citatorio. De modo que el peritaje de las pruebas (las fotografías) sirvió para sostener, incluso ocultar, el proceder extralegal. La política como el necesario mecanismo para entablar lo político. Y continuó su narración el sujeto:

> Pero como esta señora está bien adiestrada con los militares, todo le tienen bien en orden su demanda. Pero cuando lo llegaron a saber, ahora sí tuvieron que soltar dinero, porque estaba sentenciada a 20 años de prisión

por vender bebidas ilícitas, pero salió a los ocho días porque los militares empezaron a apoyarla con dinero.

En la narración de los usos y costumbres gubernamentales, el dinero aparece como fiel de la balanza: requerido por los funcionarios públicos para accionar las normas o para detenerlas. Por lo demás, a los ojos de los pobladores de Zapata sólo la intervención externa (los militares que tendrían "bien adiestrada" a la señora) explicaría el proceder de la vendedora: un *outsider* sumamente difícil de contrarrestar: una (excepcionalmente) poderosa mujer, reiteradamente en contra de las (por cierto, patriarcales) autoridades y normas comunitarias.

Otro aspecto relevante en el caso fue el modo como las autoridades comunitarias emplearon los límites y márgenes del gobierno. Si la vendedora de alcohol se posicionaba en la zona de claroscuros entre las atribuciones locales y aquellas del gobierno municipal y estatal (al denunciar, por ejemplo, el encarcelamiento del que fue objeto), también los agentes municipales acudieron a otros límites para sancionar a la señora: si ella no quería pagar "la multa" a la comunidad sería conducida ya no al MP (donde la señora se movía como pez en el agua) sino al Municipio Autónomo Zapatista, desde la perspectiva de los pobladores, y como se verá adelante, "más estricto" que el MP (particularmente por no negociar permanentemente con las normas), pero también última instancia de resolución de conflictos. Por lo demás, como muestra en parte la apelación simultánea que las autoridades comunitarias hicieron al EZLN y al MP, los pobladores no zapatistas de la región no pretenden desconocer a las autoridades gubernamentales: apelan a los Municipios Autónomos como límite externo a la intervención oficial —de la que, como se verá abajo, ellos se consideran parte—.

Al respecto habría que considerar el análisis que distintos autores han hecho del ejido como "cuarto nivel de gobierno" (Villalobos, 2012 —quien en ese punto retoma a Araceli Burguete—, y Lozano, 2012). En palabras de Lozano, los ejidos representan "formas de organización reconocidas constitucionalmente [cuyas...] jurisdicciones y órganos [...] conforman barreras más o menos bien delimitadas a la acción de los gobiernos subnacionales", de modo que "conforman un espacio real de autoridad que puede competir, por lo menos, con los gobiernos municipales" (Lozano, 2012: s. p.). Y resalto, "más o menos" definidos: el ejido corresponde a un ámbito de gobierno local en el que algunas atribuciones de otros niveles de autoridad se confunden y entremezclan. En distintas ocasiones, los pobladores apelan y se ubican en este margen, en parte generado por la propia conformación del Estado mexicano y su relación con la corporación ejidal y la comunitaria. En este marco cabe plantear como hipótesis: esta ambigüedad, mediana delimitación, indefinición relativa, resulta un buen caldo de cultivo para lo que Cano (2013) ha abordado como las múltiples y sui géneris conformaciones que pueden adquirir los ejidos, por obra de sus habitantes. En el siguiente apartado buscaré abordar otro caso de (des)articulación entre ámbitos de gobierno en torno a conflictos locales (caso en que los militares no son relevantes).

MUERTE EN MIRAMAR

Para documentar mejor las cambiantes articulaciones y fronteras entre distintos niveles de gobierno, presento ahora un caso paralelo ocurrido en Zapata, el cual no tiene que ver con los soldados sino con el trago, el MP y los zapatistas. Una noche de 2013 ocurrió un extraño ahogamiento en Miramar. Como han establecido de modo permanente, dos integrantes de la Sociedad de Ecoturismo Laguna Miramar[17] hacían guardia en los alrededores del lago, para cuidar a los eventuales turistas, evitar la caza furtiva y cumplir su compromiso con las autoridades ambientales. Al embarcadero llegó un poblador de Benito Juárez (ejido ubicado al otro lado de Miramar, véase mapa 6.1). Tenía prisa: la fiesta del pueblo ya había comenzado y la única forma de llegar era a través del lago. El sujeto pidió a los de Zapata que lo transportaran en el cayuco de la Sociedad, no por la tarifa establecida por el grupo ($400 pesos) sino, como buenos vecinos, por la mitad de la cuota. Además no requería el viaje completo: a mitad de la laguna lo recogería su hermano en su propio cayuco. Ante el poco entu-

---

[17] Sociedad conformada por la gran mayoría de los ejidatarios de Zapata (la integran exclusivamente 125 de los 140 ejidatarios), quienes, en tanto propietarios del terreno, se organizaron para ofrecer servicios turísticos en la laguna.

siasmo de los de Zapata les invitó unos tragos. Con las copas y $150 pesos en la bolsa, uno de los guardias aceptó. El otro rechazó la bebida porque su religión se lo prohibía, aunque su fe nada decía sobre el pago que le ofreció el de Benito ($50 pesos) a cambio de no informar a la Sociedad por el trato de su compañero. El de Benito fue recibido por sus parientes y llegó a su destino. Del conductor de Zapata no volvió a saberse más (días después el cayuco apareció a la deriva). Por el pago que recibió, el devoto guardia de Zapata tardó en dar aviso de la situación a las autoridades comunitarias y a los familiares del desaparecido. Lo hizo un día después, cuando las sospechas se dirigían en su contra. La búsqueda del cuerpo duró 13 días, pero el presunto cadáver no fue encontrado.

De manera paralela a la búsqueda comenzó a operar una serie de procedimientos y argumentos en los dos ejidos: el de Benito Juárez fue encarcelado cinco o seis días en Zapata mientras se aclaraba la situación. La reciente viuda reclamó una indemnización de $50 000 pesos al de Benito, pues tendría que enfrentar ella sola el cuidado de sus pequeños hijos. Mediante negociaciones entre las autoridades de los dos ejidos (las que se mostraron ampliamente articuladas) la indemnización fue rebajada a $40 000 pesos. Según acordaron las autoridades el pago sería cubierto: $30 000 pesos por parte del habitante de Benito Juárez que generó el problema, y $10 000 por parte del guardia de Zapata que fue testigo. En el quisquilloso razonamiento local, lo que salvó al de Zapata de pagar la mitad de la indemnización fue haber rechazado el trago, lo que redujo su responsabilidad en el asunto. El de Benito Juárez aceptó pagar, pero solicitó hacerlo en mensualidades. La contraparte estuvo de acuerdo.

No conforme, el padre del acusado[18] se dirigió al MP en Ocosingo para consultar si la multa era justa (con lo cual buscaba delimitar el proceder local). Los del MP prácticamente le dijeron que podía demandar a las autoridades de Zapata, pues no tenían atribuciones para detener "por tanto tiempo" —y nótese la ambigüedad— al sujeto. El viejo consideró incorrecto enfrentar a las autoridades del vecino ejido

---

[18] El sujeto fue acusado de muerte accidental, pues nunca pudo comprobarse que se tratara de un asesinato.

y se desistió de cualquier procedimiento. De todas formas el "jurídico del MP" mandó a llamar al agente municipal de Zapata para intervenir en el caso. Según la interpretación de este último, los del MP querían involucrarse para obtener una parte del pago. El agente de Zapata se presentó en Ocosingo donde, a su decir, habría tenido lugar la siguiente conversación:

> [El del MP] quiere que lo saquemos al señor [encarcelado], porque no hay leyes para que lo detengamos tantas horas. "Claro que sí [le concedió el de Zapata, quien explicó nuevamente el caso… para concluir:] Allá ya se arregló la problema. Yo creo que también [nosotros] tenemos usos y costumbres en la comunidad, y ésos son respetados." "No, eso sí [reconoció a su vez el del MP, quien insistió…] Pero $30 000 pesos es demasiado […] Mucho unos $10 000 son buenos para que lo apoyen." "Pues qué te puedo decir [atajó el de Zapata], la familia es la familia. Ahora, si no quieren pagar, dicen [los parientes del difunto] que lo van a turnar a la Junta de Buen Gobierno [JBG], y ahí no nos metemos nosotros [como agentes municipales…] Si quieren pagar o no quieren pagar ya que se arreglen ellos." [A lo que el del MP contestó], "¿A poco no le tienen lástima al compañero ese? Allá lo van a castigar. Es una tortura lo que le van a hacer" [buscó enfatizar el del MP]. "Pues sí [dijo el de Zapata], allá que lo manejan sus leyes de ellos son $100 000 pesos [de indemnización]." "No, pues denle solución [recomendó el del MP], que quede bien arreglado." "Pero ya está arreglado [insistió el de Zapata]. De una vez, para qué andamos dando vueltas, ni aquí [en el MP] ni allá [en la JBG]." A lo que el MP dijo: "Pues está bien, si ya está arreglado, que se elabore un documento y ya que quede listo". Y así fue [concluyó su narración el exagente municipal de Zapata].

Como se ha señalado, en ocasiones los pobladores de la región pueden plantear límites a las autoridades oficiales en aras de resolver conflictos conforme a sus propias negociaciones: en este caso, por ejemplo, el agente municipal de Zapata apeló a sus "usos y costumbres" (cualquier cosa que eso signifique), mientras que la viuda del ahogado apeló a la JBG zapatista para presionar al responsable en el pago de la fianza (lo que también le fue planteado al "jurídico" del MP). Parte de lo relevante es que, hasta cierto punto, las autoridades oficiales reconocen los límites postulados o retomados por los pobladores. Como refiere Agudo en una cuidadosa lectura del presente texto (en comunicación personal), en este y otros casos semejantes puede plantearse un sistema "multinivel" que "funciona para compensar fallas en uno o más de sus componentes", al grado en que los agentes del MP se verían forzados a tomar en cuenta "el involucramiento de los zapatistas en la resolución de ciertos pleitos y controversias".

Al consultar al ex agente municipal sobre la posibilidad de acudir a la JBG, el sujeto describió así el procedimiento: "los de la junta vienen a traer [al detenido], ellos empiezan a arreglar el caso. Entonces te mandan un documento donde dice que ellos están a su cargo, y [entonces la autoridad del ejido] va al MP, entregas al MP que ya ellos [los zapatistas] están llevando el caso, y esos cabrones [del MP] ya no se meten acá [en la JBG]". Parte de lo interesante es el modo en que estos actores e instancias comparten un conjunto de procedimientos y prácticas: incluso las JBG zapatistas, que se autodefinen como alternativas al Estado, retoman y desarrollan mecanismos gubernamentales (como el referido "documento", que establece y define su responsabilidad). Esta triangulación de autoridades sugiere, en efecto, una configuración regional de ámbitos de gobierno (la JBG, el ejido y la comunidad, el MP), excluyente en determinado punto (cuando uno de los extremos ha asumido plenamente la responsabilidad), pero no por ello menos articulada, en cuanto las partes reconocen sus respectivos ámbitos de intervención. En este campo regional de gobierno, el ejido o la comunidad son posicionados por los pobladores como bisagra de cierre y apertura respecto a los dos polos en la intervención (la JBG, el MP): la JBG les permite delimitar la intervención del MP, pero sólo apelan a ella en última instancia.

De hecho, los pobladores de Zapata —quizás representativos de los pobladores de la región, mayoritariamente exintegrantes del EZLN— consideran justas las demandas de los zapatistas, pero desaprueban la distancia que la organización pretende establecer con la entidad gubernamental: principal responsable de proveerles servicios y recursos "como gobierno" (Megchún, 2016). Así lo expresó un poblador del ejido, quien participó en el EZLN por un muy breve tiempo (un año):

Lo que andan peleando ellos, se les da y no quieren. Se supone que están luchando, es para que beneficie algo pues, y ya cuando ya está, el aprovechado es el que no está luchando [los no zapatistas]. Ése es el que, "vente para acá", mientras que el otro sigue con su tostadita, cargando en el monte. Está feo eso. En lugar de que el gobierno, ya soltó algo, pues hay que aprovecharlo, para eso están luchando pues. Pero ellos no piensan así, piensan que si ya agarraron, ya se vendieron con el gobierno. ¿Entonces qué quieren? [...] Lo que quieren ellos es igualdad con los ricos, ¿pero cuándo lo va a lograr ese? El rico no te va a soltar, el rico lo que va a hacer, te va a soltar más judiciales, más ejército, para que te vaya bajando [la pretensión...] Nadie te va a dar algo. El gobierno es el que te va a dar un poco, aprovéchalo, no todo el tiempo te va a dar. Si tú no quisiste, ya pasó tu oportunidad. Te va a dar otro al rato, pero la tanqueta que está ahí formado.

Al calor del alzamiento zapatista se hablaba —quizás con demasiada simpleza— de los dos brazos de presencia estatal en la región: por un lado, la inversión en infraestructura y los programas focalizados; por el otro, la represión. Prácticamente plata o plomo. En tal argumento se olvidaba completamente a los pobladores (incluso a los zapatistas) como promotores y gestores de la intervención gubernamental (servicios, programas, recursos, infraestructura, reconocimiento). Para los pobladores de Zapata —quizás desde una posición pragmática— pareciera no tener sentido el posicionamiento de los zapatistas (no por nada renunciaron a la organización): movilizarse y luchar, pero rechazar lo que han conseguido. En ese contexto reconocen que "el aprovechado es el que no está luchando": los no zapatistas que agarran lo "poco" que da el gobierno. El sujeto incluso pareciera plantear una doble configuración del gobierno: los judiciales y el ejército, en parte como instrumentos al servicio de "los ricos", y los momentáneos y un tanto ambiguos apoyos para los pobres (algún beneficio... el gobierno ya soltó algo... El gobierno es el que te va a dar un poco, aprovéchalo, no todo el tiempo te va a dar). Para estos sujetos la gran pedagogía de su militancia y renuncia del EZLN quizás haya sido mostrar que podían atraer al gobierno, pero sin pretender rebasar ciertos límites (como aquel de "la igualdad con los ricos"). Por algo "las tanquetas" están formadas a 500 metros del ejido.

LA CUEVA DEL CHANGO

En las instalaciones castrenses, al menos en las de mayores dimensiones, suele haber un "casino militar" en el que se expenden alimentos y bebidas alcohólicas para el personal. Tal es el caso del modesto "casino" de San Quintín. Según los pobladores de Zapata, entre 2012 y 2013 el coronel de infantería responsable del cuartel decidió que en el casino se dejara de vender alcohol... para hacerlo directamente él en un galerón que mandó construir en terrenos del ejército. El local fue bautizado por la concurrencia como "La Cueva del Chango", como un irónico homenaje a la ubicación selvática del establecimiento y a sus parroquianos.[19]

Como parte de las crecientes políticas ambientales en la región, en noviembre de 2012 en Emiliano Zapata comenzaron a recibir un programa federal de Pago por Servicios Ambientales (PSA).[20] Para marzo de 2013, cuando realizaba trabajo de campo en el ejido, los pobladores bromeaban en relajadas charlas vespertinas sobre el empleo que varios ejidatarios le habían dado al dinero del PSA; lo que se resumía en la frase: "cuando llegó el dinero como que se hizo una gran fiesta". Con la mayor hilaridad los pobladores recordaban, una y otra vez, cómo varios de sus compañeros, al verse con la cantidad de entre $5 000 y $20 000 pesos como renta por tierras que no deberían de emplear, acudieron a la cantina administrada por los militares, en celebraciones que duraron varios días:

---

[19] Durante el trabajo de campo acudí en una ocasión a La Cueva del Chango —donde compré algunas cervezas—; para intentar corroborar parte de las historias de los pobladores: únicamente constaté la existencia del establecimiento, pero ignoro los pormenores de su funcionamiento. En este trabajo aludo reiteradamente a la versión de que la cantina era propiedad del principal responsable del cuartel. Por motivos de redacción no añado un "presuntamente" cada vez que me refiero a la situación aunque, como aquí asiento, tal sea el caso.

[20] A muy grandes rasgos el PSA implementado en Zapata consiste en el pago anual de $1 000 pesos por hectárea registrada en el programa, por un periodo de cinco años (2012-2017). En el ejido fueron registradas 2 000 ha. Cada ejidatario recibe un monto distinto, en función de las hectáreas que haya inscrito. Con todo, el promedio que los ejidatarios reciben es de $13 500 pesos anuales, en uno o dos pagos.

Algunos fueron a invertir a La Cueva del Chango [...] Cuando tiene uno tanta sed, apoya el coronel para enfriar un poco la garganta. Por eso, cuando llegó el apoyo ahí se fueron muchos. Se llevaban pues el manojo de billetes [...] hasta $15 000 pesos. Ahí lo llevaron cargando el paquetón de billetes [...] ¡Va la rola en la rocola! Y que decía el coronel "¿qué hizo Zapata?, ¿dónde arrancó este tesoro?, ¿no será que es un narcotraficante? ¡Puta madre!, ¿dónde encontraron tanto dinero los de Zapata que piden y piden?"

Al menos por unos cuantos días, los pobladores de Zapata se pusieron en pie de igualdad con los militares: consumían abiertamente en el establecimiento administrado por los soldados, compartían sus gustos y formas ("va la rola en la rocola"). Hasta el punto de confundir al personal del ejército: ¿sería posible que los de Zapata se hubieran involucrado en actividades ilícitas? Por un breve tiempo los pobladores pasaron de ser humildes campesinos (según el programa de PSA, cuidadores de la montaña) a sujetos que actuaban como si hubieran *arrancado un tesoro*. El circuito del dinero fue de las autoridades ambientales a los pobladores, y de éstos a los militares. La paradoja es que si los militares iban a los ejidos a beber, cuando los pobladores tuvieron una inusitada cantidad de dinero acudieron a las instalaciones castrenses a comprar trago. De hecho, para finales de 2012 en Zapata por fin habían sido clausurados los puntos de venta de alcohol. (Quizás en parte por ello la venta de alcohol del cuartel se transfirió del casino a la más oculta y oscura Cueva del Chango.)

La literatura antropológica apunta que las cuevas son importantes sitios de culto para parte de la población indígena chiapaneca. Así, por ejemplo, Pitarch (1996) refiere que los curanderos de San Juan Cancuc reconocen un conjunto de montañas sagradas, dentro de las cuales hay grandes cuevas que representan el lugar de asiento de las "almas tzeltales", así como poderosas metáforas de la modernidad y el mundo de los otros. Al retomar la metáfora de la cueva he de decir que en el inframundo gubernamental de la Cueva del Chango los pobladores de Zapata encontraron un universo de excesos, placeres e inversión de papeles: militares que apoyan "a refrescar la garganta" (y que resultarían administradores de tabernas); prostitutas que, a decir de los habitantes, también trabajaban para el responsable del cuartel;[21] campesinos que invertían en cantinas. Incluso encontraron un sentido divino en la recepción del recurso por parte de los militares. Según las narraciones, en el establecimiento alguien escuchó decir al coronel que ese mes habían "recolectado $260 000 pesos" de sus clientes de Zapata:

> Y dice, pues, el cabo que estaba ahí [a cargo de la cantina]: "mira, coronel, gracias a Dios cayó harta lana, mira qué tanto. Nunca hemos logrado juntar un dinero así. Como que no valiera el dinero. Mira qué tanto vendieron las muchachas" [A lo que el coronel respondió, con devoción:] "cayó la bendición".

Como apunta Abrams (1988, [1977]), el análisis del Estado no debería enfocarse necesariamente en este aparato sino que debería considerar concomitantemente las imágenes que los sujetos tienen de él. En el presente caso, los mandos militares locales resultaron proxenetas y propietarios de cantinas, mientras los pobladores se vincularon con ellos cuando recibieron "el paquetón" de dinero del PSA. A fin de cuentas, la formación estatal con la que específicamente se relacionan los pobladores está representada por este personal, casos e imágenes, y no por un conjunto de normas y procedimientos ideales.

"SE PROHÍBE OFRECER MADERAS PRECIOSAS Y FAUNA SILVESTRE"
(letrero que suele ubicarse afuera de los cuarteles
militares de la selva Lacandona)

Una expresión adicional de estas imágenes y grabados de la presencia militar en la región lo representa el caso de compra de caoba en el ejido Emiliano Zapata por parte del coronel encargado del cuartel de

---

[21] Los pobladores describieron así la íntima relación del responsable del cuartel con "las muchachas" (y con ellos mismos): "que dice pues el coronel, 'muchachas, ahora es cuando (en la celebración de los de Zapata) hay que atender mejor a los clientes, y por favor, bien aseadas, que no huelan mal porque, si no, no va a querer la gente'".

San Quintín en 2012. Según los pobladores, sólo unos cuantos ejidatarios cuentan con dichos árboles en sus parcelas, pues localmente fueron extraídos por las históricas madereras o por ellos mismos. En septiembre de ese año un par de ejidatarios que poseen caoba en sus terrenos negociaron con el coronel, quien ideó el modo de sacar la madera de la región (lo cual contraviene las leyes ambientales y está sujeto a sanciones penales): los dos ejidatarios derribaron los árboles que querían vender (cerca de una docena); el coronel envío al lugar a los "motosierristas" que transformaron los árboles en "planchones y tablas", así como a parte del personal castrense para cargar la madera hasta las cercanías del cuartel (como parte de su "entrenamiento diario"); finalmente la caoba fue sacada de San Quintín en forma de sillas y tablas, "en camiones del ejército".

La situación era delicada, pues los ejidatarios recién habían ingresado al programa de PSA. Por ello fue expuesta en la asamblea ejidal. Ante la gravedad de los hechos, a los dos ejidatarios implicados se les advirtió que ya no podrían vender la madera (ni siquiera los planchones que los militares aún no sacaban de las parcelas), o de lo contario serían expulsados definitivamente del ejido. Por su parte, el comisariado ejidal acudió al cuartel para solicitar al coronel que cesara la compra. Según los pobladores, el coronel cuestionó más bien a los integrantes del ejido: "pues ahí depende de su gente... Yo no entro a comprar la madera allá, aquí me vienen a ofrecer". Supuestamente las autoridades ejidales se pusieron enérgicas: "si vas a seguir aquí, piénsalo bien, te agarramos y te demandamos, aunque seas militar". Según los testimonios, el Coronel se habría mostrado (cínicamente) conciliador: "No, pero no lo vamos a hacer de problema... yo también sé lo que hago, si necesito madera aquí, pues discretamente". En una verdadera inversión de papeles, fueron los pobladores los que solicitaron al responsable del cuartel que dejara de comprar madera ilegal, mientras la autoridad castrense refrendó que si los pobladores se la ofrecían, él la compraría. Vale decir que el personal gubernamental adoptó una posición de astuta tergiversación de la normatividad ("si necesito madera..., pues discretamente"), mientras el grueso de los ejidatarios adoptaron una posición cercana a la de las autoridades ambientales ("te agarramos y te demandamos"). Además llama la atención que el asunto haya sido resuelto localmente, en el marco de instancias agrarias como la asamblea y el comisariado ejidal, sin que fuera del conocimiento de las autoridades ambientales. Toda vez que los ejidatarios intervinieron tanto con los vendedores como con los compradores de madera, este nuevo y fugaz ciclo de la caoba llegó a su fin.

Respecto a estas viñetas de la presencia militar cabe resaltar los vínculos que pueden establecerse entre parte del personal y de los pobladores (al consumir en las instalaciones castrenses o al hacer negocios no necesariamente legales). Asimismo, ambos casos nos muestran —si bien tangencialmente— que las instituciones gubernamentales pueden ser usadas por su personal con base en intereses propios: según la rumorología local, el máximo responsable del cuartel era el que administraba la cantina de los militares (entre 2012 y 2013) y quien dispuso del personal y equipo militar en el caso de tráfico de madera (2012).[22]

EL RESPETO AL DERECHO AJENO

Como parte de los recurrentes contactos, negociaciones y discusiones entre militares y habitantes del ejido, un poblador de Zapata (ex autoridad de turismo) me refirió la ocasión en que, a su decir, encaró al coronel (el mismo del apartado anterior). Una mañana de finales de 2012 él fungía como guía de turistas en Laguna Miramar. Algunos

[22] Como parte del funcionamiento y la operación del ejército, los mandos de los batallones de infantería son rotados luego de algún tiempo, mediante ceremonias oficiales. A decir de los pobladores, en 2013 el coronel presuntamente propietario de La Cueva fue removido de San Quintín. Al respecto debo aclarar que en la investigación no pude documentar la fecha exacta del cambio de este mando (como tampoco la identidad del sujeto). Según los habitantes de Zapata, el nuevo responsable se mostró más abierto al diálogo. De entrada, "mandó a llamar a las autoridades" al cuartel para "acordar con la comunidad" que si los soldados causaban problemas, deberían informarle a él como responsable; lo cual mantuvo "más controlado" al personal militar. En relación con la rotación de mandos, la prensa local documentó que el 21 de enero de 2016 tuvo lugar un (nuevo) cambio de responsable del 38º batallón de infantería (Sexenio Chiapas, consultado en línea el 14 de mayo de 2016).

de los viajeros a los que atendía se percataron de que de la espesura de la selva salía una humareda y buscaron saber la razón. Él les informó que se trataba de un grupo de militares que acampaban en la montaña. Los turistas habrían externado su rechazo: "ellos deben de estar en sus cuarteles, ¿por qué permiten eso?", todo lo cual motivó a que él reportara la situación con la Sociedad de Ecoturismo, que lo comisionó junto con otro compañero para hablar con los soldados. Al llegar al campamento el narrador solicitó hablar con el responsable. Evidentemente molesto y "con la mano en la pistola", el coronel se presentó: "¿qué quieres?", le espetó. Con cierta deferencia el poblador habría comenzado: "con todo el respeto que se merece, coronel, sabe que yo tengo una orden de que ustedes se pueden retirar de aquí. A nuestros visitantes les da miedo que estén aquí y lo ven mal el humo que está saliendo". Lo que exasperó al militar: "¿Y a ti quién te mandó? Yo soy federal. Aquí el que manda soy yo. Aquí nadie me va a sacar porque soy federal. Soy coronel. Yo decido adónde ir y acampar con mi gente, y nadie me puede sacar". A lo que reviró el de Zapata:

> Se equivoca, coronel; también, como me ves a mí, soy federal. Soy ejidatario de esta comunidad y yo soy federal igual que tú. Donde está usted acampado es terreno ejidal, quiera o no quiera usted. ¿Sabe usted qué es Semarnat? ¿Sabe usted qué es Conanp? ¿Sabe usted qué es Conafor?[23] Así que si quiere usted obedecer de la buena forma como le estoy diciendo, adelante, y si no ahorita informo a la base [con el radio de comunicación] y lo reportamos a Semarnat.

Aunque el testimonio completo no es del todo preciso (y en algunos momentos pareciera contradecirse en la secuencia de los diálogos), el coronel habría añadido que tenía una orden de estar ahí, pues contaba con informes de que alrededor de la laguna sembraban mariguana. Respecto a lo cual cabe precisar que el área en cuestión es poseída tanto por el ejido Emiliano Zapata como por el ejido irregular de Nueva Galilea, un ejido netamente zapatista (véase el mapa 6.1).

---

[23] Respectivamente, Secretaría de Medio Ambiente y Recursos Naturales, Comisión Nacional de Áreas Naturales Protegidas y Comisión Nacional Forestal.

El poblador de Zapata se habría deslindado de la acusación, al indicar que su grupo se dedicaba a actividades turísticas, y planteando, en cambio, que si tal era el motivo de la presencia militar deberían ir directamente con los zapatistas de Nueva Galilea:

> Si allá está el problema que dicen ustedes, ¿dónde están pues los helicópteros para que vayan directamente a esa comunidad y no vengan a perjudicar donde nosotros trabajamos? Váyanse allá. Y ya ustedes saben qué clase de personas son de aquel lado [los zapatistas...] Nosotros aquí somos gente que entendemos, somos gente de trabajo en el campo.

El coronel "no quiso escuchar más", por lo que habría dado media vuelta. El de Zapata alzó la voz: "ahí les dejo en su parte, si hoy no salen ya es problema de ustedes". La supuesta discusión habría tenido lugar al mediodía y, según el narrador, para las seis de la tarde los soldados regresaban al cuartel.

A mi modo de ver, la narración resulta parcial e interesada (*v. gr.*, el narrador se presenta como el artífice directo del retiro de los militares). Más aún, probablemente combina sucesos ocurridos (los militares que acamparon en la laguna) con reflexiones del sujeto —y del grupo— sobre la presencia castrense, y en ese tenor no cabe esperar que los acontecimientos hayan tenido lugar exactamente como indica la recreación. De cualquier forma resulta altamente significativa del modo en que los pobladores entienden y plantean su vínculo con las autoridades gubernamentales. Bajo este entendido, interpreto el argumento del sujeto dividido en tres aspectos. En primer lugar, los pobladores se consideran integrantes de la estructura de gobierno. Para este sujeto el ejido forma parte de la ordenación federal del territorio y la población, de lo que sigue que ser ejidatario equivale directamente a ser federal. ¿Acaso los documentos agrarios no insistían en el vínculo entre los ejidatarios y la estructura estatal, hasta alcanzar la cúpula del gobernador del estado y el presidente de la república? En este caso el sujeto apela al vínculo con las autoridades hasta definirse como parte de las mismas: "también, como me ves a mí [...] soy federal igual que tú". En segundo lugar, el poblador refirió otras instancias de gobierno para delimitar el campo de intervención de los militares: el coronel podía argumentar que él mandaba por ser federal, pero ¿pretendía desconocer la relevancia regional que tienen instituciones como la Secretaría de Medio Ambiente y Recursos Naturales (Semarnat), la Comisión Nacional de Áreas Naturales Protegidas (Conanp) y la Comisión Nacional Forestal (Conafor)? Esto es, si el coronel buscaba ignorar la jurisdicción del ejido, quizás no adoptaría la misma actitud frente a la poderosa baraja de instituciones ambientales presentes en la Lacandona con la que los pobladores resultan vinculados. De esta manera la esfera ambiental de gobierno resultó un mecanismo para restringir la presencia de los militares.[24]

En tercer lugar, una vez más los zapatistas fueron invocados como grupo de contraste y como elemento para delimitar la presencia y la acción gubernamental: si los soldados querían presionar o perseguir a los zapatistas deberían acudir directamente con ellos: "y ya ustedes saben qué clase de personas son de aquel lado". En contraste, el poblador definió a su grupo como gente de trabajo y de entendimiento. Esto es, gente con la que se puede llegar a acuerdos, particularmente en relación con la articulación de una estructura de gobierno, de la que los pobladores reclaman ser integrantes. Como conclusión del suceso el sujeto refirió:

> Yo no le tuve miedo porque estoy en mi terreno, estoy en mi derecho. Y al poco tiempo vino el mero comandante [de zona] a una reunión con las autoridades del ejido, y le dije: "con todo el respeto que se merece, mi comandante, lo que queremos nosotros es que nos respeten como ejidatarios. Porque no hace mucho que estuvieron [algunos...] pelotones en Miramar, acamparon como una semana y eso no nos gustó para nada a nosotros [...] Allá donde están ustedes [... en el cuartel], ¿puedo entrar sin respetar a la vigilancia que está ahí?" "No, solamente con autorización" [habría respondido el comandante]. "Ya ven [prosiguió el de Zapata],

---

[24] En un caso semejante, Villalobos y Trench (2014) documentan el modo en que los pobladores del (vecino) ejido Benito Juárez encararon a las autoridades agrarias (las que no reconocían su posesión territorial) por medio de la misma baraja de instituciones ambientales. Respecto a lo cual vale decir: que en ocasiones los pobladores pueden moverse estratégicamente en las múltiples y contradictorias instancias gubernamentales.

igual nosotros, como ejidatarios tienen que pedir autorización. A menos que sea tiempo de guerra, [cuando...] sabemos que nadie va a pedir permiso, pero mientras estamos en estos tiempos también se nos debe respetar." [... Y terminó su narración con una reflexión:] Por eso está así la ley interna, para eso sirve, para proteger. Si no tenemos ley interna no puede protegerse.

Al respecto quisiera puntualizar: la "ley interna" no se refiere a un conjunto de reglas "propias" que los pobladores sigan de modo específico. Se refiere ante todo a la atribución de autoridad que hacen los integrantes del ejido, la que debería ser respetada por las autoridades "externas" en todo intento de inclusión. De esta manera, los pobladores no están cerrados a la interrelación con las autoridades públicas. Posicionado como integrante del ejido ("estoy en mi derecho"), el sujeto no se atemorizó al pedir "respeto como ejidatarios". Lo que es más, supuso que podría entenderse fácilmente con el mando militar, en cuanto el ejido sería equivalente al cuartel, adonde no se puede entrar "sin autorización" (como claramente reconoció el comandante).

DE CABO A RABO

Contrario a los testimonios que plantean un acotamiento efectivo al personal castrense, otros eventos parecieran indicar lo contrario. Una lluviosa tarde de 2011 un par de militares alcoholizados estrellaron su camioneta contra una casa del poblado. El agente municipal los detuvo, pues aunque no habían cometido "un delito", sí habían incurrido en "una falta grave". En ese contexto, las autoridades recordaron que unas semanas atrás un grupo de soldados se había confrontado con algunos pobladores e incluso algunos militares habían amenazado a los policías de la comunidad ("con una navaja de las de botón", que les habrían decomisado). Lo cual sumaba varias anomalías.[25] Por

[25] Algunos casos ilustrativos de conflictos semejantes entre habitantes de la región y personal castrense (aunque éstos sí motivaron la intervención y presencia de "autoridades superiores") son la detención, el interrogatorio y la filmación de un cabo del cuartel de San Quintín, quien realizaba labores de espionaje en el Encuentro de

ello buscaron hablar con el responsable del cuartel, "para darle a entender que en esta área de la comunidad [... hay un] reglamento. Que lo sepa también y lo castigue a su gente". El agente y sus policías enviaron un emisario al cuartel: "necesitamos que venga 'el general' un momento". Sin embargo, "nada más llego un cabo". Al presentarse, el soldado de tropa argumentó que el coronel no se encontraba, pero que él venía en representación del mando. Los encargados de la agencia le informaron de la situación, a lo que el militar contestó:

> Estás en tu pleno derecho de castigarlos. Castígalos. Yo también los voy a castigar allá [... Porque estaban en] su tiempo de descanso, pero tampoco yo les digo que empiecen a tomar o que vayan manejando a hacer su problema en la comunidad. También reciben órdenes allá de que no tienen por qué tener problemas aquí en la comunidad con la gente. Que respeten. Pero ya ves, no entienden.

Ante la posición tan (aparentemente) conciliadora, el agente municipal informó al cabo que el procedimiento sería indemnizar al dueño de la casa que había sido afectado y pagar una multa en la

---

Organizaciones y Comunidades Indígenas por la Defensa del Territorio y los Recursos Naturales de la Selva Lacandona (un encuentro de organizaciones no zapatistas), el cual era celebrado en el ejido Betania (distante aproximadamente a 7 km de Emiliano Zapata), el 26 de febrero de 2008. La detención del integrante del ejército motivó que la Secretaría de la Defensa Nacional (Sedena) demandara penalmente al personal de una de las organizaciones convocantes (Maderas del Pueblo del Sureste), por los delitos de secuestro y maltrato (con lo cual la secretaría aceptó que la persona detenida en el encuentro sí era un militar en activo). (Con información de Coutiño, 12 de abril de 2008, consultada en línea el 20 de mayo de 2016.)

Por otro lado, el 20 de febrero de 2009 (como secuela del "día del ejército"), los pobladores de San Quintín detuvieron por más de 20 horas a nueve soldados del 38° batallón de infantería, quienes habían agredido al agente municipal de la localidad (y los soldados habrían efectuado disparos al aire), lo cual enardeció a los pobladores, quienes sólo aceptaron liberar a los soldados detenidos en el marco de "una comisión interinstitucional encabezada por el delegado de Gobierno", en la que los ejidatarios hicieron reclamos a las autoridades estatales respecto a la presencia militar. El acuerdo fue liberar a los soldados de su detención en la comunidad y ponerlos a disposición del MP en Ocosingo (con información de Henríquez, 23 de febrero de 2009, consultada en línea el 20 de mayo de 2016).

agencia. Lo que al negociador militar le pareció "perfecto". El agente municipal insistió en solicitar la presencia del coronel porque "esto no es la primera vez". Entonces refirió el pleito ocurrido semanas atrás y enseñó al cabo la navaja decomisada. En aquella ocasión el coronel tampoco había acudido al ejido pese al llamado de las autoridades de Zapata. En el cuartel los soldados lo habían excusado por estar ausente. Quizás ése fue el único punto de la conversación con el que el cabo no estuvo de acuerdo: "no es que no quiera venir, es que no está". El de Zapata intentó presionar: "No lo sé, aquí tiene que venir. Y ya si no viene el coronel, pues ahí se ve que también el Coronel le conviene que haya problemas. Y si no quiero, no saco a estos soldados". "Pues no los saques", atajó el cabo. Ante el gambito, el agente procedió a poner la multa a los detenidos ($3 500 pesos al conductor y $1 500 al acompañante).

A mi modo de ver, el cabo que acudió a hablar con las autoridades de la comunidad parece haber asumido funciones de mando que no le correspondían. Con ello hizo del diálogo con los pobladores una parodia. De cualquier forma, también representó el soslayo de los superiores a los asuntos de la comunidad (el riesgo que representaban los soldados alcoholizados al conducir por el poblado). En efecto, en la interacción con el personal militar los pobladores no necesariamente logran, como pretenden, hablar con los mandos. Así, por ejemplo, durante los tres años de funciones del agente municipal aquí referido el coronel "nunca se presentó al ejido" para hablar con las autoridades locales.[26]

En este contexto, aprovecho para considerar un espinoso problema: cuando un soldado comete una infracción, ¿lo hace como individuo o como parte de la institución? En otras palabras, ¿puede cuestionarse a la (un tanto abstracta) institución, por el (específico) actuar de parte de sus integrantes? Como señala Asad (2008 [2004]), "el carácter abstracto del Estado lejos de ser un mito, es precisamente aquello que permite definir su margen a través de un rango de prácticas". De modo que, dentro de este caso, las prácticas y el accionar de los sol-

---

[26] Lo cual contrasta con "el estilo personal de gobernar" del siguiente coronel al mando del cuartel, referido en la nota 22.

dados guardan cierto margen (más o menos amplio) en el que la institución se preserva como independiente del personal. Bien mirado, la pregunta por la distinción de responsabilidades quizás no hace sino reforzar el mecanismo de posicionamiento fuera de foco. Como por su parte señala Mitchell (2006), el Estado resulta un objeto analítico "que parece existir simultáneamente como una fuerza material y una construcción ideológica", cuyo análisis no debiera consistir en tratar de separar las formas materiales (los soldados con nombre y apellido) de las ideales (el Ejército): "El fenómeno al que llamamos Estado emerge de técnicas que permiten a las prácticas materiales mundanas tomar la apariencia de una abstracta forma no material. Cualquier intento de distinguir la apariencia abstracta o ideal del Estado, de su realidad material, al tomar por dada esta distinción, fallará en entenderlo. La tarea de una teoría del Estado no es clarificar tales distinciones sino historizarlas" (Mitchell, 2006: 170; traducción propia).

Tal vez —el caso no me da para una mayor generalización— uno de los mecanismos por los cuales esta institución preserva la distinción entre la responsabilidad de sus integrantes y la del conjunto sea el sacrificio del personal de menor jerarquía (y el ocultamiento de los mandos). Como desde un rincón de la selva planteó el entrevistado, si el mando no da la cara, "ahí se ve que también (al responsable) le conviene que haya problemas". ¿En cuántos casos en México, por ejemplo, en relación con el uso excesivo de la fuerza, la institución castrense ha reconocido su responsabilidad por el actuar de sus miembros individuales? Como señala una multicitada frase: "la guerra es la continuación de la política por otros medios", y en relación con esa afirmación tendríamos que explorar los medios específicos por los que una serie de continuidades y discontinuidades son recreadas.

CONCLUSIONES

Distintos autores han abordado el modo en que el Estado establece, preserva y emplea un conjunto de binomios y linderos (formal/informal, legal/ilegal, mercado/Estado, etc.) como mecanismo fundamental para mantener "un orden político y social" establecido (Mitchell,

2006: 175; Agudo Sanchíz y Estrada Saavedra, 2011; véase el trabajo de Parra en este volumen). Al respecto, me parece relevante considerar que no únicamente los gobernantes pueden acudir y sostener tales demarcaciones, sino también los gobernados pueden encontrar en ellas un útil medio de reposicionamiento y articulación (y, en efecto, casi inconscientemente he trazado aquí otro conveniente binomio). Por ejemplo, y dentro del presente caso, la demarcación: comunidad (ejido)/Estado, cuyo "efecto de poder" sería la conservación —o al menos la búsqueda— de ese fragmentario y poroso, pero no por ello menos contundente, "orden político y social". Como espero haber podido mostrar en el texto, los sujetos no postulan una esfera propia sino una permanente tensión y relación con diferentes instancias y ámbitos de gobierno. Para decirlo en términos de Stern, los presentes sujetos no persiguen "un simple ser dejados en paz" (1990: 35), sino más bien buscan establecer una serie de articulaciones, puntos de contacto y de fuga entre el ámbito local y otros niveles de gobierno. En todo caso, estos sujetos buscan ser reconocidos como parte de una imaginada y edificada estructura de autoridad.

En el presente texto he retomado —fragmentariamente— casos vinculados, directa o indirectamente, a "la fuerza" del Estado: el ejército, el MP (en casos relacionados con multas, detenciones, encarcelamientos). Frente a tal ámbito, los pobladores han buscado posicionarse como parte integrante del propio Estado en términos de una jurisdicción específica: la "ley interna" como mecanismo para demarcarlos de una excesiva intervención. Para intentar mantener esta jurisdicción los pobladores pueden acudir a una serie de espacios de ambigüedad y contradicción en las distintas esferas de gobierno: *a)* el margen generado entre el funcionamiento de la corporación ejidal o comunitaria y los tres niveles de gobierno, caracterizado por normatividades y prácticas que se traslapan y contraponen (por ejemplo, la existencia de cárceles comunitarias); *b)* aquel entre las leyes de (pretendida) aplicación general y los "usos y costumbres" de determinada población. Al respecto, los pobladores no consideran la apelación a tales "usos" como monopolio de los zapatistas, ya que también los invocan en momentos específicos (como en la negociación del agente municipal de Zapata con personal del MP); *c)* el parcial y ambiguo retraimiento estatal en la presente región de presencia zapatista, lo que representa ceder a dicha organización parte de las (pretendidas) funciones monopólicas estatales (como el MP que "no se mete" a la JBG). Estos márgenes de ambigüedad se relacionan con sendas categorías de sujetos (si bien no necesariamente dotadas de contenidos específicos): el ser "ejidatarios" o parte de "la comunidad"; el ser "indígenas", el ser habitantes de las Cañadas de la Lacandona (donde el EZLN conserva un gran peso). Todo lo cual permite a los sujetos conservar, en ocasiones, una serie de arreglos internos (multas, detenciones, indemnizaciones, distintas racionalidades procedimentales), además de regular la intromisión territorial y —en menor medida— poblacional: los militares uniformados en la comunidad, el pelotón que acampó en la laguna, los militares que circulaban ebrios en el poblado, incluso los soldados que buscaban consumir trago en la comunidad. Ahora bien, en la medida en que los márgenes son ambiguos también pueden ser —y son— usados en contra de los pobladores (como en el caso de la vendedora de alcohol que demandó a las autoridades). Ello sin soslayar que la ambigüedad fácilmente puede confundirse o vincularse con el retraimiento gubernamental en determinados campos (por ejemplo, la procuración de justicia, la rendición de cuentas, el respeto a los derechos humanos), lo que podría permitir a otros actores o representantes de determinadas instancias de gobierno ocupar estos espacios de maniobra.

En la investigación que hice sobre distintas políticas ambientales desplegadas localmente (Megchún, 2016) estuve interesado en saber cómo habían comenzado algunas intervenciones gubernamentales en Zapata: el reparto agrario, la escuela, la carretera. Al respecto, uno de los fundadores del ejido (q.e.p.d.) refirió —de un modo bastante gráfico— que prácticamente todo había sido conseguido por medio de "picarle al gobernador" (idea que me transmitió al presionar mis costillas con sus dedos). Efectivamente, para los sujetos han sido ellos quienes en buena medida han conseguido la intervención gubernamental. Según el fundador del ejido, así "se logró" la escuela en sus distintos niveles (primaria, secundaria y preparatoria en San Quintín), y añadió: "ahora [los jóvenes] esperan la universidad; ya se está oyendo que tal vez los militares salgan y el cuartel sirva para la universidad". Algo que en ese momento me pareció —si he de ser sincero— una ingenuidad: de entrada habría que ver —y así se lo hice saber al señor— si en la región había suficiente población con el nivel educativo y las condiciones económicas como para ingresar a "una universidad". Más allá de ello, tampoco había ningún indicio de que los militares fueran a salir de la región. No obstante, con el tiempo he llegado a considerar que aquel argumento también podía entenderse como la expresión de una utopía: ¿cuál puede ser el alcance de imaginar que los militares salen del cuartel y el edificio es convertido en una universidad para los jóvenes de la región? ¿Cómo podemos, o no, vislumbrar siquiera esa refractaria imagen?

7
LA FUNCIÓN DE LA PEQUEÑA CORRUPCIÓN. ETNOGRAFÍAS SOBRE LA BUROCRACIA ESTATAL EN EL PERÚ

Jaris Mujica

LA PEQUEÑA CORRUPCIÓN EN LA BUROCRACIA DEL ESTADO

La extensa discusión sobre la categoría "corrupción" implica múltiples perspectivas teóricas (Philip, 2006: 45) que enfatizan (en mayor o menor medida) aproximaciones jurídico-penales (Brown, 2006), económicas (Soto, 2003; Langseth, 2006; Bisogno, 2008), administrativas o de gestión pública (Rose-Ackerman, 1999; 2012). Algunas definiciones amplias permiten un punto de partida para estudiar las diversas manifestaciones del fenómeno. La corrupción es "el abuso de un cargo público o privado para obtener un beneficio personal" (OCDE, 2008: 22) o es "el abuso del poder confiado para el beneficio privado" (Transparency International, 2009: 14).

En aquellas definiciones se enmarcan diversas formas de la corrupción, las que pueden clasificarse según su magnitud, tipos de actores, cantidad o tipo de beneficios movilizados, etc. Una de esas clasificaciones diferencia la "gran corrupción" de la "pequeña corrupción" (Buscaglia y Van Dijk, 2003: 4).

> La gran corrupción es la que impregna los más altos niveles de un gobierno nacional conduciendo a una amplia erosión de la confianza en el buen gobierno, el Estado de derecho y la estabilidad económica. La pequeña corrupción puede implicar el intercambio de pequeñas cantidades de dinero, la concesión de pequeños favores [...] en posiciones menores (UNODC, 2004b: 10).

La gran corrupción tiende a relacionarse con actores del terreno estratégico del gobierno de un Estado, a diferencia de la pequeña corrupción, asociada a funcionarios de mediano y bajo rango, y a la burocracia administrativa (Anwar, 2007). La gran corrupción se asocia con la "distorsión de las funciones centrales de gobierno, mientras que [la pequeña corrupción] se desarrolla y existe dentro del contexto de la gobernabilidad y el marco social establecidos" (UNODC, 2004b: 10). La gran corrupción puede movilizar (desviar) grandes recursos económicos (Mujica *et al.*, 2012); en cambio, la pequeña corrupción tiende a estar relacionada con pequeños montos o favorecimientos en las esferas locales de la administración pública.

La pequeña corrupción está asociada más a carencias y desigualdades económicas y sociales, desigualdades de acceso a los servicios y a la precariedad de éstos, que a redes complejas o sistemas organizados de corrupción. Ello hace que sean mecanismos que existen más por la ineficiencia del sistema, de los escasos o precarios mecanismos de control o por la ineficiencia de la burocracia [...] que por patrones organizados para el enriquecimiento ilícito (CAN, 2012).

La pequeña corrupción aparece, por ejemplo, en las prácticas de los funcionarios de los servicios públicos estatales (el sistema de justicia, el sistema de salud y educación, el aparato policial, etc.). La literatura muestra sus consecuencias: aumenta la desconfianza en las instituciones del Estado (Transparency International, 2009), impacta negativamente en la economía doméstica de los ciudadanos (Yamada y Montero, 2011) y en la calidad de los servicios públicos (Defensoría del Pueblo, 2010).

Los estudios sobre la pequeña corrupción en diversas partes del mundo muestran la importancia del fenómeno en la dinámica local del Estado (Das y Poole, 2004; Poole, 2005; Mujica, 2005 y 2011; Huber, 2008), su relación con la composición de las instituciones (Blundo y Olivier de Sardan, 2006), con estructuras clientelares (Lazar, 2005), dinámicas familiares y formas tradicionales de organización social (Lomnitz, 1994; Yang, 1994). Algunas aproximaciones etnográficas han investigado la dimensión cotidiana de la pequeña corrupción (Haller y Shore, 2005) y han dado cuenta de una fenomenología diferente a la de la gran corrupción (Médard, 2000), lo que permite discutir sus aproximaciones teóricas. Por un lado, permite una discusión crítica sobre la relevancia del análisis de las organizaciones criminales utilizadas para estudiar la gran corrupción (Buscaglia y van Dijk, 2003) pues no necesariamente implica la pequeña corrupción; por otro lado, permite una discusión crítica sobre la racionalidad económica en la pequeña corrupción.

Así, aunque en ocasiones pueden estar relacionadas (Mashali, 2012), la pequeña y la gran corrupción no son fenómenos necesariamente interdependientes (Nystrand, 2014) ni tienen un vínculo causal (Dahlström, 2011), de manera que el control de una no implica el control de la otra (Mujica *et al.*, 2012).

Hay un extendido discurso que elabora una relación directa entre la (gran) corrupción y la búsqueda de beneficios —sobre todo monetarios— de los "corruptos" (Tanzi, 1998; Charap y Harm, 1999; Abed y Gupta, 2002). Aunque la literatura es clara en señalar la importancia no sólo del "dinero" sino también del "poder" (Rose Ackerman, 2012), las investigaciones empíricas se concentran en el estudio de los beneficios monetarios, los montos desviados y el "enriquecimiento de los corruptos" (Hindriks, Keen y Muthoo, 1999; Tanzi y Davoodi, 2001; Cuervo-Cazurra, 2006), que parecen actuar en tanto hay incentivos (beneficios económicos) en contextos de bajo control y transparencia (Klitgaard, 1988).

Sin embargo, la pequeña corrupción tiende a no estar asociada a dinámicas complejas de organización ni a una composición con liderazgos centralizados, de modo que no siempre resulta coherente disponer un marco analítico similar al que se utiliza para la gran corrupción, que prioriza el análisis de una organización criminal (UNODC, 2004a), y planificación con arreglo a objetivos delictivos (Chen, Li y Su, 2005). A su vez, la pequeña corrupción tiende a movilizar muy bajas sumas de dinero (que normalmente no atraviesan el sistema financiero) y en donde la lógica económica no parece llevar a la acumulación. ¿Qué tipo de objetivos se asocian a estas prácticas, qué tipo de beneficios se obtienen?

UNA APROXIMACIÓN ETNOGRÁFICA PARA ESTUDIAR LA PEQUEÑA CORRUPCIÓN

Este artículo tiene un objetivo: describir la función de la pequeña corrupción en la dinámica cotidiana de los funcionarios públicos de la burocracia de bajo rango en instituciones que ofrecen servicios a los ciudadanos en Lima, Perú. Este objetivo se desdobla en dos preguntas que han marcado la investigación de campo: *i)* ¿cuáles son los objetivos de los funcionarios al poner en práctica actos de pequeña corrupción?; *ii)* ¿cuáles son los beneficios que los funcionarios obtienen en estas prácticas?

La investigación se dirige a estudiar actos de corrupción en los servicios públicos del Estado peruano. Esto se debe a que hay una alta concentración de prácticas cotidianas de corrupción en estos escenarios: 38% de las quejas asociadas a casos de corrupción registradas por la Defensoría del Pueblo (2010) del Perú corresponden a servicios de educación escolar, 27% a trámites en municipalidades, 24% a servicios de salud y 13% a la Policía Nacional. Los datos de la Procuraduría Anticorrupción (Mujica *et al.*, 2012) muestran que alrededor de 70% del total de las denuncias investigadas (para 2011) corresponden a casos de pequeña corrupción.

Asimismo, interesa estudiar la perspectiva del funcionario público, pues es éste quien tiene la información sobre los objetivos y beneficios que se asocian a la pequeña corrupción cotidiana. Entendemos lo *público* como lo *estatal* (Peabody y Rourke, 1965 citado en Perry y Rainey, 1988); al *funcionario público* como el sujeto que presta servicios en una dependencia del Estado, y a la *burocracia de bajo rango* como aquella que cumple funciones procedimentales (trámites dentro de un reglamento de funciones) y atención al ciudadano (Mujica, 2010).

Si bien el objetivo y las preguntas están dirigidos a estudiar la perspectiva del funcionario público, el análisis implica un grupo específico de funcionarios: aquellos que han tenido una experiencia directa como participantes de un acto de pequeña corrupción en su dinámica laboral. Para ello se han analizado entrevistas realizadas durante varios registros etnográficos en la ciudad de Lima: los trabajos de campo se realizaron entre julio y septiembre de 2003 con el cuerpo policial de una comisaría; entre julio y noviembre de 2004 en una municipalidad distrital de Lima (Mujica, 2005); entre junio de 2006 y agosto de 2007 en el Palacio de Justicia del centro de Lima (Mujica, 2011), y un trabajo de campo realizado entre junio y julio de 2014 en un hospital público (Mujica, 2014). Además, se han analizado tres entrevistas realizadas en el sistema penitenciario peruano (en 2009).

Los registros se llevaron a cabo mediante dos herramientas complementarias. Por un lado, un proceso de observación directa no participante durante la primera etapa del trabajo de campo en la municipalidad y el sistema de justicia. En los casos en los que se hicieron registros con observación hubo procesos de construcción de redes con los informantes: tiempo y espacio para construir canales empáticos. Por otro lado, se realizaron entrevistas semiestructuradas. Éstas se aplicaron (excepto en el caso del hospital) varias semanas después de iniciadas las observaciones y establecidas las redes de contactos e informantes. La guía de entrevista tuvo particularidades en cada estudio y trabajo de campo, pero se mantuvo en ella una sección estándar con las mismas preguntas sobre las dinámicas económicas locales y los objetivos de la corrupción (de modo que hubo preguntas equivalentes en todos los registros analizados).

En los cuatro trabajos de campo (distribuidos en 11 años de registro) se recolectaron más de 100 entrevistas a funcionarios públicos mediante muestreos direccionados y por medio de mecanismos de bola de nieve. Pero para este artículo se han estudiado 38 de ellas, las que han implicado funcionarios que declararon haber participado en actos de pequeña corrupción.

OBJETIVOS Y FUNCIONES DE LA PEQUEÑA CORRUPCIÓN
DESDE LA PERSPECTIVA DE LOS FUNCIONARIOS PÚBLICOS

En la dinámica cotidiana de las instituciones del Estado aparecen tres formas de interacción entre los funcionarios y los ciudadanos. Por un lado, interacciones relacionadas con la provisión de un servicio del Estado (el servicio de salud, por ejemplo); interacciones en las que los ciudadanos buscan realizar un trámite (para obtener un permiso municipal, para interponer una denuncia ante la policía, para obtener un documento o certificación judicial); interacciones promovidas por los funcionarios para sancionar una conducta (por ejemplo, las intervenciones y multas por infracciones de tránsito llevadas a cabo por la policía). Se trata en todos los casos estudiados de interacciones asociadas con objetivos específicos y de corto plazo.

Estas interacciones están mediadas formalmente por reglamentos o protocolos (de atención, de trámites o de intervención) que en ciertas ocasiones son transgredidos por los funcionarios o bien por los ciudadanos evitando los procedimientos, utilizando mecanismos para lograr sus objetivos más rápido que lo dispuesto por el reglamento o incumpliendo los requisitos establecidos o para evitar sanciones, etc. En estas interacciones aparecen diversos actos de corrupción que han sido examinados a partir de la experiencia de los funcionarios, y que permiten pensar la función de la pequeña corrupción en la vida cotidiana de los funcionarios.

i) La corrupción no siempre genera ganancias económicas para los funcionarios (en ocasiones gastan su propio dinero para cometer actos de corrupción)

En ocasiones hay sujetos que no ganan dinero en un acto de corrupción, e incluso puede ocurrir que gasten su propio dinero para que el acto de corrupción logre completarse. Y si bien esto no ocurre siempre, y mucho del dinero "invertido" proviene de aquellas veces en las que sí hubo algún tipo de ganancia monetaria, es posible pensar que el dinero no siempre es el elemento fundamental para entender las dinámicas de pequeña corrupción en la vida cotidiana de las instituciones.

Primer ejemplo. Un joven estudiante de administración inició sus labores como practicante preprofesional (de administración) en la mesa de partes de una municipalidad distrital de la ciudad de Lima en 2004. Las prácticas preprofesionales que este joven llevaba a cabo implicaban medio tiempo de jornada de trabajo (de lunes a viernes entre las 8:00 y las 12:00 horas), y su función era atender a los usuarios de la ventanilla de la caja de cobros de la municipalidad. El joven estudiante se incorporó en pocas semanas en las dinámicas cotidianas del entorno, incluyendo su participación en ciertas prácticas de corrupción: "agilizar documentos", "acelerar procesos", "incorporar documentación de manera más rápida que la habitual en un expediente", etc. (Mujica, 2005: 103). El joven practicante empezó a formar parte de las dinámicas de movilización de dinero no legal, estímulos económicos que se llevaban a cabo para obtener beneficios acelerando el desarrollo de procedimientos municipales o para lograr el trámite de documentos por vías no legales: "Bueno, es que no siempre se hace igual, a veces hay que ayudar a agilizar los papeles, agilizar pues [...] Los documentos, los papeles, los trámites en general son el trabajo de agilización que siempre tiene que hacerse" (Ricardo, 22 años, practicante en la ventanilla de una municipalidad distrital).

¿Cuánto dinero recibía este sujeto? Si bien no hay una cifra estandarizada, los rangos de los sobornos en ese entonces oscilaban entre los S/.20.00 y S/.200.00 nuevos soles (US$7.00 y US$70.00). ¿Cómo se repartía el dinero de un soborno? El primer actor (el practicante de la ventanilla) no puede retener todo el dinero, pues para lograr el objetivo (la "agilización" de un documento, por ejemplo) no es suficiente su acción. Es necesario activar un conjunto de contactos que cumplen funciones específicas al interior de la municipalidad (algún sujeto de la oficina de "trámite documentario" que acceda a los datos y documentos requeridos, algún sujeto que ponga la firma y el sello correspondiente al trámite, alguien que consigne el documento en el libro de registro sin cuestionar la rapidez del trámite o las características de los datos dispuestos). En el flujo que responde a este caso se necesitaban, al menos, cuatro personas para configurar el circuito y cada una retuvo una parte del monto recibido.

En el registro de campo apareció un fenómeno relevante en varias de las transacciones realizadas en las que el joven practicante participaba: en uno de los pagos éste recibió S/.25.00 nuevos soles (US$8.50) para "regularizar" un sello en un documento de inspección. Para lograr el objetivo, pagó alrededor de S/.10.00 nuevos soles a cada uno de los sujetos necesarios para activar el circuito. En esa ocasión eran tres sujetos (sin contar al joven practicante, que recibió el dinero), lo que suma S/.30.00 nuevos soles. El asunto es que en ese caso no solamente no hay un residuo de la repartición, sino un déficit respecto del monto recibido: S/.5.00 nuevos soles. Esto, evidentemente, es poco coherente en lo que se refiere a la racionalidad económica que deberían regir estos cobros. Entonces, ¿de dónde salió el dinero que faltaba para poder cubrir el costo total del acto de corrupción (los S/.5.00 nuevos soles restantes)? Fue una "inversión" del joven practicante que recibió el dinero en la ventanilla.

[…] es que a veces no es suficiente y hay que repartirlo todo, pero el usuario no tiene más, ¿qué vas a hacer? Entonces repartes lo que hay y a veces falta, como ahí que saqué S/.5.00 de mi bolsillo para completar.
[…] a veces recibes una cantidad, por decir S/.20.00 nuevos soles, pero en realidad todo lo que tienes que pagar para que el trámite salga es mucho más que eso […], por decir que […] cobra S/.10, el otro S/.10 y el otro S/.10 nuevos soles […] tienes razón, es más plata […] a veces pongo de mi bolsillo, para poder cubrir (Ricardo, 22 años, practicante en la ventanilla de una municipalidad distrital).

Aquel caso resulta paradójico, *pero no es excepcional.* En un registro amplio de actos de pequeña corrupción en diversas instituciones (el Palacio de Justicia, una comisaría, un hospital) han aparecido diversos casos que tienen la misma lógica del ejemplo descrito:

A ver, es que no siempre es así, a veces no se gana nada. Porque tienes que repartir todo, porque hay mucha gente que quiere cobrar y no queda nada para uno mismo […] A veces no hay para agilizar y pones de la tuya [dinero] para que las cosas salgan bien […] no se gana nada, pero es por la gente, para que todo funcione bien […] Si inviertes, otras veces tendrás ganancia (Daniel, 29 años, trabajador del Palacio de Justicia).

Para tramitar un expediente o encontrar un archivo de caso, quiero decir, una historia médica […] si no pagas no lo buscan. Es que hay mucha cola para hacer los trámites, imagínate la cantidad de gente que viene, y buscar una historia es bien complicadito […] Entonces pagas y ya está, te dan prioridad […] claro, a veces recibes y te quedas con una parte, tu comisión [risas], pero a veces nada, no te quedas con nada, porque otros se lo agarran, o a veces piden más y caballero, pones de la tuya [...] Otro día recuperas (Carlos, 28 años, asistente en un hospital).

Hay veces que he gastado yo mismo [...] digamos para que tu trámite salga antes del plazo de ley, no es tan fácil. Y yo te ayudo, pero eso cuesta. Pero a veces también por ayudar o porque es [alguien] recomendado es tu voluntad [pago voluntario]. Como quien dice, a veces se gana y a veces se pierde (Héctor, 31 años, trabajador de una municipalidad distrital).

[...] me han ensartado en una que pagó S/.100.00 nuevos soles para que salga un sello nomás, pero el de mesa de partes quería todo [...] ¿qué iba a hacer? Nada pues, le di todo y ya está. Pero también el de archivo quería para su gaseosa [...] ya eso salió de mi cuenta. Pero la señora quedó contenta y luego regresó por otra cosa y ya le cobré su diferencia (Ernesto, 29 años, trabajador del Palacio de Justicia).

En ocasiones se "invierte" para lograr el objetivo del acto de corrupción y *se gasta incluso de los propios recursos para lograr ese objetivo*. ¿Por qué un sujeto gasta de su propio dinero para complementar el monto de uno de los actos de corrupción en la vida cotidiana de una institución? ¿Cuál es el sentido de no ganar dinero en un acto de corrupción o de gastar más del dinero que se obtiene?

ii) Un favor puede ser más importante
(y accesible) que el dinero

Ciertos actos de pequeña corrupción no están asociados a beneficios o ganancias monetarias directas. El tráfico de influencias, por ejemplo, puede no implicar una transacción monetaria, las formas de nepotismo no siempre están atravesadas por intercambios de dinero. ¿Qué es lo que está en juego en este tipo de prácticas?

Segundo ejemplo. Después de una convocatoria pública para ocupar un puesto de asistente de una Secretaría de Juzgado en el Palacio de Justicia (Mujica, 2011), uno de los funcionarios de la oficina decidió convocar a la "hija de un amigo" para el concurso. Ésta no reunía las condiciones necesarias para poder postular al puesto y era inminente que la Oficina de Personal (que evalúa los currículos y la documentación complementaria) evitara que pasara el filtro para la posterior entrevista. Para lograr que esto no sucediera, el funcionario entregó dinero a un funcionario de la Oficina de Personal para que se declarara anulado el concurso y se modificaran los "Términos de Referencia". Así, en la segunda convocatoria la "hija del amigo" logró pasar los filtros dispuestos en los nuevos términos, participar en la entrevista personal y ganar la convocatoria.

No es complicado, pero es bastante papeleo [...] siempre que haces una convocatoria [...] se sabe quién va a ganar, no te puedes arriesgar [...] tiene que ser de confianza para que gane el puesto [...] a veces vale más la confianza en la persona que la capacitación, y por eso tienes que decidir y optar. Ella era una persona de confianza y como necesitábamos alguien así, era mejor anular y volver a convocar para que ella gane.

[...] mucho riesgo de contratar a cualquiera de la calle que viene sin recomendación. No sabes qué tipo de gente viene, si son de confianza si no son, si vienen por la plata (Rogelio, 42 años, funcionario del Palacio de Justicia)

¿Cuánto dinero ganó el funcionario que buscó modificar los términos de referencia para beneficiar a "la hija de su amigo"? Nada. No ganó dinero ni obtuvo beneficio material directo. Sin embargo, el gasto que implicó el soborno a los responsables del proceso de convocatoria fue un pago hecho con su propio dinero:

No te equivoques, no gané nada de dinero. Es más bien un favor a un amigo, incluso, como te dije, puse de la mía para conseguir la anulación [...] [no se lo pedí al padre de la joven] porque es mi amigo, porque era un favor y no vas a estar cobrando por favores [...] es más bien hoy por ti, mañana por mí [...] claro, es una inversión; una inversión, porque tú no sabes en qué momento vas a necesitar un favor de él (Rogelio, 42 años, funcionario del Palacio de Justicia).

Del mismo modo que en el primer ejemplo, en este caso el hecho descrito no parece tener en el centro una lógica de ganancia monetaria directa, sino incluso una lógica de *inversión*, que podría asociarse a una forma de intercambio de favores, deudas y complicidades. Lo importante parece ser la posibilidad de endeudamiento con un favor en un circuito de dones y contradones (Mauss, 1972) —aun cuando el don sea un puesto en la función pública del Estado.

Él [nombre del gerente municipal] lo ha hecho porque es para pagar un favor [...] La norma [ley de nepotismo] dice que es hasta el cuarto grado de consanguineidad y primero de afinidad, si mal no recuerdo, pero no dice nada de tus amigos... o como él [nombre del gerente municipal], que contrata al hijo de su amigo, porque su amigo ha contratado al de él en la municipalidad de [distrito] [...] favores son favores; eso sí, dentro del marco de lo que la norma permite [...] no corre plata en eso, que son asuntos de familia ya (Carlos, 35 años, funcionario de una municipalidad distrital).

Así es con la promoción, tú qué vas a saber si tu [compañero de] promoción va a llegar a coronel, a general [...] no te puedes pelear así nomás con alguien acá [...] muchos callan porque tienen miedo [...] o porque es mejor que te deban un favor [...] Por ejemplo, si te llama tu [compañero de] promoción y te dice "ayúdame con el trámite tal, para que salga rápido, sin control" ¿qué le vas a decir? Nada, pues, le ayudas nomás. Ya un día te tocará a ti (David, 41 años, oficial de policía en una comisaría de Lima).

Lo más común es regularizar un trámite o un expediente [...] es que no siempre la gestión cumple los requisitos que se tienen por ley para todos los trámites [...] ya te llaman y ayudas en el favor para que se haga [...] igual cuando necesitas algo también pides [...] es que hay que ayudarse entre todos, la vida da vueltas [...] (Héctor, 31 años, funcionario de una municipalidad distrital de Lima).

Es que acá a veces se puede ayudar. Hay que ser mala persona si estando en tus manos no ayudas, ¿no? [...] Hay que conseguir una firma, ayudas, buscas que el servidor que le corresponde le dé prioridad [...] hay que buscar un documento, igual, vas, le conversas, le dices que es para colaborar (Luisa, 31 años, asistente en un hospital).

El "favor" es un asunto relevante, y, en algunas ocasiones, más que el propio dinero. Esto no significa, sin embargo, que sean elementos disociados, y refuerza la idea de que el dinero (como valor de cambio) no es un elemento suficiente para entender la dinámica y la estructura de este tipo de casos.

La importancia de los favores (dones, contradones y deudas) en los casos estudiados parece estar asociada a la precariedad del entorno. Un favor es importante, más que las ganancias monetarias, porque éstas son pequeñas, ocasionales y de corto plazo; en cambio, los favores son deudas de gratitud, mecanismos que permiten establecer lazos sociales que pueden ser valiosos para lograr algún beneficio en el futuro, para mantenerse en un puesto de trabajo o para establecer mecanismos de contención cuando tengan necesidades económicas o laborales (como cambiarse de empleo). *Un favor puede ser más importante que el dinero, porque el dinero es poco.*

iii) Las ganancias de las prácticas de pequeña corrupción muchas veces son escasas y no permiten ahorrar

El dinero que gana un funcionario por ejercer un acto de pequeña corrupción puede resultar —por lo general— un monto poco relevante. Los datos de campo permiten indicar que es difícil que los funcionarios (de bajo rango) acumulen excedentes para enriquecerse o incluso para generar ahorros a partir de estos actos.

Tercer ejemplo. En un registro hecho durante 2003 con efectivos (oficiales y suboficiales) de la Policía Nacional resultaba un elemento común indicar que las ganancias producto de las "coimas" (pequeños sobornos) eran mínimas, y que muchas veces servían para cubrir el "gasto corriente" (gasto diario). Así, los montos de las coimas que cobraban los policías en el control del tránsito vehicular (y en los operativos de control de vehículos), incluso cobradas de manera regular, no permiten acumulación que determine el "enriquecimiento ilícito" de un sujeto.

[...] es así, para una gaseosa, para comer algo, para una chelita [cerveza], para comprar el periódico, la cabina de internet [...] para comprar los útiles de los chibolos [niños] [...] para alguna ganancia no hay mucho, no se puede ahorrar, es poco lo que da ganancia [...] (Julio, 42 años policía).

Varía, depende [...] 30, 40, a veces un día 70, 100. Pero no es regular [...] No, no se guarda, se gasta en las cosas del diario, en el almuerzo, un refresco, la comida... para el diario. No es que haya mucho, como la gente cree, creen que se enriquecen con la vaina [coima] que en cada operativo hay vaina, pero no siempre es así, no se puede juntar mucho [...] y creo que es sobre todo para el gasto diario (Ernesto, 38 años, policía).

¿Cuánto gana un policía de tránsito por los actos de pequeña corrupción que lleva a cabo? Pues el dinero no es mucho, y en aquel registro algunos sugerían que eran alrededor de S/.600 nuevos soles en un mes (otros el doble), y servía como un complemento económico para estos funcionarios. Sin embargo, la función de este dinero excedente no es cubrir las necesidades básicas de supervivencia, sino que muchas veces se utiliza para actividades de recreación con los compañeros de trabajo (compra de alimentos, bebidas alcohólicas y no alcohólicas, etc.). Esta lógica permite pensar que la función no es sólo cubrir una carencia para la supervivencia, sino más bien generar un pequeño excedente que debe ser gastado para crear o lubricar redes, amistades, complicidades.

Cuarto ejemplo. Durante el registro hecho en 2009 en el Sistema Penitenciario se evidenció que los montos que cobran los servidores penitenciarios a los internos por trasladarse de un pabellón a otro ("mangueo") no supera S/.1 nuevo sol por cada uno de estos actos. Esta práctica recurrente (pero poco denunciada) representa un complemento económico para los servidores penitenciarios, pero al mismo tiempo representa un modo de generar redes entre los servidores y con los internos. Es evidente que el "mangueo" diario no constituye sumas considerables de dinero, de hecho no supera los S/.20 o S/.30 nuevos soles al día, y al mismo tiempo no permite ahorrar las ganancias.

El mangueo es cotidiano, de sol en sol puedes hacer 20 o 30 soles, puedes hacer a veces 15 o 10, depende del día, de la hora del turno y del pabellón […] pero no hay enriquecimiento, si no no trabajaría aquí, no se puede, pues, ahorrar, ¿vas a ahorrar acaso 10 soles, 5 soles? […] es para el gasto diario, para comprar una gaseosita, una cervecita […] para un pollito, una pollada el fin de semana" (Ramiro, 41 años, servidor penitenciario).

Estos ejemplos permiten plantear y responder dos preguntas: *a)* ¿es una tendencia generar "riqueza" de las prácticas cotidianas de pequeña corrupción en los casos estudiados? *No necesariamente.* ¿Qué entienden los actores por "riqueza"? Se entiende la difusa categoría como el mecanismo que permite que los sujetos "salgan de su actual empleo", "darse un periodo de vacaciones", "adquirir bienes inmuebles o automóviles".

[…] enriquecerse es dejar de trabajar, dejar este puesto que es muy agotador. Tener un tiempo para la familia, para las vacaciones […] no alcanza para eso, no se puede uno dar muchos gustos ni nada de eso (Adrián, 43 años, funcionario de municipalidad distrital).

No se puede enriquecer uno con estas vainas […] enriquecerse es tener para comprar un departamento, una casa, un carro […] para un viaje al extranjero […] para darse una vacación […] No se puede uno enriquecer, es para el diario, para la gaseosa; no te alcanza para nada más (Ernesto, 39 años, policía).

Comprar un carro es lo que te dice si te enriqueces o no, comprarte una casita […] viajes… o si no, puede ser también tener tu cuenta en el banco que crece […] ¿cómo se muestra que te enriqueces? Si te vas del trabajo, si no tienen necesidad de trabajar (Enrique, 35 años, funcionario del Poder Judicial).

Por lo tanto, el elemento central de esta manera de entender el "enriquecimiento" desde la perspectiva de los entrevistados es la posibilidad de "ahorro" para la adquisición de un bien. Entonces: *b)* ¿existen elementos para pensar en la posibilidad de ahorro de las ganancias que son producto de las prácticas de pequeña corrupción? *No necesariamente.*

Por un lado, las ganancias que se logran son pequeñas y no parecen implicar montos que permitan ahorro sistemático (ni formar un capital); los entrevistados indican que el dinero de estos actos no permite acceder a bienes de gran envergadura (un auto, una casa, un departamento). Por otro lado, la acumulación no parece disponerse en las entrevistas como el objetivo central. Esto, sin embargo, no se debe sólo a la baja cantidad de los montos (pues incluso estos pequeños montos se podrían ahorrar), sino a que éstos se utilizan para el "gasto corriente": parecen estar dispuestos para ser ejecutados-gastados con rapidez y, en ocasiones, para cubrir consumos cotidianos personales o familiares de los entrevistados (bebidas, alimentos, transporte, entretenimiento), y otras veces para adquisiciones para el conjunto de los compañeros de trabajo.

La reciprocidad parece ser un elemento central de estas dinámicas. Algunos de los entrevistados señalan que las ganancias de ciertos actos de pequeña corrupción se utilizan en gastos cotidianos que no son un complemento económico de "supervivencia", sino para el entretenimiento personal y grupal, dones y contradones respecto de los propios miembros del grupo (compañeros de trabajo, cómplices de los actos de corrupción, etcétera).

Si las prácticas de pequeña corrupción no siempre generan ganancias monetarias directas, si los actos de pequeña corrupción que generan ganancias no siempre permiten el ahorro ni implican cifras considerables, es difícil pensar necesariamente en lógicas de "enriquecimiento". Entonces, ¿cuáles son los objetivos de estas prácticas? ¿Cuál es la función que cumplen en la escena cotidiana de los funcionarios entrevistados?

iv) La importancia de las redes sociales en la dinámica laboral de los funcionarios públicos

Uno de los objetivos de las prácticas de la pequeña corrupción puede entenderse en tanto funciona como elemento para construir y lubricar redes al interior de las instituciones, lo que puede implicar la inversión de dinero, bienes, influencias, complicidades y otros recursos.

> [...] más importante que la plata es que te ganes la confianza [...] no es que esté bien o que esté mal, pero ¿qué vas a hacer? Si todos lo hacen, ¿tú cómo quedas? Como sospechoso (Daniel, 29 años, trabajador del Palacio de Justicia).

> [...] es la viveza [...] es que nadie quiere que le atrasen [...] todos quieren ser parte del grupo, como ovejas [...] así entre ellos se ayudan para lo que quieren y se cobran favores (Javier, 30 años, empleado de un hospital público).

> ¿Para qué si es poca plata? Ahí sí no sabría decirte bien [...] porque así se hacen amigos, pues, tú haces un favorcito a tal, y un día tal te hace un favor a ti, y luego a otro y así... sí es así [entonces, ¿es importante hacer esto en grupo?] Sólo no puedes hacer nada solo... es que no es posible porque hasta para un sello necesitas que alguien te ayude (Esteban, 28 años, funcionario en una municipalidad distrital).

> A veces es por plata, por hacer una ayuda a un compañero. Que igual la plata es poquito, no te vas hacer rico, si no mira nomás al señor [nombre] que lleva tres años cobrando como le da la gana, y sigue en su casa con su televisor viejo [risas] [...] La vida da vueltas, como dicen, mejor siempre ayudar que dar la espalda [...] claro que cuando agilizas el trámite también te ganas tu confianza (Víctor, 40 años, funcionario de una municipalidad distrital).

Las redes (establecidas en torno a vínculos de confianza y complicidad) son relevantes no sólo como tejido social cotidiano, sino como elemento que articula los grupos de poder dentro de las instituciones, como tejido para soportar las precarias condiciones laborales en las que trabajan los sujetos, y como un mecanismo para movilizarse frente al cambiante escenario institucional (para ingresar o ganar un concurso para un puesto de trabajo, acceder a mejores condiciones salariales, o no disminuir esas condiciones, lograr mantenerse en un puesto, recibir beneficios económicos, etcétera).

Aquí nadie dura más de cuatro años, ya sabes, en el mejor de los casos es así. Por lo general, ¿cuánto dura un gerente [municipal]?: un año, dos años, máximo... y de ahí viene otro. Todititos aquí [...] renuevan su contrato cada tres meses, cada seis meses, ya depende [...] y eso a la voluntad del jefe [...] o sea que si no estás bien con el jefe, chausito [...] (Johnatan, 38 años, funcionario de una municipalidad distrital).

¿Cuánto será?, dos años... tienes que buscarte la manera de que te consigas otro trabajo cuando acabe la gestión [...] es como decir todo cambia pero rotan los mismos [...] acá la señora [nombre] ha trabajado con [nombre] en la municipalidad de [nombre] y cuando los botan o se acaba la gestión se consiguen otro puesto parecido en otra municipalidad [...] También hay el que trabaja en todos los puestos, que ha sido portapliegos, asesor de gerencia, jefe, que se acomoda [...] (Adrián, 43 años, funcionario de municipalidad distrital).

Si no tienes conocidos que te tiendan la mano cuando cambia la gestión, ¿qué haces? Te quedas sin chamba [empleo] [...] o sea, mejor tener tus amigos siempre que te ayudan o cuando tú puedes ayudar tiendes la mano: hoy por ti mañana por mí (Javier, 30 años, empleado de un hospital público).

A mí me han rotado de puesto cada año, porque el coronel es amigo de su grupito y tiene su gente de su promoción. Ellos reciben ascensos, y van a los lugares que quieren, hacen lo que quieren. Ya me va a tocar a mí porque nada es eterno [...] Cómo se ganan los favores: haciendo lo que el coronel quiere, dando su diezmo [...] callándose lo que es secreto a voces (Raúl, 41 años, policía en una comisaría).

Aquí la gente misma hace esas cosas [agilizar trámites, cobrar por actos irregulares] porque así se ganan alguito para el diario [...] también porque así se ganan sus amigos, su grupo, claro, para beneficio del grupo [...] Entonces, cuando se acaba el contrato les ayudan a buscar otro lugar para laborar (Héctor, 31 años, funcionario de una municipalidad distrital de Lima).

Una de las funciones de los actos de pequeña corrupción se asocia con la construcción de redes y complicidades (enganches de la estructura de redes), y éstas parecen estar asociadas a una dinámica estratégica respecto del acceso y la manutención de un puesto de trabajo. La incertidumbre sobre las posibilidades laborales, los ascensos y los beneficios económicos ayudan a entender parte de este fenómeno: la reducción de la incertidumbre puede generarse por medio de la certificación, de los méritos personales y académicos, de la demostración de eficiencia en el trabajo, a través de la experiencia, pero muchas veces también mediante la corrupción y las redes informales.

Si tu contrato te dura tres meses o un mes, ¿cómo haces para tener un puesto, tu trabajo? Puedes estudiar, sí, pero si no tienes tu grupo igual no vas tener chamba [trabajo] [...]. Cuántos con su título están taxeando [trabajando como taxistas]... tienes que buscar tu palanca (Johnatan, 38 años, funcionario de una municipalidad distrital).

Se hace lo que se puede, inclusive para ayudar irregularmente a veces, pero sin eso te botan, o te quedas sin chamba... o juegas el juego o te vas (Carlos, 35 años, funcionario de una municipalidad distrital).

v) La incertidumbre de la dinámica laboral en el Estado

La inestabilidad es una constante en las experiencias de los entrevistados. La alta volatilidad de los puestos genera incertidumbre sobre el futuro laboral y sobre sus ingresos económicos a corto y mediano plazos.

Aquí todos saben que tienen sus días contados, cambia el jefe cambian todos [...] yo llevo ya un año, pero no sé si dure otro año [...] antes seis meses, hasta tres años estuve en la municipalidad de [nombre] (Nicolás, 45 años, funcionario en una municipalidad).

Salvo los 276 [un tipo de contrato a plazo indeterminado], todos son fusibles... ya sabes que se va el director y todos se van, salvo los que tienen vara (David, 31 años, funcionario del Palacio de Justicia).

Nadie se queda para siempre, todos se van como llegaron, como dice la canción [...] no sé si seguiré... seguro que no porque ya toca cambiar... cuestión política, cambian y ya, te rotan (Raúl, 41 años, policía en una comisaría).

Ninguno de los entrevistados tiene planificado su futuro, pero todos buscan permanecer en un puesto el mayor tiempo posible. Cambiar de empleo tiene riesgos (un periodo sin recibir salario) y puede resultar difícil encontrar un nuevo puesto. Así, se buscan diferentes caminos para poder continuar en el puesto de trabajo o para tener más posibilidades de encontrar un nuevo puesto rápidamente, si es que su contrato se termina y no es renovado.

Uno de esos caminos es el de la certificación educativa, de manera que hay una preocupación constante por tomar cursos, tener diplomas de certificación, y en algunos casos posgrados:

estar preparado es bien importante, la preparación. Tener cursillos [...] igual son caros [...] te sirve para la evaluación de personal, porque cada curso o un diploma es puntaje [...] Aunque sea para el cartón no más, hay que hacer cursos de actualización, si no cuando postulas a otro CAS [un nuevo contrato] tienes menos opciones de agarrarla (Luisa, 31 años, asistente en un hospital).

La "autoexigencia" también aparece como un mecanismo para hacer méritos y mantener el empleo. Esto está atado en el discurso a demostrar que "se trabaja más que los demás", lo que lleva a trabajar muchas horas extras sin paga por ello, trabajar en días no laborables o incluso a realizar labores que no corresponden a la función propia:

tú ves que aquí se trabaja hasta tarde, ¿hasta qué hora has visto que me quedo a veces? Hasta las ocho, nueve de la noche [...] hay que hacer méritos, para que te vean... si no dicen que uno no trabaja, si no se queda hasta tarde [...] también he venido en feriados, sábados, domingo... ya se hace costumbre de los jefes que estés trabajando [...] para que te vean como trabajador de exigencia (Enrique, 35 años, funcionario del Poder Judicial).

En este escenario las amistades y redes sociales también son mecanismos importantes. Éstos se pueden extender, fortalecer y lubricar a través de vínculos personales y medios para producir empatía (compartir espacios para comer, asistir a las mismas fiestas, realizar actividades de entretenimiento fuera del espacio laboral, compartir bebidas alcohólicas, etc.), por medio del apoyo en el trabajo o de dinámicas de transgresión (entre ellas ciertas prácticas de corrupción):

> Yo creo que las amistades son bien importantes... porque tu currículum no es lo primero que evalúan para una chamba [...] o sea, cuánta gente hay que tiene su título de administración, mucha gente, pues, pero si no tienes tu vara, no vas a tener la chamba (Dante, 27 años, trabajador del Palacio de Justicia).

> Todo es por grupos, el grupo de [nombre], el grupo de [nombre], su argolla [...] te tienes que meter a un grupo, si no estás solo [...] te vas a comer, los cumpleaños [...] claro, a chupar [beber alcohol] [risas] [...] te llaman, te dicen que hay contrataciones y te ayudan (Ricardo, 22 años, practicante de una municipalidad).

> Hay que ayudarse, si no cómo quedas... das y recibes [...] no sé, pues, si te piden que ayudes con un sellito para un trámite que tiene que salir rápido, ayudas nomás, para qué vas a estar preguntando [...] (Mario, 36 años, funcionario del Palacio de Justicia).

La pequeña corrupción cotidiana no aparece como un compartimento separado de otras dinámicas, sino como un mecanismo más dentro de un abanico de estrategias para enfrentar la incertidumbre.

Lo anterior, sin embargo, no implica que no existan otras formas de corrupción que se han sedimentado y son sistemáticas. En ocasiones, la pequeña corrupción puede vincularse a redes organizadas o a dinámicas sistemáticas de corrupción:

> es que es diferente, que a veces te comas un procedimiento que ya sea tu costumbre. Mayormente los compañeros lo hacen a veces, cuando se puede [...] pero hay veces que alguien se pasa de la raya y ya quiere hacer su negocio de eso [...] ya mucha corrupción pues [risas] (Mario, 36 años, funcionario del Palacio de Justicia).

CONSIDERACIONES PARA LA DISCUSIÓN

El trabajo de campo muestra que hay un grupo de sujetos que han practicado actos de corrupción que *i)* no implican ganancias monetarias directas; algunas veces, incluso, han realizado un gasto extra (de su propio dinero) para llevarlos a cabo. *ii)* Cuando hay alguna ganancia, ésta no siempre es relevante: no permite "enriquecerse" o "ahorrar". *iii)* Estas prácticas específicas parecen estar asociadas menos a una racionalidad económica de acumulación, y más a una lógica de reciprocidad, de intercambio permanente de "favores" que posibilitan y producen vínculos y complicidades (en ocasiones la corrupción no sirve para ganar dinero sino para ampliar o mantener redes sociales).

Aquello permite tres elementos de discusión. *Primero, la importancia de la precariedad del contexto.* En todos los casos estudiados la precariedad institucional, laboral y económica es un elemento relevante y una matriz para entender la incertidumbre respecto al empleo de cada sujeto. "¿Cuánto tiempo más estaré en este puesto?", "¿tendré trabajo en unos meses?", son preguntas que los funcionarios entrevistados se hacen constantemente.

Uno de los elementos para entender la incertidumbre, pero no el único, es la inestabilidad laboral para los trabajadores del Estado peruano (que no es un asunto reciente). Desde la neoliberalización de la economía a inicios de los años noventa y la reducción del tamaño del Estado

(Ugarteche, 2004), más de medio millón de trabajadores (alrededor de 45% del total de funcionarios públicos del gobierno central y los gobiernos regionales del Perú) tienen contratos temporales de corto plazo (*El Comercio*, 2012). En el caso de instituciones como la Policía, en las que el contrato de trabajo es estable, la discrecionalidad de las jefaturas produce una muy alta movilización y rotación de puestos (Ministerio de Economía y Finanzas, 2014: 11). La literatura ha mostrado varias de las consecuencias: inestabilidad y flexibilización de los derechos laborales tras las reformas neoliberales en el Perú (Ugarteche, 2006) y en otras partes del mundo (Nellis, 2009); problemas asociados con la seguridad social y jubilación; dificultades para establecer un proyecto de vida (Jaramillo y Sparrow, 2014), etcétera.

Los cambios de gobierno nacional (cada cinco años), regional y municipal (cada cuatro años) generan también cambios en la disposición de la burocracia media e inferior de la estructura del Estado, de manera que hay una alta volatilidad de los puestos y se produce una alta rotación de funcionarios públicos. Esto se hace más radical con la velocidad con la que cambian las personas de los puestos de dirección alta, media y baja: en la experiencia de los entrevistados, los jefes duran pocos años o pocos meses —durante el registro de campo en la municipalidad distrital, el gerente municipal cambió tres veces en menos de un año, el comisario de policía fue reasignado dos veces en ocho meses, los responsables de varias unidades administrativas en el Palacio de Justicia cambiaron más de tres veces en un año.

La inestabilidad laboral es un elemento transversal en las entrevistas y en las experiencias de los sujetos, de modo que no es incoherente pensar que la reducción de la incertidumbre es un objetivo importante en sus proyectos personales. Si bien un camino para lograrlo se evidencia en la relevancia de la certificación educativa (obtener cursos y diplomas de especialización, y maestrías), *la producción y lubricación de redes sociales parece ser tanto o más importante que aquello*. En este escenario se ubican algunas de las prácticas de corrupción descritas y algunos de los objetivos de los sujetos: un acto de corrupción puede servir como un mecanismo para producir y configurar una red de contactos, amistades y complicidades, y puede servir para lubricar las ya existentes, hacerlas flexibles y dinámicas.

Sin embargo, es importante entender que se trata de una práctica que no funciona aislada de otros mecanismos, y que no es la única vía para producir tejido social. Asimismo, hay vínculos como el parentesco (Das y Poole, 2004), la amistad (Yang, 1994), el compadrazgo (Lomnitz, 1994) y el clientelismo (Lazar, 2005) que pueden ser relevantes en este escenario. Y también aparece junto a formas de corrupción que tienen objetivos estrictamente monetarios, que buscan beneficios materiales directos o que aparecen como dinámicas cleptocráticas o dirigidas por redes dedicadas a la corrupción de manera constante (Blundo y Olivier de Sardan, 2006).

Lo anterior implica pensar que *algunas* prácticas de pequeña corrupción en la burocracia de bajo rango aparecen —*junto a otros mecanismos*— como respuesta a la incertidumbre de la propia estructura, como un mecanismo que funciona para producir tejido social en un contexto precario e inestable: para conseguir favores y complicidades (dones y contradones), para establecer redes frente a la posible movilización de puestos, despidos, terminación de los contratos. Pero también implica considerar que la inestabilidad laboral no es la única fuente de incertidumbre y que es necesario estudiar la importancia de la organización social local, de los proyectos de vida, de la propia configuración de la burocracia del Estado, etc., para ampliar el espectro de comprensión del fenómeno.

Este estudio genera preguntas para el trabajo etnográfico: ¿en qué ocasiones se utiliza la corrupción para obtener un beneficio económico directo, en qué ocasiones para fortalecer o construir una red social, en qué ocasiones permite la acumulación?, ¿se trata de prácticas que transitan en vías separadas o más bien que interactúan y se superponen en la cotidianidad de un mismo sujeto o grupo de sujetos?

Segundo, es importante considerar que la corrupción que hemos estudiado es un fenómeno cotidiano que muestra ciertos patrones de acción y regularidades cada vez que se pone en práctica, pero eso no significa que sea mayoritaria en términos de la proporción de los trámites regulares realizados por los funcionarios. Es decir, que es coherente pensar que la mayor parte del tiempo y de veces los funcionarios no cometen actos de corrupción (no cobran sobornos, no transgreden las normas de procedimientos, no realizan operaciones arbitrarias). Esto sugiere que es importante discutir *i)* con explicaciones que asumen la corrupción como una consecuencia de la falta de vigilancia del Estado, o de un Estado fuerte y con capacidad de control interno. ¿Más control en un escenario precario y con alta incertidumbre implica menos corrupción? ¿En qué situaciones se pone en práctica un acto de corrupción y en cuáles no? *ii)* Pero también es relevante discutir con las explicaciones que asumen la dicotomía informal-formal, ilegal-legal como disposiciones de elementos antagónicos. Aun cuando transgreden la normativa institucional, gran parte de los actos de corrupción que estudiamos no representan una ruptura de la estructura estatal, se llevan a cabo para acelerar procesos, para evitar la burocracia, para saltar los controles, para obtener la aceptación de la burocracia que legitima un trámite, un documento o una conducta. En estos casos la corrupción se utiliza como una herramienta para entrar al "sistema"; la informalidad y la ilegalidad se utilizan para entrar en lo formal y lo legal de la administración burocrática.

Tercero, en esa disposición no todos los actos de corrupción aparecen como un mecanismo subversivo ni disruptor. En ocasiones la corrupción aparece —en la perspectiva de los funcionarios— como un mecanismo que sirve a los sujetos para aferrarse a la inestable estructura del aparato estatal.

Las prácticas de corrupción implican la desviación del funcionamiento formal de las instituciones (OCDE, 2008), "la vulneración de derechos a los ciudadanos" (CAN, 2012) y un trato discriminatorio (Defensoría del Pueblo, 2010) que prioriza a quienes pueden pagar por los actos "irregulares" o a quienes tienen ventajas para realizarlos. Pero aquellos elementos no siempre están presentes en los discursos y objetivos (desde la perspectiva) de los funcionarios. Éstos priorizan su propia estabilidad económica-laboral y su proyecto de vida. Y en ese sentido algunos actos de corrupción se utilizan para entrar al sistema, para permanecer en él, para seguir siendo trabajadores del Estado o para poder conseguir un nuevo empleo en el Estado cuando sus contratos terminan. Son prácticas que permiten pensar fronteras difusas (como sugiere Mitchell, 2006) entre el Estado y la sociedad.

La paradójica situación es que se puede utilizar la corrupción para entrar y permanecer en el sistema, y no necesariamente para salir de él.

En la experiencia y el discurso de los funcionarios de este estudio la corrupción no siempre está en contra del Estado, y no aparece siempre como una práctica subversiva. Aparece a veces como un mecanismo para responder a la fragilidad del entorno, que enlaza la precaria estructura estatal y la activa dinámica social.

8
¿CÓMO ENDEREZAR LA MERCANCÍA? LA FIGURACIÓN SOCIAL DEL *BUSINESS*

Johanna Parra Bautista

> [...] no hemos de ofrecer soluciones, sino indicar problemas
>
> WEBER, 1973 [1904]: 40

> Cuando pienso en el recorrido de una de estas mercancías, del bolsito de papel, de la imitación casi perfecta de Louis Vuitton, de un paraguas, de un collar, de un juguete, escucho voces y gritos, regateos, movimientos, barcos, contenedores, puertos y el mar. Una industria china produciendo a gran escala, intermediarios de todas las lenguas y colores, aduanas más y menos viciadas, manos y manos que tocan las mercancías, que las cuentan, que las restan, puertas que se abren y se cierran, pero las mercancías pasan por algún lugar del tupido circuito de movimiento que ha creado el mercado actual
>
> PARRA, 2015: 11

INTRODUCCIÓN

Los estudios sobre el Estado han evolucionado tanto en su enfoque metodológico como en su enfoque analítico de definición y descripción del objeto. El Estado se ha vuelto una manera específica de mantener una relación social. Por consiguiente, los métodos de la antropología social se pueden presentar como los más apropiados para estudiar dicha relación. El Estado ya no se erige sobre las instituciones y relaciones en una sociedad, sino que se desenvuelve como una figuración social, negociable y negociada, discutible y discutida en el marco de arenas de conflictos que sólo se resuelven mediante equilibrios y dinámicas inestables, provisorias, delimitando las jugadas posibles de los individuos en una situación específica.

Desde luego, en las ciencias sociales, se ha dado, un giro hacia una antropología del Estado, que lo entiende entonces desde términos relacionales y empíricos (cfr. Agudo y Estrada, introducción de este libro). Este texto se puede enmarcar en esta perspectiva por medio de la presentación de una etnografía que se propone mostrar las sutilezas de una forma social tan inestable e indeterminada como lo es la figuración social del *business*.

Las características mismas de esta figuración social, su inestabilidad, su borrosidad, su indefinición, obligan a observarla de manera directa. En efecto, mediante una aproximación antropológica, este trabajo se basa en una etnografía situada en los mercados ambulantes de Tepito y de Mixcalco, realizada entre 2005 y 2008, sobre varios grupos de comerciantes ambulantes y establecidos: los primeros ejercen actividades comerciales en la vía pública y los segundos en locales cerrados.[1] Durante la elaboración de esta etnografía, acompañé principalmente a un grupo de comerciantes ambulantes de Mixcalco en sus jornadas de trabajo. La posibilidad de estar con ellos por tanto tiempo me permitió conocer su manera de hacer negocios, de organizarse como asociación de comerciantes, de conocer su vida cotidiana, sus reflejos y automatismos en situaciones ordinarias, en breve, de conocerlos con profundidad.

El mundo de los comerciantes ambulantes de los mercados del centro de la capital mexicana está constituido por una densa y diversa presencia de diferentes grupos, muchas veces por familias extensas de comerciantes. Se trata de grupos con características socioeconómicas muy diversas, y por lo tanto muy difíciles de definir y de tratar unívocamente como un solo conjunto. Se agremian en organizaciones[2]

---

[1] Este texto es uno de los resultados de mi investigación de doctorado en la École des hautes études en sciences sociales de París (Parra, 2015). Agradezco los comentarios y sugerencias de Marco Antonio Estrada Saavedra. Las fotografías fueron tomadas por la autora.

[2] Estos grupos sociales se concentran alrededor de un líder o representante de la calle en la cual ejercen su actividad comercial, quien lidera la organización y representa a los agremiados frente a otras organizaciones de comerciantes y ante las autoridades de la ciudad. En 2007 existían 110 organizaciones de comercio ambulante con casi 300 000 vendedores, de los cuales se estima la existencia de 50 000 sólo en el centro de la Ciudad de México.

Figura 8.1. *Calle República de Haití, Centro Histórico, Ciudad de México, 2008*

compuestas por una gran diversidad de actores del comercio: vendedores ambulantes pequeños y medianos, que comercian con ropa hecha en talleres clandestinos, o se surten de empresarios coreanos que mueven sus mercancías en el centro de la ciudad, o incluso de vendedores mexicanos que traen sus propias mercancías de China.

Max Weber (1973 [1904]), en su clásico artículo sobre los límites y las condiciones de la objetividad de la ciencia social, se pregunta ¿cuáles son las normas y cuál es la validez de los juicios de valor formulados? ¿En qué sentido existen "verdades objetivamente válidas" en el terreno de las ciencias de la vida cultural en general? La respuesta de Weber a estas preguntas ha influenciado muchas corrientes históricas de la ciencia social en las que quisiera inscribir mi trabajo. Contra la posición según la cual la "economía política" debe producir *juicios de valor* y una "cosmovisión económica específica", Weber (1973 [1904]: 40) responde de manera contundente:

Nuestra revista [la revista *Archiv für Sozialwissenschaft und Sozialpolitik*, fundada por Max Weber en 1904], como representante de una disciplina empírica, debe —queremos establecerlo de antemano— *rechazar por principio* ese punto de vista, pues opinamos que jamás puede ser tarea de una ciencia empírica proporcionar normas e ideales obligatorios, de los cuales puedan derivarse preceptos para la práctica (Weber, 1973 [1904]: 41).

Me quise apropiar del postulado weberiano de que la ciencia social como ciencia empírica no debe prescribir obligaciones prácticas porque estoy convencida de *que no hemos de ofrecer soluciones, sino indicar problemas* (Weber, 1973 [1904]: 40). En esos terrenos difíciles, que son polémicos por naturaleza y donde se imbrican actores *ilegales, criminales*, es indispensable abstenerse de imponer juicios de valor haciéndolos pasar por elaboraciones científicas, mientras que sólo son producciones ideológicas. La sociología del *business* se entiende por consiguiente como ciencia empírica particular, dispuesta a la crítica racional y a la revisión conceptual, a la crítica de los datos y las fuentes.

A partir del análisis de los datos etnográficos y de la comprensión de los fenómenos estudiados, elaboré el concepto figurativo del *business* (sobre el concepto de figuración, cfr. Elias, 1993, 1999; sobre la noción de *business*, cfr. Parra, 2010, 2013, 2015). En la figuración social del *business* los individuos involucrados llevan a cabo raciocinios mediante los cuales calculan las maneras de sobrevivir o destacarse en el mercado y tratan de comprender los trucos de su oficio, siempre en interrelaciones e interdependencias con los individuos en los entramados sociales de esta figuración. Entiendo entonces el concepto *figuración* siguiendo a Norbert Elias en su *Sociología fundamental*:

> Lo que se entiende aquí por figuración es el modelo cambiante que constituyen los jugadores como totalidad [el autor toma la imagen de cuatro jugadores de cartas en una mesa], esto es, no sólo con su intelecto, sino con toda su persona, con todo su hacer y todas sus omisiones en sus relaciones mutuas. Como se ve, esta figuración constituye un tejido de tensiones. La interdependencia de los jugadores, que es la premisa para que constituyan entre sí una figuración específica, es no sólo su interdependencia como aliados sino también como adversarios (Elias, 1999: 157).

El *business* podría verse como un juego social en el que los jugadores, como lo propone Elias, los individuos del *business*, involucran no sólo sus raciocinios, sino "toda su persona, todo su hacer y todas sus omisiones". Llevan a cabo acciones que se adaptan y se moldean a las regularidades e irregularidades del espacio y del tiempo que experimentan. Tienen y siguen comportamientos que juegan hábilmente con las normas sociales nacionales y con las interacciones interdependientes entre los individuos de estos mercados.

Las apariencias de la vida cotidiana y el furor de las polémicas y de ciertos estudios expertos de juristas y de economistas, cuyo trabajo está orientado a la formulación y la ejecución de políticas públicas, podrían hacernos creer que la economía, la política, las composiciones y las relaciones sociales están estrictamente compartimentadas. Uno de los objetivos principales de esta investigación ha consistido en comprender una sola economía, una sola política, por cierto, complejas y diferenciadas: una figuración social, que llamé el *business*.

La primera manera como empecé a usar la palabra *business*, que los individuos pronuncian *bisne* en su uso lingüístico local, fue como un atajo para no tener la necesidad de hablar y escribir usando siempre las dicotomías ilegal-legal, informal-formal. Éstas resultaban excesivamente rígidas al ser, además, categorías e indicadores elaborados desde escenarios y por actores ajenos a la comprensión de las experiencias genuinas de los individuos en cuestión. En un primer momento retomé la palabra de una manera literal. Es decir, por el significado que estos individuos le confieren.

Con la palabra *business* el grupo de comerciantes estudiados nombra aquellas decisiones y acciones en las que se consideran a sí mismos como teniendo la libertad, la legitimidad, la necesidad propia del grupo y de la lógica social de este universo, para transgredir, manipular, darse la licencia de jugar con la normatividad comercial y política. Pero también la usan para referirse de manera general a sus negocios y prácticas económicas y políticas, no siempre ilegales y no siempre bajo el nivel económico-jurídico de lo "informal".

La palabra de uso local del *business* engloba, entre muchas otras cosas, una gama de actividades que entran también en las categorías jurídicas y económicas de la "informalidad" y de la "ilegalidad": la venta en la vía pública, la evasión de impuestos, la venta de mercancías de dudosa procedencia —ya sean mercancías piratas, de contrabando o robadas—, el narcomenudeo, la compra-venta y rentas del espacio público.

Todas éstas son actividades que ocurren en conjunto con otras que no son solamente ilegales y que además responden a normas familiares, de solidaridad con el barrio y con su grupo. El funcionamiento del *business* responde a la articulación interdependiente entre un sentido de búsqueda de enriquecimiento personal y un sentido de solidaridad grupal. Si bien estas características de las acciones del *business* son clave para su comprensión, ya veremos que no agotan su complejidad ni explican toda la especificidad.

Una vez que conocí la manera en que el grupo usa y entiende la palabra *business*, la retomé de su uso lingüístico en el grupo para comprenderla y reinterpretarla de manera sociológica. Me pregunté de manera intrigada sobre sus comportamientos, raciocinios y acciones. Así, pues, ¿qué hace posible que eso ocurra? ¿Qué hace posible que la compra-venta-renta de espacios públicos se haya vuelto una institución normalizada en estos mercados ambulantes? ¿Qué hace posible que el contrabando sea un recurso para surtirse en insumos (telas) o mercancías (ropa) normalizado en las instituciones de estos comerciantes? ¿Qué hace posible que la corrupción, los sobornos y la negociación con las autoridades político-administrativas de la ciudad y aduanales de la nación se hayan vuelto normas grupales para estos comerciantes? ¿Qué hace posible que la autorregulación y la autogestión de la violencia, la seguridad, el delito y las diferentes tareas de la administración del conflicto sean una institución normalizada en estos grupos?

Según los individuos de esta figuración, el *business* es un recurso que podría funcionar de la siguiente manera: *1)* la disposición para la transgresión; *2)* el hecho de que la disposición para la transgresión sea normal en el grupo; *3)* la motivación de obtener el control o la ganancia de un recurso económico, político o simbólico, o de obtener un modo de subsistencia en el mercado laboral o los negocios; *4)* la existencia en medio del cumplimiento de las normas grupales y de solidaridad. Estos cuatro elementos son solamente uno de los aspectos del cuadro figurativo del *business*; éstos corresponden sobre todo al ámbito de normas grupales. Podríamos pensar que los individuos del *business* se rigen por estas normas comunitarias y barriales, pero no son exclusivamente comunitarios ni grupales. El criterio de la acción del *business* no es ni el grupo ni la norma comunitaria —éstos son sólo aspectos del cuadro donde se mueven— sino el movimiento efectivo que se da en el juego del *business*, la capacidad para hacer el movimiento en el momento oportuno. En la sociología clásica las normas del grupo suelen determinar los criterios de la acción social. Sin embargo, en esta sociología del *business* las reglas del juego no están definidas por las normas del grupo ni por el grupo mismo, sino por el furor de la acción y según el sentido específico individual que cada uno afina o no. Los individuos del *business* tienen unas habilidades que les permiten hacer o no sus jugadas. Por supuesto que hay una relación con aspectos normativos grupales que hacen parte del escenario en la arena de conflicto y negociación, pero las acciones siempre recaen en el sentido del juego. Es decir, el sentido del juego social del *business* consiste en esa habilidad para sentir cuándo y saber cómo pasar aduanas, vender un puesto de venta (cuyo propietario es el distrito), etc. Hay un criterio normativo, pero esa regla depende de la circunstancia y del momento cuando se deba llevar a cabo la acción del *business*.

Mi cuestionamiento, en el fondo, se podría resumir en la siguiente interrogación general: ¿cómo es posible que existan este tipo de acciones sociales (las acciones características del *business*) en la sociedad mexicana y latinoamericana? La sociología del *business* no es sólo descriptiva, sino que tiene una inspiración que se basa en una pregunta de fondo sobre las sociedades latinoamericanas en las que vivimos. Si bien me he concentrado en un caso particular, nunca he dejado de pensar en cuestiones generales sobre el devenir de otros casos. La invención de este concepto tuvo por inquietud, aunque ateniéndome al terreno, el interrogarme sobre otros casos similares. Es por esto que, a pesar de su carácter etnográfico permanente, esta sociología se piensa en la lógica investigativa de una sociología general.

¿CÓMO ENDEREZAR LA MERCANCÍA? COMPLICACIONES DE LO INFORMAL Y DE LO ILEGAL EN TRAYECTORIAS DE MERCANCÍAS

Como lo observaremos en el caso de Policía Chino, estos comerciantes tienen la capacidad intuitiva, un casi instinto que les hace sentir cuándo lanzarse en el negocio y probar la suerte en una situación específica. El individuo del *business*, como Policía Chino, combina la capacidad de medir el riesgo en una situación con la capacidad para lanzarse al ruedo en el momento decisivo que exige esa situación. Este casi instinto del *business* no proviene ni de una red ni de un cálculo instrumental ni de una solidaridad comunitaria, sino del sentido del juego en la figuración social del *business*.

Policía Chino es un comerciante de 48 años quien tiene una tienda en el centro de la ciudad, en Mixcalco. La entrevista se realizó en el escaparate de ventas de un amigo del líder de la organización de comerciantes en la que está agremiado Policía Chino, y fue posible gracias a la orden que el líder impartió al comerciante para que respondiera a mis preguntas:

> Cuando pasa en el aeropuerto y te toca semáforo[3] y si es verde pues pasas, y si es rojo pues toca tenerlos arreglados y depende del arreglo que tú tienes ahí. Pero si no tienes ningún arreglo y pasas toda la mercancía así, pues te levantan un PAMA, se llama; es un acta que levanta directamente Hacienda para que pagues los impuestos, y claro, te van a cobrar, se supone, si vienes de China el 400% de impuestos. Cuando viene *derecho*, cuando no es marca, eso sí lo puedes traer [...] porque si es marca, si vienes de la China, así traigas una petaquita te pasan por los rayos X y te la revisan porque ya [en] el aeropuerto [...] está la policía federal, está la aduanal y te agarran y te levantan un acta y si te agarran es cárcel aparte de la multa.[4]

Estos comerciantes, que transportan mercancías de un país a otro, desarrollan una amplia red de contactos, incluidos agentes de control

---

[3] De manera aleatoria, le corresponde a los viajeros una revisión de control del equipaje de parte de las autoridades aduanales y aeroportuarias.

[4] Entrevista con Policía Chino, 16 de enero de 2007.

aduanal, las policías y los empleados de las aerolíneas y de los aeropuertos. En otros casos, el mismo fenómeno ocurre en los puertos y fronteras por donde pasa el contrabando bronco, que es el paso de mercancías por caminos terrestres. Ocurre también para el contrabando técnico, que es la falsificación de origen o de contenido para la disminución de los impuestos. Todos estos riesgos y aventuras no podrían existir sin algunos agentes de las autoridades aduanales, distritales y estatales, que cumplen un modo operatorio de corrupción suficiente para que tales prácticas puedan llevarse a cabo. De igual modo, se puede afirmar que toda una cadena de interdependencias de los contrabandistas no sería posible sin que el comerciante entrara en el juego del *business*, algo que sólo su instinto le indica para cada situación. El comerciante del *business* debe confiar en los individuos que intervienen. La *norma de no hacerle demasiado caso a las normas (públicas)* es parte de los valores comunes a todos esos individuos, vendedores, contrabandistas y comerciantes ambulantes. A su vez, estos valores comunes constituyen cierto tipo de normas grupales, sin las cuales no podría haber la "garantía" y la "confianza" que estos individuos tienen. Pero estas normas no determinan el criterio de la acción del *business*. Para que todo ese mundo sea posible, debe haber un arreglo previo: la regla del *business* consiste en que los participantes no se fijen acuerdos demasiado rígidos y definitivos, es decir, que siempre van a poder negociar las jugadas posibles y ponerse de acuerdo sobre arreglos y negociaciones permanentes.

El relato de Policía Chino indica el conocimiento que él tiene de las leyes. Cuando habla del "levantamiento de un PAMA" se refiere a un acta de inicio del procedimiento administrativo en materia aduanera,[5] y el entrevistado conoce bien el proceso. Policía Chino habla de mercancía *derecha* para decir que se trata de mercancías que no tenían marcas. La ley permite el paso de artículos sin marcas; en caso de tenerlas, deberá pagar un impuesto mayor en la entrada al país. Cuando los comerciantes hablan de mercancías *derechas* se refieren a mercancías que pueden tener un origen o un movimiento ilícito, pero

---

[5] Decreto del Congreso de la República del 2 de febrero de 2006 por el que se reforman los artículos 78, 121, fracción I; 150, 152 y 153, todos de la Ley Aduanera.

que han sido *arregladas* en algún punto de su trayectoria, que han sido legalizadas en alguno de los puntos de su circuito a través de la falsificación de origen, por ejemplo.

Manuel Castells y Alejandro Portes (1989: 184; cfr. también Portes, 1995) trataron de aclarar las diferencias entre las actividades económicas formales, informales e ilegales, planteando que la disimilitud básica entre formal/informal no depende del carácter del producto final, sino de la forma como éste se produce o se intercambia. Este planteamiento permite hacer una distinción entre actividades formal, delictiva e informal, para la producción y la distribución tal como la estudiaron los autores.

Sin embargo, para el caso de estudio de textiles distribuidos en la Ciudad de México, hay que decir que este proceso de producción y distribución es siempre problemático. No puede esquematizarse según la clasificación que plantean estos autores (cfr. Parra, 2013). En efecto, la descentralización, la flexibilización en la producción y, además, la existencia de una corrupción endémica y sustancial hacen que un mismo producto pase de ser un producto ilegal a ser un producto legal una vez que pasa un registro en aduanas (donde puede haber un proceso de corrupción) o pase de ser un producto de distribución legalizada a ser un producto ilegal por ser vendido en la vía pública. Podemos pensar en muchos ejemplos de este tipo si añadimos más variables a la producción y a la distribución, como el producto final y la circulación. En la medida en que compartimentemos el proceso que va de la producción a la distribución final, podrán hallarse elementos que caracterizan el producto y permiten decir si se trata de un producto legal o ilegal, condición cambiante en las diferentes etapas referidas. Los autores que estudian estos fenómenos han hecho una distinción tajante en lo que se refiere a la criminalidad. Bruno Lautier presenta el problema de la siguiente manera:

> La exclusión de las actividades criminales del campo de la economía informal, que operan tanto las instituciones internacionales como los gobiernos, es ilegítima bajo muchos aspectos […] El campo de la actividad informal está desde luego delimitado a las actividades lícitas en su naturaleza, pero ilegales en su funcionamiento (Lautier, 1994: 108).

Esta distinción, que buscar excluir las actividades criminales del campo de la economía informal, ha representado un problema persistente en la literatura especializada, el cual es relevante para comprender los límites tanto entre la informalidad y la ilegalidad como con la criminalidad. La propia dicotomía entre economía formal y "economía informal" —entendidas respectivamente como economías reguladas y no reguladas por el Estado (Hart, 1971, 1973; De Soto, 1987; Souza y Tokman, 1976; Tokman 1992)— ha sufrido críticas como consecuencia de las nuevas configuraciones tanto del mercado de trabajo como de las transformaciones de los modelos de acumulación capitalista. La dificultad para establecer una distinción conceptual entre informal y formal se extiende al sistema ilícito, no obstante que la definición a partir del marco legal del Estado continúe prevaleciendo y ayude a separar, aunque con poca nitidez, los sistemas de las transacciones económicas informales e ilegales (Silva de Sousa, 2004: 149-150; Baitallon, 2015: 54-68).

En el sector textil es claro ver la confusión existente entre lo informal —lo ilegal— y lo criminal debido a la naturaleza legal de los productos, las redes de contrabando, los nichos usados por algunos para el lavado de activos, el uso de las mismas rutas del contrabando textil y suntuario por circuitos del narcotráfico.

Me ha parecido evidente que una fuerza determinante, una racionalidad y un sentido en la figuración del *business* hicieron posible que el *arreglo* de mercancías, el contrabando y la corrupción sean completamente normales para estos individuos. Tanto los contrabandistas Policía Chino como el Chavo Macao (véase el siguiente apartado) hablan del *business* refiriéndose a un fenómeno común. En este caso, esos componentes sociales cobran un sentido simbólico importante relativo a nexos solidarios especiales, además de la importancia de las redes y los símbolos barriales conectados al centro de la Ciudad de México o a las entidades de las que algunos provienen, como Ciudad Neza (municipio de Nezahualcóyotl, Estado de México) e Iztapalapa.

LA VIDA SOCIAL DE UNA TELA

Veamos la complejidad con los siguientes ejemplos. La tela producida en una fábrica china es transportada a un puerto chino y viaja a México, donde entra de contrabando para evitar las cuotas compensatorias. Éstas se aplican cuando el precio de un producto o mercancía comercializado es muy bajo respecto al que existe en el mercado nacional, entonces es por ello que se les aplica una "cuota compensatoria" para así evitar la competencia desleal y no afectar la economía ni a los productores. Esta tela tiene un momento de clandestinidad, es el resultado de algún arreglo que permitió que no se pagaran cuotas compensatorias, hasta que la tela es comprada por un productor coreano que maquila en Chiconcuac (Estado de México) y convierte la tela en una camisa. Como la camisa fue confeccionada y hecha en México, se convierte inmediatamente en un producto legal "hecho en México". En su circuito, es comprada por un distribuidor mexicano que, a su vez, la vende a un comerciante ambulante. Entrar al comercio ambulante, donde hubo compra-venta de espacio público entre personas privadas, hace que sea ilegal vender este producto. El resultado final de la acción realizada acá es ilegal. Pero para complejizar aún más, este vendedor goza de la permisión de la delegación pasando por debajo de la ley federal.

De este modo, la borrosidad de las acciones sociales del *business* se ve redoblada por la borrosidad de las interpretaciones y categorizaciones de su identidad: al fin y al cabo, ¿por qué decimos (u omitimos decir) que estas actividades comerciales son ilegales? ¿Acaso se ha comprendido realmente la dinámica y la lógica social de las acciones pretendidamente explicadas? Con la sociología del *business*, ateniéndome a una manifestación social muy particular, se puede comprender esta figuración social a partir de la cual estas acciones sociales son intrínsecamente borrosas y son posibles. Mi movimiento de investigación fue enfocarme en las condiciones de posibilidad de todas estas actividades borrosas, incluyendo otras más claras y formales, es decir, en la dinámica figurativa del *business*.

Éste es un ejercicio de conjunción de varias voces de individuos del comercio textil que he escogido deliberadamente con el propósito de presentar la complejidad de la producción y la circulación de las prendas, desde la producción de insumos hasta el consumidor final. Este caso es explicativo de todo un proceso de producción, distribución y consumo que ocurre en el capitalismo contemporáneo y que se opone a la idea de producción que tienen los estudios de la informalidad.

La selección de los pasajes se concentra en los objetos (prendas de vestir) que se venden en ciertos mercados. En diciembre de 2014 el contrabando técnico fue tres veces mayor al de 2013 en el mismo periodo, y ha sido clasificado como el mayor en la historia en México. Durante 2014 ingresaron más de 100 millones de prendas de vestir, en su mayoría chinas, a precio subvaluado de 10 y 25 centavos de dólar (Cámara Nacional de la Industria del Vestido [Canaive], 2014; Hernández, 2014). Se estimó que ocho de cada 10 prendas de vestir que se vendían en el país eran de contrabando.

Las prendas de China que mayormente ingresaban al mercado a precios por debajo de su valor real eran pantalones de mezclilla, playeras, camisas, blusas, calcetines y ropa interior, cuya distribución y venta se realizaba tanto en el mercado formal como en el informal. Algunos ejemplos, según datos de la Secretaría de Economía, son los

FIGURA 8.2. *Puesto familiar de venta de chamarras y calcetines, "Remate a $6.00 pesos", 2006*

pantalones de punto y cuya materia prima es el algodón y que entraron en 2014 a US$7, mientras que en 2013 costaban US$9. También se presentó el caso de blusas para dama, cuyo precio en 2014 fue de menos de US$1, mientras que el año anterior costaban US$3, y los calcetines elaborados con fibras sintéticas, no de punto, que se importan a 11 centavos de dólar (Canaive, 2014).

El propósito al centrarme en los objetos-mercancías a lo largo del presente apartado es, precisamente, mostrar cómo estos objetos pasan de un lugar a otro y de unas manos a otras, a lo largo de su transformación en prenda y de su recorrido a los puntos de venta, por lo que aparecerán diferentes individuos y acciones comerciales.

Me encontré con los calcetines recién pisé por primera vez el Centro Histórico de la Ciudad de México, en la salida del metro, en los puestos callejeros de la avenida Pino Suárez y la calle de Moneda y después en cada calle de los concurridos mercados *ambulantes* que tapizan el Centro Histórico en el perímetro B.[6] Después los volví a ver en las tiendas de los coreanos en las calles aledañas a Tepito, en la calle de Haití, a lo largo de la calle de Argentina, que desemboca en el Eje 1, y hasta en el mercado de Coyoacán. Calcetines por montones, de todos los estilos y colores, blancos de deporte, hasta la rodilla para las colegialas, cortos y de rayas de colores, con caritas de monitos de moda, de animales, con orejitas y hasta con gomas inferiores para estar en casa. La oferta de calcetines estaba presente no sólo en mis observaciones en el trabajo de campo, sino también en mi vida diaria en el transporte público, o en los tianguis de la Ciudad de México. Según Rosendo Vallés, presidente de la Cámara Nacional de la Industria Textil (Canaintex) en 2003, "6 de cada 10 pares de calcetines vendidos eran de contrabando" (Martínez, 2003).[7]

El calcetín apareció en las entrevistas, presentándose como uno de los productos textiles más contrabandeados desde China; tanto comerciantes establecidos y vendedores *ambulantes* como industriales

---

[6] El centro está dividido en dos perímetros: el A, con una superficie de 3.2 km² (donde se concentra el mayor número de monumentos), y el perímetro B, con una superficie de 5.9 km² que funciona como zona de amortiguamiento.

[7] http://reforma.vlex.com.mx/vid/acusan-contrabando-calcetines-81979262, revisado el 26 de marzo de 2012.

FIGURA 8.3. *Puesto de calcetines, Plaza Loreto, 2006*

del textil hicieron hincapié en este asunto. Al inicio de mis recorridos en el centro de la Ciudad de México, ante mi pregunta sobre cuál es el producto "hecho en China" más contrabandeado, los informantes respondían sin titubear: "el calcetín". Otros me llevaron a tiendas de coreanos donde se venden gorras y ropa deportiva. Pero sin duda el calcetín tenía un papel importante por la cantidad de mercancía que podía verse en los puestos. En efecto, la calidad del calcetín chino mejoró durante el tiempo de la investigación. Ya los pares eran iguales y los hilos no se ensanchaban con el uso.

En uno de los recorridos realizados en los mercados encontré un puesto especializado en la venta de calcetín cerca de Plaza Loreto, en la zona de Mixcalco. Era un puesto sobre la calle, ubicado en una zona de altas ventas. Ocupaba cinco espacios (cinco metros), es decir, se trataba de un puesto grande, ya que, en la lógica del comercio callejero un espacio de un metro es igual a un puesto de venta. En el puesto se exponía una gran cantidad de calcetines y detrás del mostrador improvisado con cajones de plástico se veían unas 10 cajas de mercancía apiladas que decían *Made in China*. En el puesto trabajaba una mujer, muy activa, que era la dueña del puesto.

El puesto pertenecía a una mujer de 28 años, con dos hijos en edad escolar, donde ofercía tres pares de calcetines por 10 pesos; vendía un promedio de 400 pesos por día (US$42), es decir, 120 pares de calcetines, contando solamente las ventas que realizaba en su espacio en la calle —porque además vendía calcetines al mayoreo por encargo a otros comerciantes, seguramente a un menor precio y en cajas de 500 pares. El insignificante calcetín cobró unas dimensiones exorbitantes en este mercado donde asistían en procesión comerciantes provenientes de toda la ciudad, del Estado de México y de otros estados, para surtir sus tiendas o bien para consumir. La oferta los llamaba "¡Tres pares de calcetines nuevos por 10 pesos!"; los calcetines son más baratos que los tacos en un puesto callejero. Esta comerciante puede vender mercancía al mayoreo a precio de proveedor, es decir, debe comprar los calcetines a su distribuidor coreano por un máximo de $2.50 pesos mexicanos.

Una prenda vendida en un puesto ambulante es considerada implícitamente ilegal porque se sospecha de una procedencia dudosa (robada, de contrabando, pirata). En la complejidad de estos mercados es muy interesante encontrar prendas que no son piratas, que son originales pero contrabandeadas, o de las cuales los vendedores ambulantes muestran las facturas, o que son ofrecidas como un producto nacional pero confeccionadas en un taller clandestino. La inspección de esas facturas en contraste con la mercancía puede arrojar muchos datos relevantes para la comprensión del problema que estamos tratando. Cuando les pregunté a los vendedores ambulantes si alguna vez habían tenido alguna inspección de autoridades para la revisión de facturas (que ellos muy amablemente se ofrecieron a mostrarme), dijeron que no, y que en todo caso "es tanto papel" que ningún inspector estaría dispuesto a llevar a cabo esa tarea hasta el final. Sin embargo, se mostraron temerosos ante la posible visita de un inspector de Hacienda. De hecho, cuando me veía, una de las frases favoritas del líder de comerciantes era "tú puedes hablar con nosotros porque no pareces un inspector de Hacienda".

Las reglas del *business* se pueden observar en esta simple aseveración. Existe, en efecto, una distinción entre nosotros y ellos; el desarrollo de un lenguaje relativamente común que, a nuestro parecer, hace girar la palabra *business* (*bisne*) de forma bastante central. Códigos de conducta relativos a la autogestión de la violencia, de la ley, de la producción material, y con respecto al "arreglárselas solos", es decir, entre "gente de la misma sangre", de la calle, o de la misma actividad, son códigos importantes que manifiestan un sentido del *business*.

Es preciso añadir inmediatamente que el aspecto comunitario grupal de la figuración del *business* siempre viene acompañado con un individualismo fascinado por el enriquecimiento personal, así como dispuesto a veces a crear rupturas y traiciones a los amigos y a los mismos hermanos. Existe, por otro lado, una frontera invisible y tenue, aunque real (sin duda móvil y temporal), entre la figuración del *business* y las organizaciones del crimen organizado, especialmente una marcada diferencia con los carteles del narcotráfico que se han desarrollado en México.

Se ve en estos casos la complicidad de agentes locales que negocian entre dichas autoridades y los líderes de las organizaciones de comerciantes ambulantes, en las fronteras o lugares de paso, en los circuitos de tránsito, por esquemas de soborno y corrupción de las autoridades competentes: "la corrupción inherente a la informalidad se constituye en una arena de conflicto y negociación entre actores dotados de poder desigual que definen la situación en forma diversa" (De la Peña, 1996: 111).

Desde luego, lo que hemos observado en esta etnografía es que la "arena de conflicto y negociación" compenetra de maleabilidad, de adaptabilidad y de flexibilidad, del sentido del *business*, lo mismo a los actores de las calles del comercio que a importantes instituciones estatales.

VIAJE A CHINA: "TODOS LOS LETREROS SON EN CHINO Y ESTÁ EN CHINO ENTENDERLOS"

Macao finalmente se decidió a realizar un viaje de negocios a China a mediados de 2007. Viajó por Estados Unidos, que es una manera de viajar hacia China; un camino más que eligen otros comerciantes es por Europa. Así me relató su viaje a su regreso:

> Es un país muy bonito a pesar de la gente que hay. Vamos a Beijing, Shanghái, Guangzhou. A Hong Kong sí se puede ir, pero allá es más caro porque era una colonia inglesa y todavía siguen igual. Y la verdad es muy buena ciudad, es muy limpia, es otra onda; haz de cuenta inglesa. Nada más que hay chinos. Fui a China más que nada para ver otros horizontes, a ver cómo está el mercado allá, cómo se trabaja, si conviene, si no conviene. Porque, pues, en primera, tú sabes, que para allá es muy largo, hay que estar muchos días y los costos son muy altos. Hice un viaje de ocho días, pero hay gente que se queda 12 o 15 días. Se van a buscar, a ver qué es lo que encuentran, los precios, cómo mandar su mercancía, quién lo manda. Que sea seguro. Muchas veces te dicen "esta persona es segura", pero ha habido muchos fraudes en que mandas tu mercancía y nunca te la entregan y ya perdiste. Es la decepción de muchas personas y dices: tanto arriesgarme y todo para perder.[8]

---

[8] Entrevista al Chavo Macao, 17 de junio 2007.

Pese a su resistencia a emprender viajes hasta China, por el monto de la inversión que significan los costos, pero también por lo que significa aventurarse en un territorio nuevo y desconocido, sin conocimiento de idioma, Macao decidió ir y abrir su negocio, que se concentraba principalmente en la venta de ropa original de contrabando. En el *business* existe siempre cierta incertidumbre, pero las experiencias de otros comerciantes alentaron a Macao a lanzarse en esta nueva empresa.

En el relato de Macao sobre su viaje a China aparecen de manera explícita tres elementos centrales de la figuración social de *business*: la incertidumbre, el dinero y la confianza. Para el caso del contrabando a mediana escala, como lo realiza Macao, esta figuración social se adapta al negocio del contrabando y la venta en los mercados de ropa de Mixcalco y Tepito.

Decidió hacer el viaje con el fin de conocer el mercado chino y expandir su negocio. Su mercancía aumentó notablemente en su puesto de venta en comparación con la última vez que lo visité, algunos meses antes. Incluso me llevó a un nuevo punto de venta en una plaza comercial, en la zona de Mixcalco, donde exponía principalmente la mercancía que trajo de China. Se trataba principalmente de prendas femeninas, no de marca, pero sí de calidad. Me explicó con detalle los contactos, las calidades y los procesos para mover las mercancías. De entrada, se diferencia de comerciantes que mueven grandes cantidades de mercancía y describe cómo cada uno prepara sus mercancías para enviarlas a través de una agencia que hace la intermediación. En el relato que sigue Macao ofrece una descripción detallada de su experiencia:

> Si no conoces no se puede ir, hay que conocer… por el idioma. Más que nada para los traslados para saber adónde tienes que ir a comprar y todo eso. Todos los letreros son en chino *y está en chino entenderlos* [cantinfleando]. Tenemos un cuate que es traductor, él nos lleva a comprar y ya es mucha ventaja. Cuando no se sabe, algunos chinos hablan inglés y ya es una ventaja. Ya sabes que por los precios es por lo que vas a pelear. *Ya sabes que regatear es en todo el mundo.* Al traductor se le paga por un servicio, pero no tiene nada que ver, él es nomás un guía de turistas. El

intermediario es al que tú le das mercancías y él las revende y también las agencias aduanales son intermediarias. Los intermediarios no hay manera de controlarlos, más bien ellos nos controlan a nosotros porque sin ellos no se podría mandar la mercancía. Ellos cobran un precio. Te dicen esto te va a costar tanto. Por contenedor, depende de cuánto sea. Con lo que se les paga, ellos pagan sus vueltas y también su cobro. Cuando llegan aquí te pueden cobrar a $200 o $250 el kilo, o el contenedor, $12 000 o $20 000 dólares, depende del tipo de contenedor, y ahí van sus gastos y su ganancia. Desde allá todo se manda con una agencia. Tienes que revisar tu mercancía muchas veces, ver qué es lo que compraste, para ya ponerlo en el contenedor, porque ellos mandan por contenedor porque trabajan mucha mercancía. Pero uno que no trabaja tanto como ellos, ya hace uno sus cajas y cierra uno su mercancía, ya sabe uno lo que viene. El riesgo es que lleguen. Muchas veces te dicen "mira ya llegó a tal lado... ya se vino para México" y después "¿sabes qué?, se perdió esa mercancía", ¿y a quién le reclamas? A uno de mis amigos que viajan a China le acaba de pasar eso.

Observamos una descripción muy completa de una trayectoria comercial entre México y China; Macao la describe desde su perspectiva de mediano comerciante, diferenciándose de otros grandes comerciantes (contrabandistas) que trabajan trasladando contenedores, mientras que él traslada cajas. Macao, al diferenciarse de grandes contrabandistas, se logra identificar y ubicar dentro del marco más global de una economía de contrabando bastante amplia. Describe paso a paso su viaje, no es alguien que se sentía cómodo en una nueva situación en la que no tenía el control; su inseguridad en el relato la llenó con detalles descriptivos. La razón es clara: viajar a China fue difícil para Macao, aunque en su relato muestra que obtuvo ganancias, se atrevió a hacer cosas difíciles para él, actividades que no controlaba ni conocía. Se valió de su experiencia de viajar a Los Ángeles como comerciante, pero relata las diferencias y las dificultades.

Aunque Macao se tuvo que construir aprendiendo las reglas del *business*, creo que representa cierto tipo al margen de éste, por desarrollar una racionalidad particularmente individualista, y también, hay que decirlo, especialmente sofisticada como para ir creando sus propios circuitos. Sin embargo, estas particularidades de Macao tienen también un límite. En efecto, tampoco escapa de la figuración social del *business* y, en última instancia, aún está relacionado con individuos ligados a la economía específica del centro, autoridades de la Ciudad de México y líderes de ambulantes: sigue interdependiente de aquellos individuos del *business*, lo quiera o no.

No se trata para él de un "malestar en la globalización", sino de una gestión del malestar, una gestión de la incertidumbre por medio del tanteo y de las conexiones personales. Una figuración social flexible, una racionalidad apoyada en una base incierta que no está segura de sí misma, pero que avanza paso a paso con una seguridad gestionada interpersonalmente. Se trata entonces de una figuración indeterminada que constituye el *business* y que se va moldeando según el terreno que pise.

La incertidumbre está presente en el movimiento de las mercancías. Cuando Macao dice "no controlamos a los intermediarios, más bien ellos nos controlan a nosotros" se observa dicha imposibilidad de tener certeza en estos individuos y sus movimientos. Aparece entonces la confianza en una de sus versiones: confiar en un actor económico que no conoce, pero que participa igualmente del *business*.

Yo mando poco en comparación con ellos… necesitaríamos varias personas para llenar un contenedor. Para mandar un contenedor entre varios lo más importante es la confianza. Prefiero perder con lo que yo estoy haciendo por mi lado y no perder dinero por otro lado. Llegan hasta a tener problemas entre las personas por lo mismo. Hay mucha gente de aquí de Tepito y de todas partes. Dicen Tepito, pero los grandes que meten más son los que trabajan telas. Imagínate cuánto trabajan esas personas, cuántos contenedores no entran […] Con eso se cubren los gastos y se gana, pero cuando están malas las ventas ni modo, o cuando agarran los trailers, con los que mandas te van a pagar y luego no te pagan nada, son los riesgos que tú tienes. Siempre hay ganancia; si no, no lo hicieran. Si no fuera negocio, no se exponen; estás exponiendo hasta tu dinero. Todo tiene una conveniencia; si no, no lo haces.

En esta parte del relato de Macao se identifican tres ejes de la figuración del *business: la incertidumbre, la confianza* y *el dinero*. La incertidumbre y la confianza tienen que funcionar juntas. En efecto, se acompañan del desconocimiento de los individuos; en este caso, de los productores de telas y de ropa y de los intermediarios de las mercancías: ambos actores comerciales desconocen relativamente las fluctuaciones y las realidades complejas del mercado, igual que los medianos comerciantes contrabandistas, como el caso de Macao. Hay dos versiones de la confianza, retomando a Niklas Luhmann (1988: 95-99): para que haya confianza tiene que haber riesgo. Para que haya confianza tiene que haber incertidumbre. Las dos versiones de la confianza que distinguió el sociólogo alemán, *trust* y *confidence*, se observan con mucha claridad en el relato: Macao confía (*trust*) en los individuos intermediarios de mercancías y tiene confianza (*confidence*) en sus colegas comerciantes de Tepito a la hora de agruparse para mover mercancías, llenar un contenedor, buscar un traductor y cerrar negocios.

En el *business*, como se ha explicado, la pertenencia a un grupo es fundamental. La confianza resulta ser una solución para el riesgo. La confianza tiene que presentarse en un mundo de familiaridad. Los cambios ocurren en los aspectos familiares de este mundo, los cuales van a tener un impacto sobre la posibilidad de desarrollar confianza en la relación humana. Por consiguiente, no podemos obviar las condiciones de familiaridad y sus límites a la hora de concebir la exploración de la confianza.

Se trata de la diferencia entre pensar que un negocio pueda ser exitoso, resultar, y tener la confianza en alguien o en una manera de hacer negocios. La confianza necesaria para la figuración social del *business* consiste en compartir los valores, en particular, de ser flexibles ante las reglas formales rígidas, sin llegar al crimen organizado. Para hacer lo que hacen, es necesario que los individuos del *business* estén dispuestos sin mayores escrúpulos a romper algunas normas legales, como las leyes aduaneras y las fiscales, por ejemplo. Pero si ciertos individuos transgreden las leyes del orden público hasta el extremo de que la sociedad se halle en peligro de desequilibrio, ya no harán más parte del *business*, sino que ingresarán en las redes del crimen organizado y de las mafias a pesar de que ese límite sea borroso, y sea muy difícil identificar cuándo, dónde y cómo exactamente se ha retrasado.

En la lógica y la dinámica intrínsecas de acción y de pensamiento del *business*, el estatuto del Estado, de las instituciones legales, del derecho y de la ley es permanentemente discutible, basado en relaciones de fuerza en una constante disputa. Es entonces un estatuto en constante negociación. Son las relaciones de fuerza las que conciben el derecho en la mente de los individuos del *business*. Hacer lo que se debe, según la ley escrita del Estado, no es obvio para un mexicano común. Lo que se debe hacer es sobrevivir frente a las relaciones de fuerza y a las negociaciones resultantes. En la figuración social del *business* la confianza es una condición central.

El segundo elemento central que observamos en el relato de Macao es el dinero: "Siempre hay ganancia, si no, no lo hicieran. Si no fuera negocio, no se exponen; estás exponiendo hasta tu dinero. Todo tiene una conveniencia; si no, no lo haces". El dinero mueve todo el mundo del *business*, es la columna vertebral de estos individuos y lo que los liga entre ellos. Se multiplica y se reproduce, se gana y se pierde, los enriquece y los empobrece; el dinero les da seguridad en sí mismos como comerciantes, crea reputaciones buenas o malas; se pueden hacer inversiones, crecer en estos mercados y formarse cada vez mejores estatus en estas sociedades. A estos individuos les fascina el dinero, es la más fuerte motivación para sus acciones.

El dinero en el *business* es también incierto. Llega tan rápidamente como se puede ir. Esta figuración maleable que se adapta al terreno según los pasos a seguir es también el dinero del *business*; fluctuante, llega y desaparece de forma rápida. Los individuos del *business* tienen una manera incierta de gestionar el dinero, siempre con un riesgo de perderlo. Esto fortalece comportamientos maleables y flexibles que los obliga a adaptarse a la situación.

El discurso de Macao puede entenderse como la manifestación de una relación con la realidad que no ha integrado la verticalidad de la norma y de la legalidad representada por las instituciones. "Esas mercancías, una vez que entran, ya pagaron sus derechos." Este hombre del *business* tiene concepciones de su actividad económica fluctuando en vastos terrenos movedizos que he retraducido en mi concepto sociológico como una figuración de maleabilidad permanente, según las circunstancias. Pero no se trata de un enfrentamiento, ni rebelde ni criminal, con la ley del Estado, como ocurre con los cárteles mexicanos. En la figuración del *business*, en efecto, no se trata de la formación de un para-Estado o de grandes mafias que incorporen sectores de poder de la sociedad mexicana. Cuando Macao habla de lo *ilegal* lo hace desde una legitimidad propia a la condición con la que se identifica.

Según esta racionalidad de la figuración del *business*, la ley es el resultado del *statu quo*; dicho de otra manera, las relaciones jurídicas, las instituciones y el derecho resultan de relaciones de fuerza. Lo que legitima "mi acción es porque soy yo" si y sólo si no se traspasan algunas normas límites, por ejemplo, poner en riesgo la estabilidad del orden social de tal forma que se pierda el control. En este orden de ideas, Macao es un conservador del orden social, nada le parece peor que una revolución, a menos que sus negocios así como la entrada de sus "Ralph Laurent" se faciliten. La racionalidad del *business* es pensar que lo que está a la mano está bien y más vale que se mantenga así, aunque todo sea una gran cacofonía que nadie comprende, mucho menos el actor de *business*.

En conclusión, Macao y los individuos del *business* que he observado son el mexicano común y corriente que está dispuesto a transgredir algunas normas: a hacer contrabando, piratería, sobornos, a hacer negocios con y en el espacio público, etc., manteniéndose en cierta normalidad social, así sea de una forma bastante particular. Pero él sabe moverse entre las líneas sin respetar demasiado las estrictas reglas públicas; al conocerlas, las sabe manejar y se moldea con ellas y crea así una figuración en constante readaptación con reglas de ayer, de hoy y de mañana.

CONCLUSIONES

Mi inquietud sociológica dejó de girar en torno al contrabando para enfocarse en los individuos mismos, en los individuos del *business*. Un interés sobre las actividades que confinan a muchos grupos a vivir entre la liminalidad con lo ilegal. En la lógica social que busco comprender mediante el concepto *business*, hay una norma implícita según la cual lo socialmente incorrecto es detenerse ante lo ilícito y cumplir la ley: lo socialmente correcto es realizar ciertas transgresiones como la norma del *business*. Sin embargo, no desarrollé una sociología de las normas, sino una sociología de cierto sentido del juego social, lo que pertenece al sentido del juego en la figuración del *business*. Los individuos saben que algunas de sus actividades comerciales violan las leyes del comercio y de la regulación del espacio público, pero son socialmente aceptables, y en ocasiones es una violación a las reglas del juego social no realizarlas. La comprensión de estas acciones, raciocinios y comportamientos es el objetivo de la sociología del *business*.

A partir de la investigación se observó de qué forma se expresan varios de los elementos de la figuración del *business* en su sentido grupal: *1)* transgreden la ley por medio del contrabando; *2)* en ambos relatos los individuos tienen conciencia de que su actividad es ilegal: reconocen esta trasgresión; *3)* las reglas del juego del *business* hacen que esta transgresión sea parte de las jugadas posibles que observamos a lo largo de toda la red de contactos que ellos tienen, y en uno de los casos estudiados existe una admiración social por su trayectoria comercial y su éxito económico; *4)* finalmente, como en todo juego, hay un propósito global que comparten todos los jugadores: los individuos ejercen su actividad para obtener ganancias económicas. En algunos de los casos se muestra una ganancia social simbólica dada la fascinación de estos grupos por la riqueza. En esta caracterización se observan la tensión entre el interés individualista de búsqueda instrumental de optimización del autointerés económico y la legitimidad en el grupo al compartir valores y normas específicas comunes, regidas al menos parcialmente por solidaridades comunitarias y familiares.

Sin embargo, lo esencial para definir y describir la figuración social del *business* es dar cuenta de cómo hay que sentir y desenvolverse según cierto sentido del juego: entre otras jugadas, por ejemplo, se requiere saber cómo emplear efectivamente el movimiento de mercancías en un puesto aduanal.

La figuración social del *business* constituye de este modo una sociedad específica de individuos que sostienen una relación, cuyo criterio central es saber cómo desenvolverse en este tipo de situaciones. No es el grupo que constituye los códigos sino la forma específica de interacción entre los individuos, que se establece según ese sentido social del *business*. La figuración del *business* está constituida por individuos interdependientes (Elias, 1999) que desarrollan de forma específica y diferenciada unas dinámicas, unas jerarquías, unos estratos, un funcionamiento particular, unos códigos morales, un modo de operación. Su modo de operar implica desarrollar grupalmente aptitudes eficaces para buscar resultados concretos: saben hallar los mejores medios para fines determinados, concretar un negocio, vender un cargamento, abastecerse para las ventas navideñas, y saben manejar relativamente bien una "política informal", en un sentido totalmente pragmático y utilitarista.

Los individuos del *business* no siguen durante suficiente tiempo las normas sociales usuales (las normas públicas, nacionales) pese a que las conocen y saben jugar con o contra ellas. Ciertamente, sufren o se apropian de particularidades sociales por no cumplir correcta y constantemente una normal pública debida. Así, son marginales de esas normas aun sin enfrentarse ni desarrollar motivaciones de resistencia o rebeldía política o social contra ellas. Son, por decirlo de otra manera, marginales a pesar de sí mismos. No buscan romper con las normas públicas, y se mueven en ellas y dependen en parte de ellas, pero no pueden ni son capaces de permanecer cumpliéndolas como para que se puedan integrar a ellas correctamente.

Más allá de su relación con las normas, el sentido exigido en la figuración del *business* tiene que ver con provocar una situación, saber cómo medir riesgos, y lanzarse en el momento decisivo.

Como se ha dicho antes, la figuración social del *business* no es un para-Estado, ni un motor cualquiera de resistencia al capitalismo mundializado, el cual sigue ampliando sus caminos en México y en cada vez más espacios del planeta. Esta figuración es una manifestación de la economía, de la sociedad y de la vida política de la nación mexicana en su conjunto. Sus racionalidades, sus normas y sus formas específicas no deben hacer olvidar cuán mexicanas (y latinoamericanas) son.

La figuración social del *business*, con todos sus rasgos flexibles, corruptos, adaptables, paradójicamente individualistas y grupales, de confianza y de egoísta enriquecimiento, muestra lo flexibles, corruptas, adaptables, convenientes y complacientes que son las instituciones legales, policiacas, políticas y administrativas, a nivel distrital y nacional. Tal vez se pueda afirmar que las instituciones estatales desarrollan usos efectivos en sus normas reales que son tan inciertas, indeterminadas y poco confiables como las mismas formas de la figuración social del *business*.

Además de la indeterminación, la indefinición, la flexibilidad y la borrosidad de sus raciocinios y acciones los individuos del *business*, son a la vez eficaces, operacionales e instrumentales, y al mismo tiempo moldeados parcialmente por fuertes rasgos comunitarios y familiares. Corresponden a respuestas individuales y grupales, anticipando las instituciones y provocando oportunidades y situaciones para sobrevivir en una nación cuyas "estatalidades" (cfr. Agudo Sanchíz y Estrada Saavedra) no son menos corruptas, maleables y raras que los mismos entramados de la figuración social del *business*.

BIBLIOGRAFÍA GENERAL

DOCUMENTOS

Cámara en lo Criminal de primera nominación de Córdoba (2012), *Gabrielli Jorge Alberto y otros p.s.a. Infracción Ley 24.051*, 04.09.2012, Ciudad de Córdoba; en http://www.lavoz.com.ar/files/Agroquimicos-Gabrielli.pdf; última consulta: 23 de septiembre de 2014.

Expediente CUIJ 21-00044140-3 (2009-2012), *Peralta, Viviana c/ Municipalidad de San Jorge y otros s/ Amparo*, San Jorge y Santa Fe Ciudad.

Municipalidad de San Francisco, Ley 5.531/2006, San Francisco, 03/10/2006.

Municipalidad de San Francisco, Ley 5.531/2006 – Fundamentos, San Francisco, 03.10.2006.

Municipalidad de San Francisco, Ley 1.920/1977, San Francisco, 30/06/1977.

Nación Argentina, Constitución, Ciudad de Santa Fe, 22/08/1994.

Nación Argentina, Decreto 16.073/1944, Buenos Aires, 30/06/1944.

Nación Argentina, Ley 25.675/2002, Buenos Aires, 06/11/2002.

Provincia de Córdoba, Constitución, 2001, Ciudad de Córdoba, 14/09.2001.

Provincia de Córdoba, Ley 9.841/2010, Ciudad de Córdoba, 29/09/2010.

Provincia de Córdoba, Ley 9.663/2009, Ciudad de Córdoba, 26/08/2009.

Provincia de Córdoba, Ley 9.354/2006, Ciudad de Córdoba, 27/12/2006.

Provincia de Córdoba, Ley 9.206/2004, Ciudad de Córdoba, 22/12/2004.

Provincia de Córdoba, Ley 9.164/2004, Ciudad de Córdoba, 02/06/2004.

Provincia de Córdoba, Ley 8.102/1991, Ciudad de Córdoba, 05/11/1991.

CIBEROGRAFÍA

http://fuerzaempresarialenmexico.blogspot.com/2014/12/contrabando-deshilvana-industria-del.html; publicado el 10 de diciembre de 2014 por María Eugenia Hernández; consultado el 19 de mayo de 2015.

http://reforma.vlex.com.mx/vid/acusan-contrabando-calcetines-81979262; revisado el 26 de marzo de 2012.

Canaive (Cámara Nacional de Industria de Venta de Vestido) (2014): http://cnivgto.org/

BIBLIOGRAFÍA CITADA

Abalos, María Gabriela (2010), "Las provincias y sus relaciones con la nación y los municipios en el federalismo argentino", en Antonio María Hernández (ed.), *Aspectos jurídicos e institucionales del federalismo argentino*, Colección Federalismo, t. 3, Córdoba, Academia Nacional de Derecho y Ciencias Sociales de Córdoba, pp. 211-234.

Abed, George T., y Sanjeev Gupta (2002), *Governance, Corruption and Economic performance*, Washington, D. C., International Monetary Fund.

Abrams, Philip (1988) [1977], "Notes on the Difficulty of Studying the State", *Journal of Historical Sociology*, vol. 1, núm. 1, pp. 58-89.

Agamben, Giorgio (2014), *Ausnahmezustand. Homo sacer II*, 6ª ed., Fráncfort del Meno, Suhrkamp.

Agudo Sanchíz, Alejandro (2015), *Una etnografía de la administración de la pobreza. La producción social de los programas de desarrollo*, México, Universidad Iberoamericana.

—— (2014), "Coproducción de seguridad. Estado, comunidad y familia en los encuentros ciudadanos con la policía", en Alejandro Agudo Sanchíz y Marco Estrada Saavedra (coords.), *Formas reales de la dominación del Estado. Perspectivas interdisciplinarias del poder y la política*, México, El Colegio de México, pp. 315-371.

—— (2011), "Introducción: repensar el Estado desde los márgenes", en Alejandro Agudo Sanchíz y Marco Estrada Saavedra (eds.), *(Trans) formaciones del Estado en los márgenes de Latinoamérica. Imaginarios alternativos, aparatos inacabados y espacios transnacionales*, México, El Colegio de México/Universidad Iberoamericana, pp. 11-42.

—— (2006), "Actores, lenguajes y objetos de confrontación y conflicto en la Zona Chol de Chiapas", *Estudios Sociológicos*, vol. XXIV, núm. 72, septiembre-diciembre, pp. 569-600.

Agudo Sanchíz, Alejandro, y Marco Estrada Saavedra (coords.) (2014), *Formas reales de la dominación del Estado. Perspectivas interdisciplinarias del poder y la política*, México, El Colegio de México.

—— (eds.) (2011), *(Trans)formaciones del Estado en los márgenes de Latinoamérica. Imaginarios alternativos, aparatos inacabados y espacios transnacionales*, México, El Colegio de México/Universidad Iberoamericana.

Ahmed, Akbar (2013), *The Thistle and the Drone. How America's war on terror became a global war on tribal Islam*, Washington, D. C., Brookings Institution Press.

Almond, Gabriel A., y James Coleman (1960), *The Politics of the Developing Areas*, Princeton, Princeton University Press.

Anderson, Benedict (1991), *Imagined Communities: Reflections on the Origin and Spread of Nationalism*, ed. revisada y ampliada, Londres, Verso.

Anderson, Irvine H. (1981), *Aramco, the United States, and Saudi Arabia: A Study of the Dynamics of Foreign Oil Policy*, Princeton, Princeton University Press.

Andreas, Peter (2000), *Border Games: Policing the U.S.-Mexico Divide*, Ithaca, Cornell University Press.

ANMEB (Acuerdo Nacional para la Modernización de la Educación Básica) (1992); en http://educacionespecial.sepdf.gob.mx/educacioninclusiva/documentos/PoliticaNacional/AcuerdoModernizacionEB.pdf; última consulta: 14 de junio de 2012.

Anwar, Shah (2007), "Corruption and Decentralized Public Governance", en Shah Anwar (ed.), *Performance, Accountability and Combating Corruption*, Washington D. C., Banco Mundial; en https://papers.ssrn.com/sol3/papers.cfm?abstract_id=877331; última consulta: 4 de abril de 2017.

Appadurai, Arjun (1990), "Disjuncture and Difference in the Global Political Economy", *Public Culture*, vol. 2, núm. 2, pp. 1-24.

Arce, Alberto, y Norman Long (1993), "Bridging Two Worlds: An Ethnography of Bureaucrat-Peasant Relations in Western Mexico", en Mark Hobart (ed.), *An Anthropological Critique of Development. The Growth of Ignorance*, Londres y Nueva York, Routledge, pp. 179-208.

Arendt, Hannah (1993a), *Was ist Politik?*, Ursula Ludz (ed.), Múnich, Piper.

——— (1993b), *Vom Leben des Geistes. Das Denken 1*, Múnich, Piper.

Arnaut, Alberto (1997), *La federalización educativa en México. Historia del debate sobre la centralización y la descentralización educativa (1889-1994)*, México, El Colegio de México.

Asad, Talal (2008) [2004], "¿Dónde están los márgenes del Estado?", *Cuadernos de Antropología Social*, núm. 27, Universidad de Buenos Aires, pp. 53-62, traducción de María Daels y Julia Piñeiro; en: http://www.scielo.org.ar/pdf/cas/n27/n27a03.pdf; última consulta: 20 de abril de 2017.

Bailón Corres, Jaime (2002), *Pueblos indios, élites y territorios. Sistemas de dominio regional en el sur de México. Una historia política de Oaxaca*, México, El Colegio de México.

Balbi, Adrien (1826), *Atlas etnographique du globe, ou classification des peuples anciens et modernes d'après leur langue, précédé d'un discours sur l'utilité et l'importance de l'étude des langues appliquée à plusieurs branches des connaissances humaines*, París, Rey et Gravier.

Ballesteros, Héctor (2007), *Puntos B, cartografías de una ciudad en crisis: Oaxaca 2006, interactivo con 39 barricadas*. Arquitectura [DVD].

Baronnet, Bruno, Mariana Mora Bayo y Richard Stahler-Sholk (coords.) (2011), *Luchas "muy otras". Zapatismo y autonomía en las comunidades indígenas de Chiapas*, México, UAM-X/CIESAS/UNACH.

Bataillon, Gilles (2015), "Narcotráfico y corrupción: las formas de la violencia en México en el siglo XXI", *Nueva Sociedad*, núm. 255, enero-febrero, pp. 54-68.

Baumgartner, Frank, y Bryan Jones (1993), *Agendas and Instability in American Politics*, Chicago y Londres, The University of Chicago Press.

Bautista Martínez, Eduardo (2010), *Los nudos del régimen autoritario. Ajustes y continuidades de la dominación en dos ciudades de Oaxaca*, México, Miguel Ángel Porrúa/IIS-UABJO.

Bayart, Jean-François (1999), *El Estado de África: la política del vientre*, Barcelona, Bellaterra.

Bayce, Rafael (1989), *Cultura política uruguaya: desde Batlle hasta 1988*, Montevideo, Fondo de Cultura Universitaria.

Beas Torres, Carlos (ed.) (2007), *La batalla por Oaxaca*, Oaxaca, Ediciones Yope Power.

Benbrook, Charles (2005), "Rust, Resistance, Run Down Soils, and Rising Costs – Problems Facing Soybean Producers in Argentina", *Ag BioTech InfoNet Technical Paper*, núm. 8; en http://www.biosafety-info.net/article.php?aid=220; última consulta: 5 de marzo de 2016.

Bidart Campos, Germán (1998), *Manual de la constitución reformada*, t. 2, 2ª ed., Buenos Aires, Ediar.

—— (1997), *Tratado elemental de derecho constitucional argentino*, t. 6, 3ª ed., Buenos Aires, Ediar.

Binimelis, Rosa, Walter Pengue e Iliana Monterrosco (2009), "'Transgenic Treadmill': Responses to the Emergence and Spread of Glyphosate-Resistant Johnsongrass in Argentina", *Geoforum*, vol. 40, núm. 4, pp. 623-633.

Bisang, Roberto, Guillermo Anlló y Mercedes Campi (2008), "Una revolución (no tan) silenciosa. Claves para repensar el agro en Argentina", *Desarrollo Económico*, vol. 48, núms. 190/191, pp. 165-207.

Bisogno, Enrico (2008), "La cuantificación de la corrupción", UNODC. *Foro sobre el delito y la sociedad*, vol. 7, pp. 69-87.

Blog Nogal de Vida (2013), "Ordenanzas que prohíben pulverizaciones con agrotóxicos"; en https://urldefense.proofpoint.com/v2/url?u=http-3A__nogaldevida.blogspot.com.ar_2013_05_ordenanzas-2Dque-2Dprohiben-2Dpulverizaciones.html&d=DwIDaQ&c=FbH4rfpN1daPE63S69SZNg&r=-U0RImV75ubryOXJKza1mVMKwxIRXIx-M9tHuG2JBfl&m=So4KLfIOlJquIDP7BVxXK2dblUugjYVhEusD5FKo3lA&s=Rlc8fvKt4htfUXo6sPkSSOyv9ZKt0EvvwHZNLROJYNs&e=; última consulta: 15 septiembre de 2014.

Blum, Sonja, y Klaus Schubert (2011), *Politikfeldanalyse*, Serie Elemente der Politik, 2ª ed., Wiesbaden, VS Verlag.

Blundo, Giorgio, y Jean-Pierre Olivier de Sardan (2006), "Everyday corruption in West Africa", en Giorgio Blundo y Jean-Pierre Olivier de Sardan (eds.), *Everyday Corruption and the State. Citizens and Public Officials*, Londres, Zed Books.

Bolos, Silvia, y Marco Estrada Saavedra (coords.) (2013), *Recuperando la palabra. La Asamblea Popular de los Pueblos de Oaxaca*, México, Universidad Iberoamericana.

Bolos, Silvia, y Héctor Jiménez (2013), "Antecedentes y desarrollo del movimiento social de 2006 en Oaxaca", en Silvia Bolos y Marco Estrada Saavedra (coords.), *Recuperando la palabra. La Asamblea Popular de los Pueblos de Oaxaca*, México, Universidad Iberoamericana, pp. 35-98.

Börzel, Tanja A., Adrienne Héritier, Nicole Kranz y Christian Thauer (2011), "Racing to the Top? Regulatory Competition Among Firms in Areas of Limited Statehood", en Thomas Risse (ed.), *Governance Without a State? Policies and Politics in Areas of Limited Statehood*, Nueva York, Columbia University Press, pp. 144-170.

Börzel, Tanja A., y Thomas Risse (2010), "Governance Without a State: Can it Work?", *Regulation & Governance*, núm. 4, pp. 113-134.

Bosso, Christopher (1987), *Pesticides and Politics–The Life Cycle of a Public Issue*, Pitt Series in Policy and Institutional Studies, Pittsburgh, University of Pittsburgh Press.

Braig, Marianne, y Ruth Stanley (2007), "Die Polizei–(k)ein Freund und Helfer? Die Governance der öffentlichen Sicherheit in Buenos Aires und Mexiko Stadt", en Thomas Risse y Ursula Lehmkuhl (eds.), *Regieren ohne Staat? Governance in Räumen begrenzter Staatlichkeit*, Baden-Baden, Nomos, pp. 223-246.

Brinton, Daniel G. (1881), "The Names of the Gods in the Kiche Myths, Central America", *Proceedings of the American Philosophical Society*, vol. 19, núm. 109, junio-diciembre, pp. 613-647.

Browman, David L., y Stephen Williams (2013), *Anthropology at Harvard. A Biographical History, 1790-1940,* Cambridge, MA, Peabody Museum Press.

Brown, Alexander Jonathan (2006), "What are We Trying to Measure? Reviewing the Basics of Corruption Definition", en Charles John Sampford, Arthur Henry Shacklock, Carmel Connors y Fredrik Galtung (eds.), *Measuring corruption,* Aldershot, Ashgate.

Brown, Wendy (2006), "Finding the Man in the State", en Aradhana Sharma y Akhil Gupta (eds.), *The Anthropology of the State. A Reader,* Oxford, Blackwell, pp. 187-210.

Brozus, Lars (2011), "Applying the Governance Concept to Areas of Limited Statehood: Implications for International Foreign and Security Policy", en Thomas Risse (ed.), *Governance Without a State? Policies and Politics in Areas of Limited Statehood,* Nueva York, Columbia University Press, pp. 262-280.

Buchely, Lina, Mónica Londoño, Christian Castillo y Juan Loaiza (2015), "Imaginarios sobre prácticas judiciales en Cali, Colombia", *Íconos. Revista de Ciencias Sociales,* Quito, núm. 52, mayo, pp. 99-117.

"Buchhalter des Terrors" (2016, 16 de julio), *Der Spiegel,* 29, 36-38; en http://www.spiegel.de/spiegel/print/d-145848230.html

Buscaglia, Edgardo, y Jan van Dijk (2003), "Controlling organized crime and corruption in the public sector", UNODC. *Forum on Crime and Society,* vol. 3, núms. 1-2, pp. 3-34; en https://www.unodc.org/pdf/crime/forum/forum3.pdf; última consulta: 1º de febrero de 2016.

Campi, Mercedes (2011), *Tierra, tecnología e innovación–El desarrollo agrario pampeano en el largo plazo, 1860-2007,* Buenos Aires, Prometeo Libros.

CAN (Comisión de Alto Nivel Anticorrupción) (2012), *Plan Nacional de lucha contra la corrupción 2012-2016,* Lima, PCM-CAN.

Cano Castellanos, Ingreet (2013), *De montaña a "reserva forestal". Colonización, sentido de comunidad y producción de la conservación ecológica en el sureste de la Selva Lacandona, México,* tesis de doctorado, México-Francia, Université París Ouest Nanterre La Défense–Centro de Investigaciones y Estudios Superiores en Antropología Social.

Cañizares, Jorge (2007), *Cómo escribir la historia del Nuevo Mundo,* México, FCE.

Caso Barrera, Laura (2014), "Viajeros alemanes en Alta Verapaz en el siglo XIX. Su aportación al conocimiento de las lenguas y cultura mayas", *Revista Brasileira de Lingüística Antropológica,* vol. 6, núm. 2, diciembre, pp. 413-427.

Castañeda, Quetzil (1999), *In the Museum of Maya Culture. Touring Chichen Itzá*, Minneapolis, University of Minnesota Press.

Castells, Manuel, y Alejandro Portes (1989), "World Underneath: The Origins, Dynamics and Effects of the Informal Economy", en A. Portes, M. Castells y L. Benton (eds.), *The Informal Economy*, Baltimore, Johns Hopkins University Press, pp. 11-37.

Cedha (Centro de Derechos Humanos y Ambiente) (2006), *Proyecto de Ordenanza de Agroquímicos, Ciudad de San Francisco–Dictamen de la Clínica Jurídica y Legislativa del Centro de Derechos Humanos y Ambiente*, Córdoba.

Charap, Joshua, y Christian Harm (1999), *Institutionalized Corruption and The Kleptocratic State*, Washington, D. C., International Monetary Fund.

Chen, Charles, Zengquan Li y X. Su (2005), *Rent Seeking Incentives, Political Connections and Organizational Structure: Empirical Evidence from Listed Family Firms in China*, Hong Kong, City University of Hong Kong.

Chinchilla, Rosa Helena (1993), Introducción, en Francisco Ximénez (O. P.), *Arte de las tres lenguas kaqchiquel, k'iche' y tz'utujil*, MS en The Newberry Library, Chicago. Academia de Geografía e Historia de Guatemala, Biblioteca Goathemala, vol. XXXI, pp. IX-XXXII.

Chojnacki, Sven, y Zeljko Branovic (2011), "New Modes of Security. The Violent Making and Unmaking of Governance in War-Torn Areas of Limited Statehood", en Thomas Risse (ed.), *Governance Without a State? Policies and Politics in Areas of Limited Statehood*, Nueva York, Columbia University Press, pp. 89-114.

Clastres, Pierre (2010) [1974], *La sociedad contra el Estado*, Madrid, La Llevir-Virus.

Cloquell, Silvia, Roxa Albanesi, María Elena Nogueira y Patricia Propersi (2014), *Pueblos rurales. Territorio, sociedad y ambiente en la nueva agricultura*, Buenos Aires, Ediciones CICCUS.

Coe, Michael D. (1999) [1966], *The Maya*, Londres, Thames and Hudson.

—— (1995), *El desciframiento de los glifos mayas*, México, FCE.

Cohn, Bernard S. (1996), *Colonialism and its Forms of Knowledge: The British in India*, Princeton, Princeton University Press.

Consorcio Parlamentario para el Diálogo Parlamentario y la Equidad Oaxaca A. C. y Mal de Ojo TV (2007), *La rebelión de las oaxaqueñas. La contribución de las mujeres al movimiento popular*, documental, Oaxaca, México [DVD].

Consultora Ambiental Alayquin (2006), *Para Sra. María Teresa Ferrero, Honorable Concejo Deliberante de la ciudad de San Francisco. Aproximaciones para delimitar una zona de resguardo por posibles derivas de aplicaciones de productos fitosanitarios*, Altos de Chipión.

Cook, Maria Elena (1996), *Organizing Dissent. Unions, the State, and the Democratic Teachers' Movement in Mexico*, University Park, The Pennsylvania State University Press.

Cortés, Joel Vicente (2006), "El movimiento magisterial oaxaqueño. Una aproximación a sus orígenes, periodización, funcionamiento y grupos político-sindicales", en Joel Vicente Cortés (coord.), *Educación, sindicalismo y gobernabilidad en Oaxaca*, Oaxaca, SNTE, pp. 33-86.

Cortina, Regina (1990), "Gender and Power in the Teacher's Union of Mexico", *Mexican Studies/Estudios Mexicanos*, vol. 6, núm. 2, pp. 241-262.

Coutiño, Gabriela (2008), "SEDENA demanda a ONG ambientalista", *Diario Meridiano 90*, Comitán, Chiapas, 12 de abril; en http://diariomeridiano90.blogspot.mx/2008/04/sedena-demanda-ong-ambientalista.html; última consulta: 20 de abril de 2017.

Cuelenaere, Laurence, y José Rabasa (2012), "Pachamamismo, o las ficciones de la (ausencia de) voz", *Cuadernos de Literatura*, núm. 32, julio-diciembre, pp. 184-205.

Cuervo-Cazurra, Alvaro (2006), "Who cares about corruption?", *Journal of International Business Studies*, vol. 37, núm. 6, pp. 807-822.

Dahlström, Carl (2012), *Bureaucracy and the Different Cures for Grand and Petty Corruption*, QoG Working Paper Series 2011:20, Gotemburgo, University of Gothenburg; en http://qog.pol.gu.se/digitalAssets/1361/1361523_2011_20_dahlstrom.pdf; última consulta: 1º de abril de 2017.

Das, Veena, y Deborah Poole (2004), "State and Its Margins: Comparative Ethnographies", en Veena Das y Deborah Poole (eds.), *Anthropology in the Margins of the State*, Santa Fe, NM, School of American Research Press, pp. 3-33.

De la Peña, Guillermo (2000), "Corrupción e informalidad", en Claudio Lomnitz (coord.), *Vicios públicos, virtudes privadas: la corrupción en México*, México, CIESAS/Miguel Ángel Porrúa, pp. 113-128.

—— (1996), "Corrupción e informalidad", *Espiral*, pp. 109-127.

—— (1993), "Populismo, poder regional e intermediación política en el sur de Jalisco, 1900-1980", *Estudios de Historia Moderna y Contemporánea de México*, vol. 16, documento 210.

De Santis, Gabriel (2006), "Dislocaciones. Trayectorias individuales, relaciones entre sociedad civil y estado en Brasil", en Evelina Dagnino, Alberto J. Olvera y Aldo Panfichi (coords.), *La disputa por la construcción democrática en América Latina*, México, FCE/CIESAS/Universidad Veracruzana, pp. 399-449.

De Soto, Hernando (1987), *El Otro Sendero. La Revolución Informal*, Colección Económica, Bogotá, Oveja Negra.

De Vos, Jan (comp.) (2003), *Viajes al desierto de la soledad. Un retrato hablado de la Selva Lacandona*, México, CIESAS/Miguel Ángel Porrúa.

―――― (1988), *Oro verde: la conquista de la selva lacandona por los madereros tabasqueños, 1822-1949*, México, FCE.

Defensoría del Pueblo (2010), *Defensoría del Pueblo, ética pública, y prevención de la corrupción*, Documento Defensorial núm. 12, Lima, Defensoría del Pueblo.

Delacoste, Gabriel (2015), "Que se detenga", *Revista Brecha*, Montevideo, 24 de septiembre; en http://brecha.com.uy/que-se-detenga/; última consulta: 19 de abril de 2017.

Delamaza, Gonzalo y Carlos Ochsenius (2006), "Trayectorias, redes y poder: sociedad civil y política en la transición democrática chilena", en Evelina Dagnino, Alberto J. Olvera y Aldo Panfichi (coords.), *La disputa por la construcción democrática en América Latina*, México, FCE/CIESAS/Universidad Veracruzana, pp. 450-500.

Demasi, Carlos (2006), "Blancos y colorados en la creación del Frente Amplio", *Cuaderno Nº 33*, Montevideo, Fundación Vivian Trias; en http://fundacionviviantrias.org/sites/default/files/Cuaderno-33.pdf; última consulta: 19 de abril de 2017.

"Die gekaufte Grenze" (2016, 29 de octubre), *Die Zeit* (45), 19-20; en http://www.zeit.de/2016/45/fluechtlinge-grenze-schutz-tunesien-ueberwachungstechnik

Donato, Katharine (2004), "El juego del gato y el ratón en la frontera México-Estados Unidos: nuevos patrones y cambios recientes", ponencia, 9 de julio, El Colegio de la Frontera Norte, Tijuana.

Drew, David (2002), *Las crónicas perdidas de los reyes mayas*, México, Siglo XXI Editores.

Duchacek, Ivo (1970), *Comparative Federalism. The territorial dimension of politics*, Nueva York, Holt, Rinehart and Winston Inc.

Dupaix, Guillaume (1834), *Antiquités mexicaines, relation des trois expéditions du capitaine Dupaix, ordonnées en 1805, 1806 et 1807, pour la recherche des antiquités du pays, notamment celles de Mitla et de Palenqué*, edición facsimilar, texto completo en el portal de la Bibliothèque Nationale de France; en www.gallica.bnf.fr; última consulta: 12 de marzo de 2016.

Durazo Hermann, Julián (2010), "Neo-Patrimonialism and Subnational Authoritarianism in Mexico. The Case of Oaxaca", *Journal of Politics in Latin America*, vol. 2, núm. 2, pp. 85-112.

Durkheim, Emile (1967), *De la Division du travail social*, París, Presses Universitaires de France.

Easton, David (1957), "An Approach to the Analysis of Political Systems", *World Politics*, núm. 9, pp. 383-400.

—— (1953), *The Political System: An Inquiry into the State of Political Science*, Nueva York, Knopf.

Eisenstadt, Todd (s. f.), *A tale of two movements. Comparing Chiapas 1994 to Oaxaca 2006*, manuscrito.

—— (2010), "Instituciones agrarias de la tenencia de la tierra, marcos de conflicto e identidades comunitarias. El caso del sur indígena en México", *Estudios Sociológicos*, vol. 28, núm. 82, enero-abril, pp. 3-40.

Eiss, Paul K. (2008), "Constructing the Maya", *Ethnohistory*, vol. 55, núm. 4, pp. 503-508.

El Comercio (2012, 18 de enero), "El gobierno no sabe cuántos trabajadores públicos hay" (anónimo); en http://elcomercio.pe/economia/peru/insolito-gobierno-no-sabe-cuantos-trabajadores-publicos-hay-noticia-1362453; última consulta: 12 de marzo de 2016.

El Tiempo (2006, 18 de abril), "La ordenanza sería inconstitucional", p. 5.

Elias, Norbert (1993) [1983], *Engagement et distanciation: contribution à la sociologie de la connaissance*, París, Fayard.

—— (1996), *Was ist Soziologie?*, Mannheim y Múnich, Juventa Verlag.

—— (1999) [1970], *Sociología fundamental*, Barcelona, Gedisa.

"En Oaxaca vivimos un espacio de excepción de facto, acusan ONG" (2005, 14 de junio), *La Jornada*; en http://www.jornada.unam.mx/2005/06/14/index.php?section=estados&article=035n1est; última consulta: 7 de marzo de 2014.

Escalona, José Luis (2011a), "Estado: la manufactura disputada del orden negociado y de los autómatas inacabados", *Estudios Sociológicos*, vol. XXIX, núm. 86, mayo-agosto, pp. 389-413.

—— (2011b), "El incompleto imaginario del orden, la inacabada maquinaria burocrática y el espacio de lucha. Antropología del Estado desde el sureste de México", en Alejandro Agudo Sanchíz y Marco Estrada Saavedra (eds.), *(Trans)formaciones del Estado en los márgenes de Latinoamérica. Imaginarios alternativos, aparatos inacabados y espacios trans-*

nacionales, México, El Colegio de México/Universidad Iberoamericana, pp. 45-86.

Escalona, José Luis (2009), *Política en el Chiapas rural contemporáneo. Una aproximación etnográfica al poder*, México, UNAM.

Escudé, Carlos (2004), "Hacia una Teoría Sistémica del 'Estado Parasitario': el Caso Argentino", *Serie de Documentos de Trabajo*, núm. 277, noviembre, Área de Ciencia Política, Universidad del CEMA; en www.cema.edu.ar/publicaciones; última consulta: 19 de abril de 2017.

Estrada Saavedra, Marco (2016a), *El pueblo ensaya la revolución. La APPO y el sistema de dominación oaxaqueño*, México, El Colegio de México.

—— (2016b), "Resistencia y represión: la violencia política en Oaxaca en 2006", en Viviane Brachet y Mónica Uribe (coords.), *Estado y sociedad en América Latina: acercamientos relacionales*, México, El Colegio de México.

—— (2015a), *Sistemas de protestas. Esbozo de un modelo no accionalista de los movimientos sociales*, México, El Colegio de México.

—— (2015b), "Los límites de la representación: juicio, exclusion y violencia en Hannah Arendt", en Marco Estrada Saavedra y María Teresa Muñoz (coords.), *Revolución y violencia en la filosofía de Hannah Arendt. Reflexiones críticas*, México, El Colegio de México, pp. 253-272.

—— (2014a), "Disidencias y connivencias. La colonización del sistema educativo oaxaqueño por parte de la Sección XXII del SNTE", en Alejandro Agudo Sanchíz y Marco Estrada Saavedra (coords.), *Formas reales de la dominación del Estado. Perspectivas interdisciplinarias del poder y la política*, México, El Colegio de México, pp. 153-196.

—— (2014b), "Dislocando los márgenes: tentativas sistémicas en torno a lo político", en Alejandro Agudo Sanchíz y Marco Estrada Saavedra (coords.), *Formas reales de la dominación del Estado. Perspectivas interdisciplinarias del poder y la política*, México, El Colegio de México, pp. 375-390.

—— (2010), "La anarquía organizada: las barricadas como el subsistema de seguridad de la Asamblea Popular de los Pueblos de Oaxaca", *Estudios Sociológicos*, vol. XXVIII, núm. 84, septiembre-diciembre, pp. 903-939.

—— (2007), *La comunidad armada rebelde y el EZLN. Un estudio histórico y sociológico sobre las bases de apoyo zapatistas en las cañadas tojolabales de la selva lacandona*, México, El Colegio de México.

—— (1995), *Participación política y actores colectivos*, 2ª ed., México, Universidad Iberoamericana/Plaza y Valdés.

Estrada Saavedra, Marco, y Juan Pedro Viquiera (coords.) (2010), *Los indígenas de Chiapas y la rebelión zapatista. Microhistorias políticas*, México, El Colegio de México.

"EU endorses damning report on CIA", BBC *News*, 14 de febrero de 2007; en http://news.bbc.co.uk/2/hi/europe/6360817.stm; última consulta: 23 de mayo de 2016.

Evans, Peter B., Dietrich Rueschemeyer y Theda Skocpol (eds.) (1985), *Bringing the State Back In*, Cambridge, Cambridge University Press.

Evans, Tripp (2004), *Romancing the Maya. Mexican Antiquity in the American Imagination, 1820-1915*, Austin, University of Texas Press.

Ferguson, James, y Akhil Gupta (2002), "Spatializing states: toward and ethnography of neoliberal governmentality", *American Ethnologist*, vol. 29, núm. 4, pp. 981-1002.

Finley, Moses I. (1986), *El nacimiento de la política*, Barcelona, Crítica-Grijalbo.

Foucault, Michel (2010) [1966], *Las palabras y las cosas. Una arqueología de las ciencias humanas*, México, Siglo XXI Editores.

—— (2006), "Clase del 1 de febrero de 1978", en *Seguridad, territorio, población*, Buenos Aires, FCE, pp. 109-138.

—— (2005) [1970], *The Order of Things. An Archaeology of the Human Sciences*, Londres y Nueva York, Routledge.

Foweraker, Joe (1993), *Popular mobilization in Mexico. The teachers' movement, 1977-1987*, Cambridge, Cambridge University Press.

Freidel, David, Linda Schele y Joy Parker (1993), *Cosmos Maya. Three Thousand Years on the Shaman's Path*, Nueva York, Quill.

Gadea, Carlos (2013), "La 'izquierda política' en América Latina: el 'Lulismo' en Brasil y la 'Izquierda' en el Uruguay", *Espacio Abierto*, vol. 22, núm. 3, Universidad del Zulia, Maracaibo, julio-septiembre, pp. 377-392.

Galemba, Rebecca B. (2011), "'Un poco legal, un poco ilegal': la vida cotidiana en un camino clandestino de la frontera México-Guatemala", en Alejandro Agudo Sanchíz y Marco Estrada Saavedra (eds.), *(Trans)formaciones del Estado en los márgenes de Latinoamérica. Imaginarios alternativos, aparatos inacabados y espacios transnacionales*, México, El Colegio de México/Universidad Iberoamericana, pp. 339-367.

Gambetta, Diego (ed.) (1988), *Trust: Making and breaking cooperative relations*, Oxford, Basil Blackwell.

Geisler, Astrid, y Christoph Schultheis (2011), *Heile Welten. Rechter Alltag in Deutschland*, Múnich, Carl Hanser Verlag.

Gellman, Barton (2013, 24 de diciembre), "Edward Snowden, after months of NSA revelations, says his mission's accomplished", *The Washington Post*; en https://www.washingtonpost.com/world/national-security/edward-snowden-after-months-of-nsa-revelations-says-his-missions-accomplished/2013/12/23/49fc36de-6c1c-11e3-a523-fe73f0ff6b8d_story.html; última consulta: 23 de mayo de 2016.

Geschiere, Peter (2009), *The Perils of Belonging. Autochthony, Citizenship, and Exclusion in Africa and Europe*, Chicago, The University of Chicago Press.

Gibler, John (2013), *México rebelde. Crónicas de poder e insurrección*, México, Debolsillo.

Gledhill, John (2000), *El poder y sus disfraces. Perspectivas antropológicas de la política*, Barcelona, Bellaterra.

González-Izás, Matilde (2011), "Formación transnacional del Estado. Modernización capitalista, inmigración europea y circuitos del café en Guatemala, 1870-1930", en Alejandro Agudo Sanchíz y Marco Estrada Saavedra (eds.), *(Trans)formaciones del Estado en los márgenes de Latinoamérica. Imaginarios alternativos, aparatos inacabados y espacios transnacionales*, México, El Colegio de México/Universidad Iberoamericana, pp. 287-338.

Gras, Carla, y Karina Bidaseca (2010), "Ruralidades en debate: Mutaciones territoriales e identitarias en el corredor sojero santafesino", en Carla Gras y Karina Bidaseca (eds.), *El mundo chacarero en tiempos de cambio. Herencia, territorio e identidad en los pueblos sojeros*, Buenos Aires, Ediciones CICCUS, pp. 21-37.

Greenwald, Gleen (2015), *Die globale Überwachung. Der Fall Snowden, die amerikanischen Geheimdieste und die Folgen*, Múnich, Knaur.

Grupo de Reflexión Rural (2006), *Plaguicidas en la Argentina. Informe sobre la problemática del uso de plaguicidas y sus consecuencias en las principales provincias sojeras*, Buenos Aires, Grupo de Reflexión Rural; en http://www.grupodereflexionrural.com/trabajos/Plaguicidas%20en%20la%20Argentina.pdf; última consulta: 4 de mayo de 2016.

Guha, Ranajit (1988), "On Some Aspects of the Historiography of Colonial India", en Ranajit Guha y Gayatri Chakravorty Spivak (eds.), *Selected Subaltern Studies*, Delhi, Oxford University Press, pp. 37-44.

Guha, Ranajitt y Gayatri Chakravorty Spivak (eds.) (1988), *Selected Subaltern Studies*, Delhi, Oxford University Press.

Gupta, Akhil (1995), "Blurred Boundaries: The Discourse of Corruption, the Culture of Politics, and the Imagined State", *American Ethnologist*, vol. 22, núm. 2, pp. 375-402.

Haller, Dieter, y Cris Shore (eds.) (2005), *Corruption. Anthropological Perspectives*, Londres, Pluto Press.

Hansen, Thomas Blom, y Finn Stepputat (eds.) (2001), *States of Imagination: Ethnographic Explorations of the Postcolonial State*, Durham, NC, y Londres, Duke Univerity Press.

Harriss-White, Barbara (2007), "Poverty and Capitalism", ponencia plenaria en *Conference on Poverty and Capital*, 2-4 de julio, Manchester, The University of Manchester; en http://www3.qeh.ox.ac.uk/pdf/qehwp/qehwps134.pdf; última consulta: 21 de junio de 2016.

Hart, Keith (1973), "Informal Income Opportunities and Urban Employment in Ghana, *Journal of Modern African Studies*, vol. 2, núm. 1, pp. 61-89.

—— (1971), "Informal Income Opportunities and Urban Employment in Ghana", artículo presentado en una conferencia sobre "Desempleo urbano en África" en el Instituto de Estudios del Desarrollo (IDS) de la Universidad de Sussex, septiembre de 1971.

Henríquez, Elio (2009, 23 de febrero), "Detienen a 9 soldados en Ocosingo; ebrios, atacaron a agente municipal", *La Jornada*, México, p. 23; en http://www.jornada.unam.mx/2009/02/21/estados/023n1est; última consulta: 20 de abril de 2017.

Hernández, Antonio María (2003), *Derecho municipal. Parte general*, Serie Doctrina Jurídica, t. 159, México, UNAM.

Hernández, María Eugenia (2014, 10 de diciembre), "Contrabando deshilvana industria del vestido"; en http://fuerzaempresarialenmexico.blogspot.com/2014/12/contrabando-deshilvana-industria-del.html; última consulta: 19 de mayo de 2015.

Hernández Ruiz, Samael (2006), "Insurgencia magisterial y violencia gubernamental en Oaxaca", en Joel Vicente Cortés (coord.), *Educación, sindicalismo y gobernabilidad en Oaxaca*, Oaxaca, SNTE, pp. 87-123.

Heyman, McC. Josiah (1998), "Immigration, law enforcement and the superexploitation of undocumented aliens: The Mexico-United States border case", *Critique of Anthropology*, núm. 18, pp. 157-180.

—— (1995), "Putting power in the anthropology of bureaucracy: The Immigration and Naturalization Service at the Mexico-United States border", *Current Anthropology*, vol. 36, núm. 2, pp. 261-287.

Heyman, McC. Josiah, y Alan Smart (1999), "States and illegal practices: An overview", en J. McC. Josiah (ed.), *States and Illegal Practices*, Oxford y Nueva York, Berg, pp. 1-24.

Hindriks, Jean, Michael Keen y Abhinay Muthoo (1999), "Corruption, extortion and evasion", *Journal of Public Economics*, vol. 74, núm. 3, pp. 395-430.

Hoogvelt, Ankie (1997), *Globalisation and the Postcolonial World*, Londres, MacMillan Press.

Huber, Ludwig (2008), *Romper la mano. Una interpretación cultural de la corrupción*, Lima, Instituto de Estudios Peruanos.

Hurtado Arroba, Edison (2014), "El lazo plebeyo. Política y gobierno de lo urbano popular en la Ciudad de México", en Alejandro Agudo Sanchíz y Marco Estrada Saavedra (coords.), *Formas reales de la dominación del Estado. Perspectivas interdisciplinarias del poder y la política*, México, El Colegio de México, pp. 267-314.

"Im Vorgarten des Terrors" (2014, 14 de noviembre), *Süddeutsche Zeitung*; en http://www.sueddeutsche.de/politik/islamischer-staat-im-vorga rten-des-terrors-1.2220802; última consulta: 7 de febrero de 2016.

Iniciativa para la Integración de la Infraestructura Regional Suramericana (2011), *Estudo de avaliação do potencial de integração productiva dos eixos de integração e desenvolvimento da iniciativa IIRSA. Informe final*; en http://www10.iadb.org/intal/intalcdi/PE/2011/08333.pdf; última consulta: 20 de enero de 2015.

"Irgendwo in Afrika" (2017, febrero), *Der Spiegel*, 9, 36-37.

Isunza, Ernesto (2006), "El reto de la confluencia. Las interfaces socioestatales en el contexto de la transición política mexicana (dos casos para la reflexión)", en Evelina Dagnino, Alberto J. Olvera y Aldo Panfichi (coords.), *La disputa por la construcción democrática en América Latina*, México, FCE/CIESAS/Universidad Veracruzana, pp. 275-329.

James, Clive (2014), "Global Status of Commercialized Biotech/GM Crops: 2014-Executive Summary", *ISAAA Briefs*, vol. 49, Nueva York, International Service for the Acquisition of Agri-biotech Applications; en http://isaaa.org/resources/publications/briefs/49/executivesummary/default.asp; última consulta: 5 de marzo de 2016.

——— (2005), "Global Status of Commercialized Biotech/ GM Crops: 2005", *ISAAA Briefs*, vol. 34, Nueva York, International Service for the Acquisition of Agri-biotech Applications; en http://www.isaaa.org/RESOUR CES/publications/briefs/34/download/isaaa-brief-34-2005.pdf; última consulta: 5 de marzo de 2016.

Janning, Frank (2011), *Die Spätgeburt eines Politikfeldes. Die Institutionalisierung der Verbraucherschutzpolitik in Deutschland und im internatio-*

nalen Vergleich, Serie Modernes Regieren–Schriften zu einer neuen Regierungslehre, t. 8, Baden-Baden, Nomos.

Jaramillo, Miguel, y Bárbara Sparrow (2014), *Crecimiento y segmentación del empleo en el Perú, 2001-2011*, Lima, Grade; en http://www2.congreso.gob.pe/sicr/cendocbib/con4_uibd.nsf/1F3704465DA8D2EA05 257DCF0077777B/$FILE/DI72.pdf; última consulta: 1º de mayo de 2016.

Joseph, Gilbert M., y Daniel Nugent (eds.) (1994), *Everyday forms of State formation. Revolution and the Negotiation of Rule in Modern Mexico*, Durham, NC, Duke University Press.

Keane, John (1992), *La vida pública y el capitalismo tardío*, México, Alianza Editorial.

Kepel, Gilles (2016), *Terror in Frankreich. Der neue Dschihad in Europa*, Múnich, Verlag Antje Kunstmann.

Kleffmann Group (2013), *Mercado Argentino de Productos Fitosanitarios 2012* Buenos Aires; en http://www.casafe.org/pdf/estadisticas/Informe%20Mercado%20Fitosanitario%202012.pdf; última consulta: 4 de mayo de 2016.

—— (2012), *Mercado Argentino 2011 de Productos Fitosanitarios,* Buenos Aires; en http://www.casafe.org/biblioteca/estadisticas/; última consulta: 5 de marzo de 2014.

—— (2011), *Mercado Argentino de Productos Fitosanitarios 2010,* Buenos Aires; en http://www.casafe.org/pdf/estadisticas/Informe%20Mercado%20Fitosanitarios%202010.pdf; última consulta: 4 de mayo de 2016.

—— (2010), *Mercado Argentino de Productos Fitosanitarios 2009,* Buenos Aires; en http://www.casafe.org/pdf/estadisticas/Informe%20Mercado%20Fitosanitarios%202009.pdf; última consulta: 4 de mayo de 2016.

Klitgaard, Robert (1988), *Controlling corruption*, Berkeley, University of California Press.

Krasner, Stephen D. (2004), "Sharing Sovereignty: New Institutions for Collapsed and Failed States", *International Security*, vol. 29, núm. 2, pp. 85-120.

—— (1999), *Sovereignty: Organized Hypocrisy*, Princeton, Princeton University Press.

—— (1978), *Defending the National Interest: Raw Materials Investments and U.S. Foreign Policy*, Princeton, Princeton University Press.

Krischke, Paulo J., y Carlos A. Gadea (2000), "Novos movimentos sociais no Brasil contemporâneo: debate teórico e comparações históricas", *Ca-*

dernos de Pesquisa Interdisciplinar em Ciências Humanas, núm. 10, Universidade Federal de Santa Catarina, Florianópolis, noviembre, pp. 1-21.

Krupa, Christopher, y David Nugent (2015), "Off-Centered States: Rethinking State Theory Through an Andean Lens", en Christopher Krupa y David Nugent (eds.), *State Theory and Andean Politics. New Approaches to the Study of Rule*, Filadelfia, University of Pennsylvania Press, pp. 1-32.

La Voz de San Justo (2006, 16 de abril), "Desde diversos ámbitos se analizó la problemática de las fumigaciones. Audiencia pública/Debate por agroquímicos", *La Voz de San Justo*, p. 26.

―――― (2006, 20 de mayo), "Los agroquímicos en la mira. Entrevista al subsecretario de Agricultura de la Provincia", *La Voz de San Justo*.

Landa, Diego de (1966) [1941], *Landa's Relación de las Cosas de Yucatán. Papers of the Peabody Museum of American Archaeology and Ethnology*, Cambridge, MA, Harvard University Press.

Langseth, Peter (2006), "Measuring Corruption", en Charles John Sampford, Arthur Henry Shacklock, Carmel Connors y Fredrik Galtung (eds.), *Measuring Corruption*, Aldershot, Ashgate.

Lara Klahr, Marco (2013), "La Policía Comunitaria de Guerrero y el crimen organizado", blog *Edad Medi@tica*, 3 de febrero; en http://marcolaraklahr.mx/la-policia-comunitaria-de-guerrero-y-el-crimen-organizado/; última consulta 3 de junio de 2016.

"Las anomalías en Oaxaca, sutiles y sofisticadas: ONG" (2004, 19 de agosto), *La Jornada*; en http://www.jornada.unam.mx/2004/08/19/038n2est.php?origen=estados.php&fly=1; última consulta: 27 de mayo de 2014.

Latour, Bruno (2001), *La Esperanza de Pandora. Ensayos sobre la realidad de los estudios de la ciencia*, Barcelona, Gedisa.

―――― (1994), *L'èconomie informelle dans le tiers monde*, Repères, La Découverte.

Lazar, Sian (2005), "Personalist Politics, Clientelism and Citizenship: Local Elections in El Alto, Bolivia", *Bulletin of Latin American Research*, vol. 23, núm. 2, pp. 228-243.

Lefebvre, Henri (2009) [1978], "Space and the State", en Neil Brenner y Stuart Elden (eds.), *State/Space. A Reader*, Malden, Blackwell Publishing, pp. 84-100.

Leis, Héctor Ricardo (2006), "A odisséia argentina", *Política & Sociedade*, vol. 5, núm. 9, octubre, pp. 39-70.

Li, Tania Murray (2005), "Beyond 'the State' and Failed Schemes", *American Anthropologist*, vol. 107, núm. 3, pp. 383-394.

Liese, Andrea, y Marianne Beisheim (2011), "Transnational Public-Private Partnerships and the Provision of Collective Goods in Developing Countries", en Thomas Risse (ed.), *Governance Without a State? Policies and Politics in Areas of Limited Statehood*, Nueva York, Columbia University Press, pp. 115-143.

Lomnitz, Larissa (1994), "El 'compadrazgo', reciprocidad de favores en la clase media urbana de Chile", en Larissa Lomnitz (ed.), *Redes sociales, cultura y poder: Ensayos de antropología latinoamericana*, México, Flacso.

Lomnitz-Adler, Claudio (1999), "Modes of citizenship in Mexico", *Public Culture*, vol. 11, núm. 1, pp. 269-293.

Long, Norman, y Magdalena Villarreal (1993), "Exploring Development Interfaces: From Knowledge Transfer to the Transformation of Meaning", en Frans Schuurman (ed.), *Beyond the Impasse: New Directions for Development Theory*, Londres, Zed Press, pp. 140-168.

Lozano, Ignacio (2012), "Ejidos y comunidades: ¿cuarto nivel de gobierno? Exploraciones sobre las facultades legales de ejidos y comunidades en materia ambiental", en *Documentos de Trabajo*, CIDE, México; en http://www.libreriacide.com/librospdf/DTAP-268.pdf; última consulta: 20 de abril de 2017.

Luhmann, Niklas (1998), *Die Gesellschaft der Gesellschaft*, Frankfurt am Main, Suhrkamp.

—— (1988), "Familiarity, Confidence, Trust: Problems and Alternatives", en Diego Gambetta (ed.), *Trust: Making and breaking cooperative relations*, Oxford, Basil Blackwell, pp. 94-107.

Mal de Ojo TV y Contraimagen (2007), *Morena*. Oaxaca. Marzo, s. e. [DVD].

Maldonado Aranda, Salvador (2014, 3 de abril), "El futuro de las autodefensas michoacanas", *Nexos*; en http://www.nexos.com.mx/?p=20214#_ftn2; última consulta: 3 de junio de 2016.

Mann, Charles C. (2006), *1492, Una nueva historia de las Américas antes de Colón*, Madrid, Taurus.

Marcellino, Víctor Rúben (2006), *Dictamen Jurídico*, 2 de mayo, Ciudad de Córdoba.

Marchiaro, Enrique (2011), *Soja y derecho municipal ambiental. Potestades y límites jurídicos de los municipios argentinos frente al monocultivo y los agroquímicos*, Buenos Aires, Ediar.

Martín, Javier (2015), *Estado Islámico. Geopolítica del caos*, Madrid, Los Libros de la Catarata.

Martínez Basallo, Sandra Patricia (2015), "Funcionarios y colonos: la formación del Estado en el suroriente colombiano", *Íconos. Revista de Ciencias Sociales*, Quito, núm. 52, mayo, pp. 79-98.

Martínez Vásquez, Víctor Raúl (2007), *Autoritarismo, movimiento popular y crisis política: Oaxaca 2006*, México, UABJO-Instituto de Investigaciones Sociológicas/Centro de Apoyo al Movimiento Popular Oaxaqueño, A. C./EDUCA/Consorcio para el Diálogo Parlamentario y la Equidad.

—— (1990), *Movimiento popular y política en Oaxaca (1968-1986)*, México, Conaculta.

Martínez, Verónica (2003, 2 de agosto), "Acusan contrabando en calcetines"; en http://reforma.vlex.com.mx/vid/acusan-contrabando-calcetines-81979262; última consulta: 26 de marzo de 2012.

Mashali, Behzad (2012), "Analyzing the relationship between perceived grand corruption and petty corruption in developing countries: case study of Iran", *International Review of Administrative Sciences*, vol. 78, núm, 4, pp. 775-787.

Mauss, Marcel (1972) [1925], "Ensayo sobre el don. Forma y razón del intercambio en las sociedades primitivas", en Marcel Mauss (ed.), *Sociología y antropología*, Madrid, Tecnos.

Mayring, Philipp (2010), *Qualitative Inhaltsanalyse. Grundlagen und Techniken,*, 11ª ed., Weinheim y Basel, Beltz Verlag.

Médard, Jean-François (2000), "Clientélisme politique et corruption", *Revue Tiers Monde*, vol. 41, núm. 161, pp. 75-87.

Megchún Rivera, Rodrigo (2016), *Los pobladores de Emiliano Zapata en la Reserva de la Biosfera Montes Azules, Chiapas, como sujetos de políticas agrarias y ambientales (1968-2015)*, tesis de doctorado, Zamora, El Colegio de Michoacán.

—— (2005), *Los terrenos recuperados. Construcción identitaria de los zapatistas de la cañada Patiwitz (Ocosingo, Chiapas), en torno al principio sociocultural del trabajo*, tesis de licenciatura en antropología social, México, Escuela Nacional de Antropología e Historia.

Meier, Christian (1995), *Die Entstehung des Politischen bei den Griechen*, 3ª ed., Fráncfort del Meno, Suhrkamp.

Michaud, Jean (2010), "Editorial–Zomia and beyond", *Journal of Global History*, vol. 5, núm. 2, pp. 187-214.

Migdal, Joel S. (2011), *Estados débiles, estados fuertes*, México, FCE.

Ministerio de Economía y Finanzas (2014), *Evaluación de diseño y ejecución presupuestal. EDEP, Seguridad Ciudadana, Policía Nacional del Perú*,

Lima, MEF/GIZ; en www.mef.gob.pe/contenidos/presu_publ/ppr/e val_indep/2013_resumen_seguridad.pdf; última consulta: 1º de marzo de 2016.

Mitchell, Timothy (2006), "Society, Economy, and the State Effect", en Aradhana Sharma y Akhil Gupta (eds.), *The Anthropology of the State. A Reader*, Oxford, Blackwell, pp. 169-186.

―――― (2002), *Rule of experts: Egypt, techno-politics, modernity*, Berkeley, University of California Press.

―――― (1991), "The Limits of the State: Beyond Statist Approaches and Their Critics", *American Political Science Review*, vol. 85, núm. 1, pp. 77-97.

Morales Lamberti, Alicia (2008), "Conflictos de reglas, principios y paradigmas en la decisión de un caso ambiental complejo: Agroquímicos y facultades locales", *Revista de Derecho Ambiental*, núm. 14, pp. 186-206.

Morley, Sylvanus G. (1946), *The Ancient Maya*, Stanford, Stanford University Press.

Mosse, David, y David Lewis (2006), "Theoretical Approaches to Brokerage and Translation in Development", en David Lewis y David Mosse (eds.), *Development Brokers and Translators. The Ethnography of Aid and Agencies*, Bloomfield, CT, Kumarian Press, pp. 1-26.

Motta, Renata, Carla Poth y Markus Rauchecker (2016), "The Construction and (De)legitimation of Knowledge. The Biotechnological Agrarian Model in Argentina", *desiguALdades.net Working Paper Series*, núm. 96.

Mujica, Jaris (2014), *Corrupción en el sector salud: Tipologías de prácticas de corrupción en los servicios de salud en el Perú. Informe de investigación*, Lima, GIZ/U4/Embajada de Bélgica en el Perú.

―――― (2011), *Micropolíticas de la corrupción. Redes de poder y corrupción en el palacio de justicia*, Lima, Asamblea Nacional de Rectores/Instituto de Estudios Universitarios José Antonio Encinas.

―――― (2010), "Los fragmentos de la burocracia formal. Sobre la relación cotidiana entre las personas y el Estado", en Gonzalo Portocarrero, Juan Carlos Ubilluz y Víctor Vich (eds.), *Cultura política en el Perú*, Lima, Red Para el Desarrollo de las Ciencias Sociales en el Perú, pp. 171-184.

―――― (2005), "Estrategias de corrupción. Poder y autoridad en espacios locales", en Oscar Ugarteche (ed.), *Vicios públicos. Poder y corrupción*, Lima y México, FCE/Casa SUR, pp. 98-120.

Mujica, Jaris, Víctor Quinteros, Rafael Castillo y Carlos Chávez (2012), "La procuraduría anticorrupción en perspectiva crítica: Reparaciones civiles, investigación, sistema de información", en Ministerio de Justicia del Perú, *La lucha contra la corrupción en el Perú. La experiencia de las procuradurías anticorrupción*, Lima, Ministerio de Justicia/Instituto Max Planck/Ambero/GIZ.

Müller, Markus M. (2009), *Policing the Fragments: Public Security and the State in Mexico City*, tesis de doctorado, Berlín, Departamento de Ciencias Políticas y Sociales, Freie Universität Berlin.

Muñoz Armenta, Aldo (2005), *El sindicalismo mexicano frente a la reforma del Estado. El impacto de la descentralización educativa y el cambio político en el Sindicato Nacional de Trabajadores de la Educación, 1992-1998*, México, Universidad Iberoamericana.

Nader, Laura (2015), "The Anthropologist, the State, the Empire and the 'Tribe'", *Anthropology Today*, vol. 31, núm. 4, agosto, pp. 19-21.

Nahum, Benjamín (1998), *Historia uruguaya. La época batllista: 1905-1929*, Montevideo, Banda Oriental.

Nellis, John (2009), "Donde lo público y lo privado convergen: privatización y corrupción", en Transparency International, *Informe Global de la Corrupción*, Nueva York, Cambridge University Press; en http://www.bib.ufro.cl/portalv3/files/informe-global-de-la-corrupcion.pdf; última consulta: 1º de febrero de 2016.

Neocleous, Mark (2000), *The Fabrication of Social Order. A Critical Theory of Police Power*, Londres, Pluto Press.

Neumann, Peter R. (2016), *Der Terror ist unter uns. Dschihadismus und Radikalisierung in Europa*, Berlín, Ullstein.

—— (2015), *Die neuen Dschihadisten. IS, Europa und die nächste Welle des Terrorismus*, Berlín, Econ.

Nuijten, Monique (2003), *Power, Community and the State. The Political Anthropology of Organisation in Mexico*, Londres, Pluto Press.

Nussbaum, Martha C. (2002), *Las mujeres y el desarrollo humano. El enfoque de las capacidades*, Barcelona, Herder.

Nystrand, Malin (2014), "Petty and grand corruption and the conflict dynamics in Northern Uganda", *Third World Quarterly*, vol. 35, núm. 5, pp. 821-835.

OCDE (Organización para la Cooperación y el Desarrollo Económicos) (2008), *Corruption: a glossary of international standards in criminal law*; en http://www.oecd.org/daf/antibribery/corruptionglossaryofinternationalcriminalstandards.html; última consulta: 1º de febrero de 2016.

O'Donnell, Guillermo (1993), "On the State, Democratization, and Some Conceptual Problems: A Latin American View with Glances at Some Postcommunist Countries", *World Development*, vol. 21, núm. 8, pp. 1355-1369.

"ONG: no será limpio el proceso en Oaxaca; Murat impugna a Fox" (2014, 30 de julio), *La Jornada*; en http://www.jornada.unam.mx/2004/07/30/038n1est.php?origen=estados.php&fly=1; última consulta: 12 de mayo de 2014.

Orozco y Berra, Manuel (1864), *Geografía de las lenguas y carta etnográfica de México*, México, Imprenta de Andrade y Escalante.

Ortega, Luis Carlos (2012, 15 de noviembre), "'Adoptará' Estados Unidos colonias vulnerables de Juárez", Ciudad Juárez, *Norte Digital*, edición electrónica del diario *Norte*; en http://www.nortedigital.mx/article.php?id=27187; última consulta: 24 de noviembre de 2012.

Osorno, Diego Enrique (2007), *Oaxaca sitiada. La primera insurrección del siglo XXI*, México, Grijalbo.

Palacios, Guillermo (2012), "Los Bostonians, Yucatán y los primeros rumbos de la arqueología americanista estadounidense, 1875-1894", *Historia Mexicana*, vol. 62, núm. 1, pp. 105-193.

Palomar, Cristina, y Maria Eugenia Suárez de Garay (2007), "Los entretelones de la maternidad. A la luz de las mujeres filicidas", *Estudios Sociológicos*, vol. XXV, núm. 74, mayo-agosto, pp. 309-340.

Pampas Group (2014), *Estudio de Mercado de Fitosanitarios 2013*, Buenos Aires; en http://www.casafe.org/biblioteca/estadisticas/; última consulta: 3 de mayo de 2014.

Parra, Johanna (2015), *Le business: Une forme sociale mexicaine. Ethnographie d'un marché de textile et confection au Centre Historique de la Ville de México*, tesis de doctorado, París, École des Hautes Études en Sciences Sociales.

—— (2013), "Complicaciones de lo ilegal y de lo informal: El 'business', una propuesta conceptual", *Antropología y Economía. Antípoda. Revista de Antropología y Arqueología*, julio-diciembre, pp. 205-228; en http://dx.doi.org/10.7440/antipoda17.2013.11; última consulta: 20 de abril de 2017.

—— (2010), "Uma sociologia do business na capital mexicana", *Fronteiras do legal e ilegal: ilegalismos em sete cidades latino-americanas, Revista Tempo Social*, USP, Sao Paulo, núm. 22, segundo semestre, pp. 61-77.

Pellegrini, Pablo Ariel (2013), *Transgénicos. Ciencia, agricultura y controversias en la Argentina*, Bernal, Universidad Nacional de Quilmes Editorial.

Pengue, Walter (2004), "Transgenic Crops in Argentina and its Hidden Costs", en Enrique Ortega y Sergio Ulgiati (eds.), *Proceedings of IV Biennial International Workshop "Advances in Energy Studies"*, Campinas, Gráfica da Universidade Estadual de Campinas, pp. 91-101; en http://www.unicamp.br/fea/ortega/energy/Walter%20Pengue.pdf; última consulta: 5 de marzo de 2016.

Perelli, Carina, y Juan Rial (1986), *De mitos y memorias políticas: la represión, el miedo y después...*, Montevideo, Banda Oriental.

Perry, James L., y Hal G. Rainey (1988), "The public-private distinction in organization theory: A critique and research strategy", *Academy of Management Review*, vol. 13, núm. 2, pp. 182-201.

Philip, Mark (2006), "Corruption definition and measurement", en Charles Sampford, Arthur Henry Shacklock, Carmel Connors y Fredrik Galtung (eds.), *Measuring corruption*, Aldershot, Ashgate.

Pimentel, Francisco (1865), *Cuadro descriptivo y comparativo de las lenguas indígenas de México*, México, Imprenta Andrade y Escalante.

Pitarch Ramón, Pedro (1996), *Ch'ulel: una etnografía de las almas tzeltales*, México, FCE.

Poblett, Martha (1999), *Narraciones chiapanecas. Viajeros extranjeros en Palenque. Siglos XVIII-XIX*, México, Gobierno del Estado de Chiapas/Conaculta.

Poole, Deborah (2006), "Los usos de la costumbre. Hacia una etnografía jurídica del Estado neoliberal", *Alteridades*, vol. 16, núm 31, pp. 9-21.

—— (2005), "Los dos cuerpos del juez. Comunidad, justicia y corrupción en el Perú", en Oscar Ugarteche (ed.), *Vicios públicos. Poder y corrupción*, Lima y México, FCE/Casa SUR, pp. 57-80.

Poole, Deborah, y Gerardo Rénique (1991), "The New Chroniclers of Peru: US acholars and their 'Shining Path' of peasant rebellion", *Bulletin of Latin American Research*, vol. 10, núm. 2, pp. 133-191.

"Por la inseguridad, contarán en la capital de Oaxaca votos de 10% de municipios" (2004, 7 de octubre), *La Jornada*; en http://www.jornada.unam.mx/2004/10/07/037n1est.php?origen=estados.php&fly=1; última consulta: 27 de mayo de 2014.

Portes, Alejandro (1995), *En torno a la informalidad: ensayos sobre teoría y medición de la economía no regulada*, México, FLACSO/Miguel Ángel Porrúa.

Poulantzas, Nicos (1969) [1968], *Poder político y clases sociales en el estado capitalista*, México, Siglo XXI Editores.

Radcliffe-Brown, Alfred Reginald (1987) [1940], "Prefacio", en Meyer Fortes y Eduard E. Evans-Pritchard (eds.), *African Political Systems*, Londres y Nueva York, International African Institute/Kegan Paul International, pp. xi-xxiii.

Rama, Germán W. (1987), *La democracia en Uruguay. Una perspectiva de interpretación*, Buenos Aires, Grupo Editor Latinoamericano.

Ramírez, Omar (2007), "El principio de precaución: La certeza de la incertidumbre. ¿El caso de la aplicación de plaguicidas en áreas periurbanas argentinas?", *Revista Theomai. Estudios sobre Sociedad y Desarrollo*, núm. 16, pp. 69-86.

Rauchecker, Markus (2016), "¿Sustentabilidad de qué? Las dimensiones de género en los debates argentinos por la agricultura biotecnológica", en Markus Rauchecker y Jennifer Chan (eds.), *Sustentabilidad desde abajo: luchas desde el género y la etnicidad*, Berlín, Lateinamerika-Institut der Freien Universität Berlin, pp. 65-90.

―――― (2015), *Advocacy in multi-territorialen und multi-sektoralen politischen Systemen – Der Wandel und die Konstanten der Pestizidregulierung im Fragmented State Argentinien*, tesis de doctorado, Berlín, Freie Universität Berlin.

Real de Azúa, Carlos (1984), *Uruguay. ¿Una sociedad amortiguadora?*, Montevideo, Banda Oriental.

Recondo, David (2009), "La 'comuna de Oaxaca': ciudadanía emergente en un enclave autoritario", en Francis Mestries, Geoffrey Pleyers y Sergio Zermeño (eds.), *Los movimientos sociales: de lo local a lo global*, México, Antropos/UAM, pp. 249-263.

―――― (2007), *La política del gatopardo. Multiculturalismo y democracia en Oaxaca*, México, CIESAS/CEMCA.

Reuter, Christoph (2017, febrero), "Vom Niedergang des Kalifats", *Der Spiegel*, 8, 76.

―――― (2015), *Die schwarze Macht. Der 'Islamische Staat' und die Strategen des Terrors*, Múnich, DVA.

Rico, Álvaro (2005), *Cómo nos domina la clase gobernante: orden político y obediencia social en la democracia posdictadura, Uruguay (1985-2005)*, Montevideo, Trilce.

Risse, Thomas (ed.) (2011a), *Governance Without a State? Policies and Politics in Areas of Limited Statehood*, Nueva York, Columbia University Press.

―――― (2011b), "Governance in Areas of Limited Statehood. Introduction and Overview", en Thomas Risse (ed.), *Governance Without a State? Policies and Politics in Areas of Limited Statehood*, Nueva York, Columbia University Press, pp. 1-35.

Rosatti, Horacio (2004), *Derecho ambiental constitucional*, Santa Fe y Buenos Aires, Rubinzal-Culzoni Editores.

Rose, Nikolas (2006), "Governing 'Advanced' Liberal Democracies", en Aradhana Sharma y Akhil Gupta (eds.), *The Anthropology of the State. A Reader*, Oxford, Blackwell, pp. 144-162.

Rose-Ackerman, Susan (2012), "International Actors and the Promises and Pitfalls of Anti-Corruption Reform", *University of Pennsylvania Journal of International Law*, núm. 34, pp. 447-489.

―――― (1999), *Corruption and Government: Causes, Consequences, and Reform*, Cambridge, Cambridge University Press.

Roseberry, William (2002), "Hegemonía y lenguaje contencioso", en Gilbert Joseph y Daniel Nugent (eds.), *Aspectos cotidianos de la formación del Estado. La revolución y la negociación del mando en el México moderno*, México, ERA.

―――― (1998), "Cuestiones agrarias y campos sociales", en Sergio Zendejas y Pieter de Vries (eds.), *Las disputas por el México rural*, Zamora, El Colegio de Michoacán.

―――― (1994), "Hegemony and the Language of Contention", en Gilbert Joseph y Daniel Nugent (eds.), *Everyday Forms of State Formation. Revolution and the Negotiation of Rule in Modern Mexico*, Durham, NC, y Londres, Duke Univerity Press, pp. 355-366.

―――― (1989), *Anthropologies and Histories: Essays in Political Culture, History, and Political Economy*, New Brunswick, NJ, Rutgers University Press.

Rossotto Ioris, Antonio Augusto (2014), *The Political Ecology of the State. The Basis and the Evolution of the Environmental Statehood*, Londres y Nueva York, Routledge.

Ruggie, John G. (1993), "Territoriality and Beyond: Problematizing Modernity in International Relations", *International Organization*, vol. 47, núm. 1, pp. 139-174.

Ruiz, Juan Carlos, y Franz Vanderschueren (eds.) (2007), *Consolidación de los gobiernos locales en Seguridad Ciudadana: formación y prácticas*, Madrid, URB-AL/Europe Aid Cooperation Office.

Ruz, Mario (1983), "En torno a los orígenes", en Mario Ruz (comp.), *Los legítimos hombres. Aproximación antropológica al grupo tojolabal*, México, UNAM, t. I, pp. 23-60.

Sabatier, Paul (1993), "Advocacy-Koalitionen, Policy-Wandel und Policy-Lernen: Eine Alternative zur Phasenheuristik", *PVS-Sonderheft*, núm. 24, Opladen, Westdeutscher Verlag, pp. 116-148.

Sabsay, Daniel Alberto (2005), "La protección del medio ambiente en la constitución nacional", *Revista CEJ*, vol. 9, núm. 29, pp. 14-20.

Sack, Robert (1986), *Human Territoriality. Its Theory and History,* Cambridge, Cambridge University Press.

Santos, Boaventura de Sousa (2009), *Epistemología del sur,* México, Siglo XXI Editores.

Schneckener, Ulrich (2011), "State Building or New Modes of Governance? The Effects of International Involvement in Areas of Limited Statehood", en Thomas Risse (ed.), *Governance Without a State? Policies and Politics in Areas of Limited Statehood,* Nueva York, Columbia University Press, pp. 232-261.

Schneider, Volker, y Frank Janning (2006), *Politikfeldanalyse. Akteure, Diskurse und Netzwerke in der öffentlichen Politik,* Serie Grundwissen Politik, t. 43, Wiesbaden, VS Verlag.

Schuppert, Gunnar Folke (2011), "Law Without a State? A 'New Interplay' Between State and Nonstate Actors in Governance by Rule Making", en Thomas Risse (ed.), *Governance Without a State? Policies and Politics in Areas of Limited Statehood,* Nueva York, Columbia University Press, pp. 65-86.

Sconda, Mariana Verónica (2013), "Principio de la inviolabilidad de la propiedad. Antecedentes romanos y su recepción en la legislación argentina", *Revista de Derecho Privado,* núm. 24, pp. 43-77.

Scott, James C. (2009), *The Art of Not Being Governed: An Anarchist History of Upland Southeast Asia,* New Haven, Yale University Press.

―――― (1998), *Seeing Like a State: How Certain Schemes to Improve the Human Condition Have Failed,* New Haven, Yale University Press.

―――― (1985), *Weapons of the Weak. Everyday Forms of Peasant Resistance,* New Haven, Yale University Press.

Sedesol (Secretaría de Desarrollo Social) (2012), *Lineamientos de operación del Programa Hábitat 2012;* en http://www.programassociales.org.mx/sustentos/Durango962/archivos/Lineamientos%20Operación%20Hábitat%202012%20%20Texto%20_31-enero-12_.pdf; última consulta: 9 marzo de 2016.

Seregni, Líber (1971), "El Pueblo unido. Discurso del General Líber Seregni el 26 de marzo de 1971"; en http://www.montevideo.com.uy/auc.aspx?11365; última consulta: 19 de abril de 2017.

Sexenio Chiapas (2016, 21 de enero), "Nuevos mandos militares toman protesta en región Selva de Chiapas"; en http://www.sexenio.com.mx/chiapas/articulo.php?id=13405; última consulta: 20 de abril de 2017.

Sharma, Aradhana, y Akhil Gupta (2006), "Introduction: Rethinking Theories of the State in an Age of Globalization", en Aradhana Sharma y

Akhil Gupta (eds.), *The Anthropology of the State. A Reader*, Oxford, Blackwell, pp. 1-41.

Silva de Sousa, Rosinaldo (2004), "Narcotráfico y economía ilícita: las redes del crimen organizado en Río de Janeiro", *Revista Mexicana de Sociología*, año 66, núm. 1, enero-marzo, pp. 141-192.

Skocpol, Theda (1981), "Political Response to Capitalist Crisis: Neo-Marxist Theories of the State and the Case of the New Deal", *Politics and Society*, núm. 10, pp. 155-201.

Sociedad Rural de San Francisco (2012), *Propuesta actores rurales–Prop. Suelos BUR-RILII*, San Francisco.

—— (2006), *Señor Presidente del Honorable Concejo Deliberante, Dr. Jorge Fassi–Ref.: Proyecto de Ordenanza N° 010–DEM/2006*, 11.04.2006, San Francisco.

Souza, Paulo R., y Víctor E. Tokman (1976), "El sector informal urbano en América Latina", *Revista Internacional del Trabajo*, vol. 94, núm. 3, pp. 385-397.

Sotelo Marbán, José (2008), *Oaxaca: insurgencia civil y terrorismos de Estado*, México, ERA.

Soto, Raimundo (2003), *La corrupción desde una perspectiva económica*, Santiago de Chile, Pontificia Universidad Católica de Chile/Instituto de Economía.

Stephens, John Lloyd, y Frederick Catherwood (1996) [1843], *Incidents of Travel in Yucatan*, Washington, D. C., Smithsonian Institution Press.

—— (1969) [1841], *Incidents of Travel in Central America, Chiapas, and Yucatan*, vol. 1, Nueva York, Dover Publications.

Stern, Steve (1990), "Nuevas aproximaciones al estudio de la conciencia y las rebeliones campesinas: las implicaciones de la experiencia andina", en Steve Stern (comp.), *Resistencia, rebelión y conciencia campesina en los Andes, siglos XVIII al XX*, Perú, Instituto de Estudios Peruanos.

Street, Susan (1992), *Maestros en movimiento. Transformaciones en la burocracia estatal (1978-1982)*, México, CIESAS.

Tanzi, Vito (1998), *Corruptions Around The World: Causes, Consequences, Scope, and Cures,* Washington, D. C., International Monetary Fund.

Tanzi, Vito, y Hamid R. Davoodi (2001), "Corruption, Growth, and Public Finances", en Arvind K. Jain (ed.), *Political Economy of Corruption*, Londres, Routledge.

Theobald, Robin (1999), "So what really is the problem about corruption?", *Third World Quarterly*, vol. 20, núm. 3, pp. 491-502.

Thompson, J. Eric S. (1966) [1954], *The Rise and Fall of Maya Civilization*, Oklahoma, University of Oklahoma Press.

Tokman, Víctor E. (1992), *Más allá de la regulación: El sector informal en América Latina*, Santiago de Chile, PREALC.

Torres Mazuera, Gabriela (2009), "La territorialidad rural mexicana en un contexto de descentralización y competencia electoral", *Revista Mexicana de Sociología*, vol. 71, núm. 3, julio-septiembre, pp. 453-490.

Tozzer, Alfred (1941), Introducción, en *Landa's Relación de las cosas de Yucatán. A translation*, Harvard University Papers, vol. XVIII, editado y anotado por Alfred M. Tozzer, Cambridge, MA, Peabody Museum of American Archaeology and Ethnology, pp. vii-x.

——— (1907), *A Comparative Study of the Mayas and the Lacandones*, Nueva York, Archaeological Institute of America by The MacMillan Company.

Transparency International (2009), *The Anti-Corruption Plain Language Guide*; en http://www.transparency.org/whatwedo/publication/the_anti_corruption_plain_language_guide; última consulta: 1 de febrero de 2016.

Trench, Tim (2002), *Conservation, Tourism and Heritage: Continuing Interventions in Lacanjá Chansayab, Chiapas, Mexico*, tesis de doctorado, Manchester, University of Manchester.

Ugarteche, Oscar (2006), "Para desprivatizar lo público", ponencia preparada para la Primera Conferencia Internacional sobre Corrupción y Transparencia, México, UNAM/Instituto de Investigaciones Sociales; en http://rendiciondecuentas.org.mx/data/arch_docu/pdf0119.pdf; última consulta: 1º de febrero de 2016.

——— (2004), *Adiós Estado, bienvenido mercado*, Lima, Fundación Friedrich Ebert.

UNODC (2004a), *Handbook on Practical Anti-Corruption Measures for Prosecutors and Investigators*, Viena, UNODC; en http://www.unodc.org/pdf/crime/corruption/Handbook.pdf; última consulta: 16 de octubre de 2015.

UNODC (2004b), *The Global Programme Against Corruption, UN Anti-Corruption Toolkit*, 3ª ed., Viena, UNODC; en http://www.unodc.org/pdf/corruption/publications_toolkit_sep 04.pdf; última consulta: 1º de febrero de 2016.

Van Schendel, Willem (2005), "Geographies of Knowing, Geographies of Ignorance: Jumping Scale in Southeast Asia", en Paul H. Kratoska, Remco Raben y Henk S. Nordholt (eds.), *Locating Southeast Asia: Geographies of Knowledge and Politics of Space*, Singapur, Singapore University Press, pp. 275-307.

Van Schendel, Willem (2002), "Geographies of Knowing, Geographies of Ignorance: Jumping Scale in Southeast Asia", *Development and Planning D: Society and Space*, vol. 20, núm. 6, pp. 647-668.

Vera, Héctor (2014), "Pie de rey. Soberanía, estados modernos y el monopolio sobre los medios legítimos de medición", en Alejandro Agudo Sanchíz y Marco Estrada Saavedra (coords.), *Formas reales de la dominación del Estado. Perspectivas interdisciplinarias del poder y la política*, México, El Colegio de México, pp. 55-109.

Villalobos Cavazos, Oswaldo (2012), *Del "Lacandón" a "la selva lacandona": la construcción de una región a través de sus representaciones y narrativas*, tesis de maestría en Ciencias en Desarrollo Rural Regional, Universidad Autónoma Chapingo, San Cristóbal de las Casas.

Villalobos Cavazos, Oswaldo, y Tim Trench (2014), "'¿Pero qué le vamos a hacer?'": Un testimonio desde la Selva Lacandona, Chiapas", *EntreDiversidades. Revista de Ciencias Sociales y Humanidades*, núm. 3, otoño-invierno, pp. 217-244.

Viveiros de Castro, Eduardo (2010), *Metafísicas caníbales. Líneas de antropología postestructural*, Buenos Aires, Katz.

Voz Ciudadana (2005), *No permitamos que se siga fumigando en zonas urbanas*, Volante, San Francisco.

Waldeck, Jean-Frédéric (1838), *Voyage pittoresque et archéologique dans la province d'Yucatan pendant les années 1834 et 1836*, París, Bellizard Dufour et Co, Editeurs; en https://archive.org/stream/gri_33125 008635555#page/n7/mode/2up; última consulta: 12 de marzo de 2016.

Wallerstein, Immanuel (coord.) (1996) [2013], *Abrir las ciencias sociales. Informe de la Comisión Gulbenkian para la reestructuración de las ciencias sociales*, México, Siglo XXI Editores.

Wanderley, Fernanda (2009), "Prácticas estatales y el ejercicio de la ciudadanía: encuentros de la población con la burocracia en Bolivia", *Íconos. Revista de Ciencias Sociales*, núm. 34, Quito, pp. 19-41.

Wayne, Leslie, y Kelly Carr (2014), "Lux Leaks Revelations Bring Swift Response Around the World"; en https://www.icij.org/project/luxembourg-leaks/lux-leaks-revelations-bring-swift-response-around-world; última consulta: 28 de marzo de 2017.

Warman, Arturo (2001), *El campo mexicano en el siglo XX*, México, FCE.

Warner, Michael (2012), *Público, públicos, contrapúblicos*, México, FCE.

Warren, Kay (1998), *Indigenous Movements and Their Critics: Pan-Maya Activism in Guatemala*, Princeton, Princeton University Press.

Watson, Rubie (2001), "Opening the Museum", Occasional Papers, Peabody Museum of Archeology and Ethnology, Cambridge, MA, Harvard University, vol. 1, pp. 1-16. Reimpreso de *Symbols*, Fall 2001, Peabody Museum and the Department of Anthropology, Harvard University; en https://www.peabody.harvard.edu/files/Opening_the_Museum_150dpi.pdf; última consulta: 4 de marzo de 2016.

Weber, Max (2010) [1919], *Politik als Beruf*, 11ª ed., Berlín, Duncker & Humblot.

——— (1999) [1922], *Economía y sociedad*, México, FCE.

——— (1973) [1904], "La 'objetividad' cognoscitiva en la ciencia social y la política social", en *Ensayos de metodología sociológica*, Buenos Aires, Amorrortu.

Whitehead, Mark, Rhys Jones y Martin Jones (2007), *The Nature of the State. Excavating the Political Ecologies of the Modern State*, Oxford, Oxford University Press.

"Wie der 'Islamische Staat' funktioniert" (2014, 14 de noviembre), *Tagesschau*; en https://www.tagesschau.de/ausland/islamischer-staat-103.html; última consulta: 13 de marzo de 2016.

Wolf, Eric R. (1999), *Envisioning power: Ideologies of dominance and crisis*, Berkeley, University of California Press.

——— (1997) [1982], *Europe and the People Without History*, Berkeley, University of California Press.

Ximénez, Francisco (O. P.) [aproximadamente 1714], *Arte de las tres lenguas kaqchiquel, k'iche' y tz'utujil*, vol. XXXI, MS en The Newberry Library, Chicago, Academia de Geografía e Historia de Guatemala, Biblioteca Goathemala.

Yaffé, Jaime (2005), *Al centro y adentro: la renovación de la izquierda y el triunfo del Frente Amplio en Uruguay*, Montevideo, Librería Linardi y Risso.

Yamada, Gustavo, y Ricardo Montero (2011), *Corrupción e inequidad en los servicios públicos en el Perú*, Lima, Universidad del Pacífico, CIES.

Yang, Mayfair Mei-hui (1994), *Gifts, Favors and Banquets: The Art of Social Relationships in China*, Ithaca, Cornell University Press.

Yescas Martínez, Isidoro (2008), "Movimiento magisterial y gobernabilidad en Oaxaca", *El Cotidiano*, año/vol. 23, núm. 148, marzo-abril, pp. 63-72.

——— (2006), "Al cielo por asalto. Notas sobre el movimiento magisterial de Oaxaca", en Joel Vicente Cortés (coord.), *Educación, sindicalismo y gobernabilidad en Oaxaca*, Oaxaca, SNTE, pp. 9-19.

Yescas Martínez, Isidoro, y Gloria Zafra (1984), *La insurgencia magisterial en Oaxaca*, Oaxaca, Instituto de Investigaciones Sociológicas de la UABJO.

Zabalza, Jorge (2015, 10 de septiembre), "El proyecto que llevó al Frente Amplio al gobierno se agotó", *El Espectador*, en http://www.espectador.com/politica/322992/zabalza-el-proyecto-que-llevo-al-frente-amplio-al-gobierno-se-agoto; última consulta: 19 de abril de 2017.

Zendejas, Sergio (2003), *Política local y formación del Estado. Procesos históricos de formación de espacios y sujetos sociales en un municipio rural mexicano, 1914-1998*, tesis de doctorado, Wageningen (Países Bajos), Wageningen Agricultural University.

Zires, Margarita (2009), "Estrategias de comunicación y acción política: movimiento social de la APPO 2006", en Víctor Raúl Martínez Vásquez (coord.), *La APPO: ¿rebelión o movimiento social? (Nuevas formas de expresión ante la crisis)*, Oaxaca, UABJO-Instituto de Investigaciones Sociológicas, pp. 161-198.

Žižek, Slavoj (1996), "'I hear you with my eyes': or, the invisible master", en Renata Saleci y Slavoj Žižek (eds.), *Gaze and voice as love objects*, Durham, NC, y Londres, Duke University Press, pp. 90-126.

SEMBLANZAS DE LOS AUTORES

Alejandro Agudo Sanchíz es doctor en antropología social por la Universidad de Manchester, Gran Bretaña. Ha trabajado como consultor en el diseño y la evaluación de programas de desarrollo social, prevención de la violencia y seguridad ciudadana. Desde 2007 es profesor-investigador en el Departamento de Ciencias Sociales y Políticas de la Universidad Iberoamericana, Ciudad de México. Es autor del libro *Una etnografía de la administración de la pobreza. La producción social de los programas de desarrollo* (2015) y coeditor, con Marco Estrada, de los volúmenes *(Trans)formaciones del Estado en los márgenes de Latinoamérica* (2011) y *Formas reales de la dominación del Estado* (2014).

Marianne Braig es catedrática de ciencias políticas y se especializa en América Latina en la Freie Universität Berlin. Sus áreas de investigación se enfocan en la segmentación de género en los mercados laborales y en la política social, las transformaciones políticas y el desarrollo social en América Latina, las relaciones entre América Latina y Europa, la cultura política del Estado, así como las desigualdades entrelazadas e interdependientes en el contexto global.

José Luis Escalona Victoria es doctor en antropología por la Universidad de Manchester, Gran Bretaña, e investigador del Centro de Investigaciones y Estudios Superiores en Antropología Social (CIESAS), Unidad Sureste (México). Ha sido investigador visitante en el Centro de Estudios Iberoamericanos de la Universidad Carolina en Praga (2016), en el David Rockefeller Center for Latin American Studies de la Universidad de Harvard (2014) y en El Colegio de Michoacán (2013). Entre sus publicaciones destacan los libros *Política en el Chiapas rural contemporáneo* (2009), y *Etúcuaro, la reconstrucción de la comunidad. Campo social, producción cultural y Estado* (1998).

Marco Estrada Saavedra es doctor en ciencias políticas por la Universidad de Hamburgo. Desde 2002 es profesor del Centro de Estudios Sociológicos de El Colegio de México. Ha editado más de una docena de volúmenes colectivos sobre teoría sociológica contemporánea, filosofía política, socioantropología del Estado y movimientos sociales. Entre sus últimos libros se encuentran *Sistemas de protesta* (2015) y *El pueblo ensaya la revolución. La APPO y el sistema de dominación oaxaqueño* (2016).

Carlos A. Gadea tiene un posdoctorado por la Universidad de Miami (Center for Latin American Studies), Estados Unidos. Es doctor en sociología política por la Universidade Federal de Santa Catarina, Brasil. Es profesor visitante en la Universidad de Leipzig, Alemania (DAAD Visiting Professor). Actualmente es profesor e investigador en el Programa de Posgrado en Ciencias Sociales de la Unisinos, Brasil. Recientemente publicó *Fragmentos de la posmodernidad. Cultura, política y sociabilidad en América Latina* (2017). Otras publicaciones incluyen *Realidade juvenil e violência intersubjetiva em bairros de Porto Alegre: contextos, situações e perspectivas* (2015), *Negritude e Pós-africanidade. Crítica das relações raciais contemporáneas* (2013), y *Acciones colectivas y modernidad global. El movimiento neozapatista* (2004).

Rodrigo Megchún Rivera es doctor en ciencias sociales por El Colegio de Michoacán. Sus principales temas de interés son los efectos y lecturas de distintas políticas públicas entre poblaciones rurales (reparto agrario, carreteras, colonización y desarrollo, medidas ambientales), así como la expresión y el posicionamiento políticos de tales poblaciones (particularmente en el caso de la selva Lacandona, Chiapas). Ha colaborado en distintos momentos con el proyecto de investigación Etnografía de las Regiones Indígenas de México al Nuevo Milenio, del Instituto Nacional de Antropología e Historia. Actualmente es profesor de asignatura en la Escuela Nacional de Antropología e Historia.

Jaris Mujica es candidato a doctor en ciencia política por la Pontificia Universidad Católica del Perú (PUCP) y doctorando en criminología por la Universitat Pompeu Fabra. Ha sido jefe de la Unidad de Información de la Procuraduría Anticorrupción y de la Oficina de Asuntos Internos del Sistema Penitenciario del Perú, e investigador para varias oficinas de Naciones Unidas. Es profesor del Departamento de Ciencias Sociales de la PUCP. Entre sus publicaciones destaca el libro *Micropolítica de la corrupción. Redes de poder y corrupción en el Palacio de Justicia* (2011).

Johanna Parra Bautista es doctora en sociología por la EHESS, París, y maestra en antropología social por el CIESAS y Paris-Ouest Nanterre. En la actualidad es profesora investigadora del Programa de Sociología de la Escuela de

Ciencias Humanas, Universidad del Rosario, Bogotá. Entre sus publicaciones se encuentran "Uma sociologia do business na capital mexicana", en *Revista Tempo Social* (2010), y "Complicaciones de lo ilegal y de lo informal: El 'business', una propuesta conceptual", en *Antropología y Economía. Antípoda. Revista de Antropología y Arqueología* (2013).

Markus Rauchecker obtuvo su doctorado en ciencias políticas (Freie Universität Berlin) en 2015. Elaboró su tesis de doctorado en el marco del proyecto desigualdades.net. Actualmente es profesor adjunto del Instituto de Estudios Latinoamericanos de la Freie Universität Berlin y de la Colombian-German Biodiversity Network–Integrated Biodiversity Management in Exemplar Regions of Colombia. Recientemente editó el libro *Sustentabilidad desde abajo: luchas desde el género y la etnicidad* (con Jennifer Chan, 2016) y publicó el artículo "The Construction and (De)legitimation of Knowledge–The Biotechnological Agrarian Model in Argentina" (con Renata Motta y Carla Poth, *desiguALdades.net Working Paper Series,* núm. 96, 2016).

*Estatalidades y soberanías disputadas:
la reorganización contemporánea de lo político
en América Latina* se terminó de imprimir
en octubre de 2017, en los talleres de
Druko Internacional, S. A. de C. V.,
Calzada Chabacano 65, local F, col. Asturias,
Cuauhtémoc, 06850, Ciudad de México.
Portada: Antonio Agudo y Justo Girón.
Tipografía, formación y cuidado editorial:
Araceli Puanta Parra y Víctor H. Romero,
bajo la supervisión de la Dirección de
Publicaciones de El Colegio de México.